是主管就要懂的心理掌控术

仁久 ◎ 编著

中国华侨出版社

图书在版编目(CIP)数据

是主管就要懂的心理掌控术 / 仁久编著. — 北京：中国华侨出版社，2011.7

ISBN 978-7-5113-1499-4

Ⅰ. ①是… Ⅱ. ①仁… Ⅲ. ①管理心理学－通俗读物 Ⅳ. ①C93－05

中国版本图书馆 CIP 数据核字(2011)第 106693 号

是主管就要懂的心理掌控术

编　　著／仁　久
责任编辑／文　心
经　　销／新华书店
开　　本／710×1000 毫米　1/16　印张／17.75　字数／247 千字
印　　刷／北京佳明伟业印务有限公司
版　　次／2011 年 7 月第 1 版　2011 年 7 月第 1 次印刷
书　　号／ISBN 978-7-5113-1499-4
定　　价／30.00 元

中国华侨出版社　北京市朝阳区静安里 26 号通成达大厦 3 层
邮编：100028
法律顾问：陈鹰律师事务所
编辑部：(010)64443056　64443979
发行部：(010)64443051　传真：(010)64439708
网　　址：www.oveaschin.com
E-mail：oveaschin@sina.com

前言 Foreword

掌控力是每个主管的必修课

工作中，常听到周围的一些企业、公司的管理者抱怨工作的繁忙，总有忙不完的事，总有加不完的班，总有挨不完的骂，总有吵不完的架，等等诸多的抱怨。其实，作为一个管理者，首先要清楚自己该干什么，不该干什么，擅长什么、缺少什么，可依靠什么，需要提高什么，这样才能充分调动自己的每一根职业神经，把工作的成效提高上去。

管理者可不只是滥施权力，吆五喝六，指东划西，让下属对你俯首帖耳那么简单。管理是一门学问。我们都知道，企业管理者主要是通过做"人"的工作来体现自己的岗位价值和工作业绩的。一个管理者的管理能力是一项综合能力，需要你的指挥能力，需要你的决断能力，需要你的沟通协调能力，需要你的专业能力，也需要你的工作分配能力，等等。管理能力来自书本，但更多的来自实践。在实际工作中，怎样才能让你的下属又好又快地完成工作任务？这就需要你能洞悉并掌控下属的心理。

在这个世界上，最高级的动物是人，最难捉摸的也是人。我们每个人的内心世界，不但变化莫测，而且千差万别。可以说，有什么样的心理特征，就有什么样的外在表现。根据不同的外在表现，你要察知相应

的心理特征，然后再针对特定的心理特征，予以特定的管理方式。管理者最要紧的就是管好人，而要管好人，就需要明了对方的心理、对方的意图。只有掌握了对方的心理变化，才能占据主动；只有读懂了对方的心思，才能出奇制胜。

本书是一本非常简单易操作的管理心理学读本，从工作、生活中的常见现象和问题入手，教你如何洞悉他人内心世界，从而轻松识别他人的本质，继而将其掌控于自己的意图之内。

本书教你如何不动声色地运用心理战术，帮助你学会如何洞察你的下属及周围人的心理规律，洞悉他们能力上的长短优劣、性格上的不同特征、为人处世上的不同行为方式等，让你读懂他们的真实意图，识破别有用心的谎言，识别热衷传播流言飞语的中伤者，洞察阳奉阴违的小人，明了喜欢算计别人的工于心计者和别有用心见风使舵的"夹心饼干"，然后针对不同的人，采取相应的、必要的措施加以应对，避免不必要的挫折和损失。同时提高自己做人办事的眼力和心力，掌控他人的心理，掌握主动权，迅速调动起下属的工作热情，令其愉快地接受每一份工作任务，并让你拥有超强人气，一步一步地实现自己的人生、事业计划，获得事业的成功和生活的幸福，成为人生的终极赢家。

目录 Contents

【第一章】领导魅力掌控术：凝聚人心先靠人格魅力

主管的魅力有的时候要远胜于他的技巧，怎样在一点一滴的工作中，培养自己的魅力，是每个管理者都应该具备的能力。管理者应该拥有怎样的眼光；管理者应该在团队中保持什么样的工作状态；管理者应该有怎样的处世风格；下属犯错误时当领导的应该怎么做，让本章来告诉你如何培养管理者的魅力。

1. 重视细节，先见团队中的隐患 ·············· 2
2. 主管的斗志会影响到团队的士气 ·············· 5
3. 拒绝草率行事和惊慌失措 ·············· 10
4. 不斤斤计较于小过失也不独享成果 ·············· 14
5. 给下属信任，更要信他到底 ·············· 18
6. 犹豫不决，最好不要做主管 ·············· 26
7. 手下犯错，你首先要担责任 ·············· 29

【第二章】自我性格心理掌控术：不同性格的管理者及其管理方式

我们知道，企业管理者主要是通过做"人"的工作来体现自己的岗位价值和工作业绩，因此，"性格"对他们来讲就显得尤为重要。

1. 性格冷静的主管怎样培养亲和力 ·············· 32

2. 心胸宽广的主管怎样强化执行力 ………………………… 35
3. 平易近人的主管怎样树立威信 …………………………… 38
4. 精力旺盛的主管怎样沉静领导 …………………………… 40
5. 勤奋有为的主管怎样激励下属 …………………………… 43
6. 知人善任的主管怎样配置人力 …………………………… 46
7. 情绪波动的主管怎样自控心情 …………………………… 49

【第三章】因人而异心理掌控术：如何对待和管理不同性格的下属

管理者大多都遇到过这样的员工：特别难以相处但是工作业绩特别好；工作缺乏动力，不愿在下班后多留一分钟；倚老卖老，经常挑战管理者权威……这些员工不断违反公司纪律的底线，经常因为一些令人无法接受的行为举止而在团队中引起混乱，从而导致整个团队工作效率下降。员工本来性格各异，如何根据员工性格进行有效管理，使之成为高效员工，已成为所有管理层必须面临和解决的问题。

1. 员工总是迟到怎么办 ……………………………………… 56
2. 对"贫嘴"下属要避免被蒙蔽 …………………………… 58
3. 对有非分要求的下属不可纵容 …………………………… 61
4. 对报喜不报忧的下属理性甄别 …………………………… 64
5. 把爱告密的下属变害为宝 ………………………………… 66
6. 激发凡事爱拖延的下属的执行力 ………………………… 68
7. 女员工爱美丽是罪过吗 …………………………………… 71
8. 面对酷爱炫耀的下属该怎么劝 …………………………… 72

【第四章】精准识人心理掌控术：如何透过细节洞察下属心理

卡耐基认为，要想掌握高超的用人之道，必先要做到知人善任。知人，就是要了解人，指的是对人的考察、识别、选择；善任，就是要善于用人，指的是对人要使用得当。知人善任，就是要认真地考察干部、确切地了解干部，把每个干部都安排到适当的岗位上去，充分地让他们发挥自己的特长、施展才干。这是做好领导工作的根本任务之一。

1. 与下属面谈，了解他的性格特点 ·············· 78
2. 衣着修饰中的性格窥视 ·············· 81
3. 背后闲话最暴露真实想法 ·············· 83
4. 身体姿势反映内心世界 ·············· 85
5. 眼睛是心灵的窗户 ·············· 88
7. 透过言谈举止识人 ·············· 91

【第五章】情感管理掌控术：学会换位思考，让部属和你一条心

所谓"换位思考"，顾名思义就是为人处世要站在对方的立场和角度来思考、处理问题。范仲淹曾提出"居庙堂之高，则忧其民；处江湖之远，则忧其君"，用现在的话解说，也是"换位思考"，或者叫做"将心比心"。其实，世界上有许多事情，只要换了位置去思考，想法、看法和行动就大不一样。

1. 将情感因子融入管理中去 ·············· 96
2. 主管应帮助下属心理减压 ·············· 98
3. 站在下属角度，你会更懂他们 ·············· 100
4. 做好小细节，让下属被你感动 ·············· 103
5. "精神薪资"更能管人 ·············· 105
6. 在企业中创造家庭般的氛围 ·············· 108
7. 视下属为"知己"更能走近他 ·············· 112
8. 理智与感情并用，双管齐下 ·············· 114

【第六章】有效服众心理掌控术，如何有效说服下属听你管理

说服力是一种可大可小的力量。总统候选人靠说服力取得选民支持，公司职员也能靠说服力为自己升职加薪。这种

力量究竟来自哪里？是口吐莲花的滔滔口才，是暗潮涌动的心理较量，还是阳光灿烂的人格魅力？我们怎么才能运用说服力取得更多的财富、魅力、领导力以及心理优势？

1. 说服之前，首先获取信任 …………………………… 118
2. 尽可能多地掌握说服对象的情况 …………………… 120
3. 因时而动，选择劝说的合适时机 …………………… 124
4. 站在下属的立场说服更有效 ………………………… 128
5. 说在嘴上，就要让下属甜在心里 …………………… 131
6. 反复说服，但不要灌输观念 ………………………… 134
7. 在劝说中充分运用数据，事例 ……………………… 135
8. 有效运用体态语言 …………………………………… 139
9. 用真实的大道理劝说人 ……………………………… 143

【第七章】团队激励心理掌控术，如何把一群绵羊变成冲锋战士

所谓士气，指的是行动、承诺、活力、热忱、战斗、主动、积极等心理或精神状态综合的冲力。激发士气，好似一个弹簧所产生的冲力，能够将团队弹向目标。事实上，一个企业组织结构的建立就是用以激发员工的士气。怎样才能激发团队的士气呢？首先，主管必须与部属建立同舟共济的关系。他应该能够去同情、了解、帮助、指导部属。好的主管会树立好的榜样，同时建立"鼓舞精神、振奋士气"的企业文化。激将、鼓励、循循善诱等等。

1. 严格领导才能带出好团队 …………………………… 146
2. 也给下属"露脸"的机会 …………………………… 148
3. 用激将法激出下属的能力 …………………………… 150
4. "无为"式管人策略 ………………………………… 151
5. 小事糊涂，大事认真 ………………………………… 153
6. 树立榜样，为下属带出好风气 ……………………… 156
7. 有压力才有动力，适当给属下加压 ………………… 158

【第八章】内部危机心理掌控术，如何有效化解团队间摩擦

一个团队如果过于沉闷，则会使团队成员之间冷漠、互不关心，缺乏创意，从而使团队墨守成规，停滞不前，对革新没有反应，工作效率降低。如果团队有适量的冲突，则会提高团队成员的兴奋度，激发团队成员的工作热情，提高团队凝聚力和竞争力。冲突是另一种形式的沟通，冲突是发泄长久积压的情绪，冲突之后雨过天晴，双方才能重新起跑；冲突是一项教育性的经验，双方可能对对方的职责极其困扰，有更深入的了解与体会。冲突的高效解决可开启新的且可能是长久性的沟通渠道。

1. 成员之间有竞争，整个团队会进步 …………… 162
2. 对团队矛盾迅速处理，不留后遗症 …………… 164
3. 解决成员间矛盾要对事不对人 ………………… 166
4. 与下属适当的保持距离，远离是非漩涡 ……… 169
5. 坚决杜绝"窝里斗" ……………………………… 171
6. 公司"小圈子"会搅散人心 …………………… 173
7. 危机"冷处理"，化解麻烦原来如此简单 …… 176
8. 碰到"小报告"专业户怎么办 ………………… 178
9. 面面俱到，做决策要照顾大局 ………………… 180

【第九章】赏罚有道心理掌控术，奖与惩都要有明确道理

古人有言曰："文武之道，一张一弛"，这句话说的是中国古代贤明的君主周文王、周武王治理国家的一个方略。当今社会，与几千年前的周文王、周武王时代相比，不知前进了多少倍，发达了多少倍，但"一张一弛"的工作方式、生活方式却不过时。所以对于一个领导者来说，应该学习这父子俩的经验，在具体的管理之中让下属有劳有逸、劳逸结合，使工作、生活有节奏地进行。

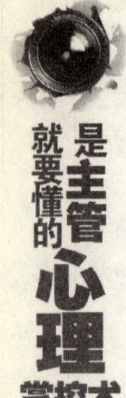

1. 物质奖励是直接且简单的管人方法 …………… 184
2. 精神奖励有时比物质奖励更有效 …………… 186
3. 好主管既是严父又是慈母 …………… 188
4. 做主管要懂得软硬得当 …………… 191
5. 关键时刻要抓个"坏典型" …………… 194
6. 以身作则，令出必行 …………… 196
7. 把握好"整肃"的度 …………… 197
8. 整治问题员工就是对团队最好的告诫 …………… 199

【第十章】点石成金心理掌控术，人尽其才的超级配置策略

　　一般以为，有才华的人很厉害；其实不然，真正厉害的是善于使用人才的人。刘备没有什么其他的大本事，但是非常善于用人，刘备的祖宗刘邦在这点上做得最好。他只是一个亭长，但他知人善用，韩信、萧何、张良都发挥了他们最大的作用。反观诸葛亮，作为一个国家和军队的实际统帅，他不能做到这一点；相反他事必躬亲，整天都累个半死。

1. 别迷信"空降兵"，却视而不见身边的金子 …………… 204
2. 对下属勤加爱护，培养新职员 …………… 207
3. 没有十全十美的员工，但有善用其长的主管 …………… 209
4. 打破常规思维，敢于运用偏才怪才 …………… 211
5. 用人不疑，疑人不用 …………… 213
6. 换个角度用人，短处也能变作长处 …………… 215
7. 让团队成员形成"互补效应" …………… 217
8. 挖掘员工潜能，培养有潜质的下属 …………… 219
9. 用压力逼出人才，运用"鲶鱼效应" …………… 221

【第十一章】有效授权心理掌控术，优秀主管的权限

授权对于经理人来说，不是"能不能"的问题，而是"会不会"的问题。授权绝不是简单地把工作指派给员工，授权是一门艺术，一门成功经理人必须掌握的艺术。其经理人成功授权的关键因素包括授权的时机与控制、上下级的信任与沟通等。通过运用行之有效的授权之道，经理人可以创造一个良好的授权环境，使员工全身心地投入工作。

1. "一言堂"的领导方式早已过时 …………… 224
2. 学会授权是领导力的升级版 …………… 225
3. 权力下放，给下属以奋斗的空间 …………… 229
4. 用人不疑是授权基本前提 …………… 232
5. 掌握有效授权的技巧 …………… 235
6. 正式权力与非正式权力相结合 …………… 238
7. 谨慎持重、选好授权对象 …………… 241
8. 授权适当、把握好尺度 …………… 244
9. 防止授权泛滥、权力失控 …………… 247

【第十二章】代际差异心理掌控术，和"80后"新员工打成一片

中国有句名言叫"长江后浪推前浪，一代新人换旧人"，说的是时代的革新，需要新的时代领军人物。毛泽东以"江山代有才人出，各领风骚数百年"隐喻时势政治的变迁。当今时代，"80后"将逐渐替代"60后"、"70后"成为企业的中流砥柱。"80后"大量进入企业，需要管理者适时做出适当的调整，因此需要我们研究"80后"，做好管理人才的准备。

1. 当主管遭遇"生猛员工" …………… 252
2. 想要管理，就先要了解他们 …………… 255
3. 新员工更需要人文关怀 …………… 257
4. 给新人更多的鼓励和尽可能少的打压 …………… 259

5. 营造新老员工平等的工作氛围 …………………… 262
6. 多元化思维使你显得更亲和 …………………… 264
7. 制度要硬，手段要软 …………………… 266
8. 让新新员工在工作中找到快乐 …………………… 269
9. 试着不OUT！学一点新生代"语言" …………………… 271

第一章

领导魅力掌控术：
凝聚人心先靠人格魅力

主管的魅力有的时候要远胜于他的技巧，怎样在一点一滴的工作中，培养自己的魅力，是每个管理者都应该具备的能力。管理者应该拥有怎样的眼光；管理者应该在团队中保持什么样的工作状态；管理者应该有怎样的处世风格；下属犯错误时当领导的应该怎么做，让本章来告诉你如何培养管理者的魅力。

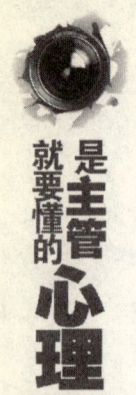

1. 重视细节，先见团队中的隐患 >＞＞＞＞

成功学大师卡耐基曾说过："一个不注意小事情的人，永远不会成就大事业"。人格魅力说的是一个人在与别人交往中让别人内心感到信服愉快安全等综合概念。一般是对组织中的"领导者"的专业评价。

一位管理专家曾说："人格魅力有先天因素但主要还是靠后天修炼。"古语有云："千里之堤溃于蚁穴"，就是强调要想成就伟大事业就不要忽视微小之处。然而，环顾四周大而化之马马虎虎的毛病随处可见；"差不多"先生比比皆是：好像、几乎、将近、大约、应该、可能等词已逐渐成为们习以为常的口头禅。

实际上就在这些词汇一再使用的同时，许多重大决策都只停留在纸上。大量重点工作只落实在表面上，致使许多宏伟目标都成了海市蜃楼。做老板的要记住一个词——"异常管理"，这是说去管那些人家不管的事情，看不到的事情，做不到的事情，想不到的事情，说不出的事情。

做企业，成有成的道理，败有败的原因。"成也细节，败也细节"的说法自有其合理之处。既然如此，无论在大事上，还是小事上，都需要做到"滴水不漏"、"一丝不苟"。只有这样，才能真正地稳操胜券。

成功的标准，就是追求细节上的完美，这是成功领导的要求，也是成功领导的想法。如果每个人能这样想，无论你做什么，品质都很好，都不会自满。因为很少有东西是完善的，即使是最好的产品都有缺陷。

然而，无论在公司或组织中，就是因为领导设立这样一个完美的目标，可以提升每一个人对品质的意识，使每个人做事都变得非常认真，因为每个人都在研究，要怎样才能把事情做得更完美。

上海巨人网络科技有限公司 CEO 史玉柱在《赢在中国》节目上点评选手时，表明了他对细节管理的观点，他认为："现在的时代，战略正确之后细节是决定因素，有很多细节处理不好，你的战略正确了也会失败，或者该做大的也没有做大，就失去了机会。找不到其他问题，我只能在这上面做了。挑不着，我只能提示你，在细节上要特别注意。你现在实际上面临一个爬坡的时候，爬得好，可能爬得很大；爬得不好，就（停）在现有规模上。你现在应该面临着将要爬大坡的时候，所以我提醒你注意细节，从研发上面、生产上面、营销上面、管理上面，方方面面的细节，需要注意的细节非常多。你作为一把手，你应该能发现哪些细节是最关键的，并亲自抓最关键部位的细节。我过去是这样做的，我觉得这么做往往会成功，这不是做广告，像《征途》，我只抓市场调研，我自己搞，其他事一点也不管，这个细节非常重要。你也要找一个最重要的决定性环节的细节，自己亲自去抓。"

如果说领导的一般法则是科学，那么，对细节的管理就是艺术，企业处理细节的能力就形成企业管理的能力。史玉柱在渠道管理上很细心，他对员工的检查还经常出其不意，上车后才决定查看哪一个销售店面，当销售经理在最好的销售店面做好充分的准备后，他却要求换店观看。每次去商场的脑白金销售点调查时，都首先看看有没有灰尘，是否有假货，以及生产日期等。史玉柱甚至常常选择乡镇销售店，这些店最容易被忽视却又最能体现管理细节。

对此，史玉柱的解释是："我曾经是一个著名的失败者，我害怕失败，我经不住失败，所以只能把不失败的准备工作做好。"

企业经常面对的都是些看似琐碎、简单的事情，却最容易被忽略、最容易错漏百出。无论企业也好，个人也好，无论有怎样辉煌的目标，如果在某一个环节连接上，某一个细节处理上不能够到位，都有可能会

被搁浅，而导致最终的失败。"大处着眼，小处着手"，才是管理的最高境界。

海尔总裁张瑞敏先生在比较中日两个民族的认真精神时曾说：如果让一个日本人每天擦桌子六次，日本人会不折不扣地执行，每天都会坚持擦六次；可是如果让一个中国人去做，那么他在第一天可能擦六遍，第二天可能擦六遍，但到了第三天，可能就会擦五遍、四遍、三遍，到后来，就不了了之。有鉴于此，他表示：把每一件简单的事做好就是不简单；把每一件平凡的事做好就是不平凡。

与日本人的认真、精细比较起来，中国人确实有大而化之、马马虎虎的毛病，以致社会上"差不多"先生比比皆是，好像、几乎、似乎、将近、大约、大体、大致、大概、大概齐等等，成了"差不多"先生的常用词。就在这些词汇一再使用的同时，生产线上的次品出来了，矿山上的事故频频发生了，社会上违章犯纪不讲原则的事情也是屡禁不止。

与"差不多"的观念相应的，是人们都想做大事，而不愿意或者不屑于做小事。但事实上，正如汪中求先生在《细节决定成败》一书中所说的："芸芸众生能做大事的实在太少，多数人的多数情况总还只能做一些具体的事、琐碎的事、单调的事，也许过于平淡，也许鸡毛蒜皮，但这就是工作，是生活，是成就大事不可缺少的基础。"

美国质量管理专家菲利普·克劳斯比曾说："一个由数以百万计的个人行动所构成的公司经不起其中1％或2％的行动偏离正轨。"

而且，注重细节、把小事做细是一个比较难的事。丰田汽车社长认为其公司最为艰巨的工作不是汽车的研发和技术创新，而是生产流程中一根绳索的摆放，要不高不矮、不粗不细、不偏不歪，而且要确保每位技术工人在操作这根绳索时都要无任何偏差。

所以，无论是做人做事做领导，都要注重细节，从小事做起。我们的古人就提倡"天下大事，必作于细；天下难事，必成于易"。

"泰山不拒细壤，故能成其高；江海不择细流，故能就其深。"大礼不辞小让，细节决定成败。在中国，想做大事的人很多，但愿意把小事做细的人很少；我们不缺少具雄韬伟略的战略家，缺少的是精益求精的执行者；绝不缺少各类管理规章制度，缺少的是规章条款不折不扣的执行。我们必须改变心浮气躁、浅尝辄止的毛病，提倡注重细节、把小事做细。

2. 主管的斗志会影响到团队的士气 > > > > >

> 士气是一种心境、一种态度、一种精神力量。它通过个人的工作意愿、团队的工作气氛显现出来。领导的士气则在组织内有很强的示范效应。

领导的道德品质在组织内有很强的示范效应，上行下效，传染性极强。常常存在这种情况：一个道德修养好的人，可以改变自己周围的环境，形成正直的风气；原本好端端的团体，来了一个不怎么高尚的"头儿"，过不多久，春风散尽而邪气弥漫。为了避免这种情况的发生，高明的领导人十分注重自己的道德约束，注重自己待人接物的方式，注重处理与同事、下属、家人的关系，保持一种较为完善的风范。我们不能要求领导在道德方面都完美无缺、无懈可击，但是正直却是基本的要求。

能干的领导者明白如何解决问题。他们能拿出一套办法作为解决问题的工具；他们能够根据问题和状况的性质找出适当的解决方法，并开始着手进行。

一位领导者乃是问题解决者和决策者，在实践中可以发现解决问题的能力，或者是提供解决问题的方法，乃是很多优秀领导者的主要特质。

此外，需要领导者解决的问题通常是难题。有时候还要通过你作决策。这时候作出的决定，多数都要冒着极大的风险和面对不可预测的未来，这表示下决策本身就是极其困难的工作。

任何一件事都需要有精明的策划。主帅的能力是一个军队的战斗力，一个领导者的能力恰是一个企业一个公司的战斗力。当你拥有了恰当的组织策划能力时，你的领导魅力无疑会百倍千倍地上升。

一支军队即便有精良的装备，训练有素的官兵，但如果没有高涨的士气，这支军队也很难打胜仗。对一个业务团队来说，情形也是这样。

士气是一种心境、一种态度、一种精神力量。它通过个人的工作意愿、团队的工作气氛显现出来。

对一个业务团队来说，士气好比是阳光，虽然它不像水以及土壤看得见摸得着，但却是绿色植物成长过程中最重要的关键。

对员工的士气进行管理是经理人一项重要的工作。

影响业务团队士气的几个因素：

（1）你就是最重要的因素

经理人对员工诚挚的兴趣是最基本的要素。很多情况表明，特优的团队和一般的团队的差别，主要在于经理人本身。

（2）工作环境

良好的工作环境是大家所期望的，尤其是良好的工作伙伴关系。

（3）信心

包含了对公司、主管及自己三个方面的信心。

（4）工作成果的价值观

员工对工作的意义、价值的看法会影响到他们的工作热忱。

（5）人

选用一个与工作、团队、环境不相适应的人，或者聘用一个与职级不相称的人，都将使你为这项错误付出沉重的代价。

员工的士气直接影响到他们的工作意愿和团队的工作气氛。你要时刻留意员工的士气，运用有效的管理方法，最终在团队中营造出积极的、奋发向上的工作氛围。

领导取得成功的最重要的决定因素之一，是他们能成功地影响下属、同等地位的同事和较高级的经理。对于那些在领导职位上行事的人来说，影响别人、影响情势、影响事件的能力是他们胜任的基本必备条件。

影响力是有很多种的，并且手段、效果也不尽相同，从其产生的原因来划分，主要有以下几种。

(1) 基于威胁的影响力

在人类历史上恐惧可能是最普遍的影响系统之一，甚至在人类跨入21世纪的今天依然如此。害怕受到心理或生理的伤害在各个家庭、群体、组织中是很普遍的。例如在企业中，常因担心失业或减薪而产生恐惧感。

在恐惧产生的影响力下，部属是否同意命令或了解命令的原因并没有多大关系，领导者所关心的只是部属是否有能力执行命令，当然如果部属了解也同意命令，强制的压力也许会小一点，但命令的执行却绝不允许改变。

虽然威胁作为一种领导手段相当吸引领导者，但是它也有个最大的缺点，就是成本太高。采用威胁手段的领导者必须时常盯着下属，以发现不按规定行事的行为，并为了维持下属的恐惧感一定要加以处罚。这样就使得处罚和监督的成本都很昂贵。

此外，恐惧本身也可能导致失效，在长期的恐惧压力下，人们对恐惧不会再有任何感觉，并有可能在长期的压力下爆发出相反的作用力。这是任何一个领导者所不希望看到的。

(2) 基于传统的影响力

传统习惯大概是历史上产生影响力最普遍的方式，这种传统习惯可能起因于恐惧，然后对恐惧的服从经过内化和制度化，融入了社会的组织结构和人们的意识形态。对影响者的服从可能由于尊敬他的高明之

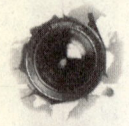

处,也可能由于社会习俗使然,认为服从领导者是天经地义的。由此可见以传统为基础的影响力的最大优点在于:具有正面的激励作用而不是使人因恐惧而不得不服从。影响力来自于职位而不是来自于占有职位的人,这种"对位不对人"的影响力带有稳定性和可预测性。即使换了人,影响力依然存在。正因如此,系统的影响力也就有了一个最大的缺点,便是对影响力的发生者,其影响力与本身的能力没有了关系,于是这种影响力就可能成了基于盲目信从的影响力。

(3) 基于理智信从的影响力

假设我们能够计算所有影响事件的次数,会发现最普遍的影响过程是通过理智服从,这在领导人员和技术人员中表现尤为突出。追随者基于某些事实,相信领导者有足够的知识和能力,而且做事确实有自己的原则和道理,因而愿意服从领导者。所以在这种影响力下,下属之所以服从可能因为他了解行动的缘由,而且同意这是解决问题的适当行动。在这种影响力发生的过程中,领导者要有更多的主动精神,即领导者要对下属解释,这是对下属最基本的尊重。这种方式等于说:"我认为你有能力和知识了解我所说的,而且我花时间跟你解释,说明我尊重你。"因此,下属觉得领导者对他相当尊重。

有这种影响力的领导者多数是依赖他的亲和力和专家权威劝服下属,而不以命令方式使下属服从,这样便让下属觉得自己已分享了领导者的权力,不觉得被领导者统治。行动的成功又反过来增强了领导者的权力,结果下属就会基于理性而信从领导者对他们的领导。

(4) 影响他人的具体策略。

影响他人的任何企图,它的起点首先是了解那个人所要达到的目标。然而参与影响过程的那些人,常常不明白他们确切地想要什么。要求可以包括许多需要(例如,某种产品,安排某种方式,在一定时间发货等),因此,领导需要全面考虑哪些方面是更为重要的,哪些在必要时可以扔下不管。分不清想达到的最终目标和完成目标的手段,还可能导致争论不到点上。而企业成功的影响者,永远不会忽略最终目标,对于手段则是灵活的。

讲道理是最通用的策略。使用三、四种不同的策略看来是最佳手段，但不要全部用上。要根据经理的目标、他们控制的资源以及他们期望他人愿意遵从的程度而选择。当然，如果第一次影响企图失败，则应考虑采取不同的策略。

一个人试图影响哪一级的人，也是一个要考虑的重要因素。使用奖惩策略去影响同事，是不大会成功的。因为，对于那些同级的人，没有供领导任意使用的正式职权。对他们而言，企业内的一切业务都是人与人之间的交换。一桩交换可以包括商品（钱、人员）、服务（信息、公共支持）或者思想感情（赏识、称赞）。这种交换是受"互惠原则"支配的，即人们做了好事应该得到报偿的信念，做了坏事应受惩罚的信念，以及一个人期望他人为其提供的资源付出代价的信念。

影响能力是在交换商品、服务和思想感情以满足他人的需要和利益中产生的。交换可以是有形的商品，诸如增加预算、新设备和人员；有形的服务，诸如加快答复时间、更多的信息或公共支持；思想感情，诸如感谢、钦佩或称赞。不管交换采取什么形式，除非交换的因素大体相等，否则将会产生敌意。可以有许多方法来表示感谢和给予支持。领导可以通过口头感谢、称赞、在会上发表公开讲话、非正式地向同等地位者发表评论或写个短信给他的上司。然而，有人把感谢信看作赞赏的表示，而有人的看法可能就很不相同，或许把它看作是报答他巨大恩惠和服务的一种廉价方式。因此，这种报酬的大小不是按抽象的意义来评价的，而是由接受者随意解释的。

另外，研究发现，影响者对其潜在的支持者影响越深入，由此产生的信任程度越深，交换过程越容易。企业内的少数交换是一次性买卖，不知道什么时候可能再进行。因而，在大多数交换形式下有两种结果：成功地完成了一个人的目标以及成功地促进了关系。因此，下一次的相互作用甚至将更具有建设性。虽然，任务的完成和关系的改善并非总是同时实现的，在某些时候，后者可能比前者更为重要。胜了一个战役而

输了全盘,这是代价昂贵的结果。当影响上级时,信任尤为重要。有研究报告指出,影响上司严重依赖于个人权力方面。一份研究报告称,决定下级经理能对上司起多大影响的唯一重要因素是可靠性,即对下级经理的判断、建议和工作表现的信任程度。通过预算数额来说明问题,进行试验或工作,也是重要的。哪里察觉到总经理和高级经理之间的关系不大合适或不大令人满意,哪里便已不能处理这些问题。

3. 拒绝草率行事和惊慌失措 ＞＞＞＞

> 不管处在何种环境之下,有一件事是每个人都可以做到的,这就是脚踏实地,即使跌倒也可立刻站起来,而不致失去平衡。管理者应该在别人都慌张忙乱的时候,仍能镇定如常、思虑周详。

在任何环境、任何情形之下,保持着一个清楚的头脑;在人家失掉镇静时保持着镇静;在旁人都在做愚蠢可笑的事时,仍保持一个正确的判断。能够这样做的人,总是具有相当的稳定力,是一种平衡而能自制的人。

容易头脑忙乱的人,面临到突发事件,或一受到重大的压力,就要惊慌失措。这样的人是一个弱者,是不足付以重任的。

在别人束手无策时知道怎样想办法的人,在别人混乱时仍然镇静的人,在大责任搁在肩上、大压力加在身上不会慌张混乱的人,才到处为人欢迎,为人重视。

在各公司,常常有这样一些人,其人在各方面的能力或许还不及别的职员，但反而会突然升上重要的位置。因为雇主的眼光，并不在意这个职员的"才华"，却注意着头脑清醒、理智健全、判断力正确的人。他最需要的是那种头脑清晰、实事求是，能真正做事的人，所以他往往忽略那些大学毕业生、学者与天才。他知道，他的业务之安全、机关之柱石，就系于那些有正确判断力、健全理智的职员。

头脑清晰、精神平衡的人的特征，就是不因环境情形之变更而有所改变。金钱的损失、事业的失败、忧苦与艰难，都不足以破坏他的精神的平衡，因为他是有主见的。他也不会因小有成功、小有顺利而傲慢自满起来。

不管处在何种环境之下，有一件事是每个人都可以做到的，这就是脚踏实地，即使跌倒也可立刻站起来，而不致失去平衡。我们应该在别人都慌张忙乱的时候，仍能镇定如常、思虑周详。这能给予我们以很大的力量，并在社会里占重要的地位，因为唯有头脑清楚的人，能在惊涛骇浪中平稳地驾驶船只的人，才是社会大众愿意付以重任、委以大事的人。动摇的人、犹豫的人、没有自信的人，临到难关就要倾跌、遇到灾害就要倒地的人，只是一个经不起风雨的人，像年幼胆小之人一样，只能在风平浪静之日驾驶扁舟。

冰山在任何情形之下，都不失其恬静与平衡，真是我们的一个绝好榜样！不管狂风吹打得怎样厉害，不管巨浪冲击得怎样猛烈，它从不会动摇、从不会颠簸、从不会显出一丝受震荡的迹象，因为它的八分之七的巨大的体积，是没在水面之下。它的巨大的体积平稳地藏在海洋之中，非惊涛怒浪之势力所能及。这种水面下的巨大的隐藏力，这种伟大的"运动量"使得暴露在水面的一部分冰山，可以不畏任何风浪。

精神的平衡，往往代表着"力量"，因为精神的平衡是精神和谐的结果。片面发展的头脑，不管其在某一特殊方面是怎样的发达，永远不会是平衡的头脑。一棵树木，假若将其全部的汁液，仅仅输送给一条巨枝，而使其他部分枯萎至死，它就绝不能成为一棵繁茂的大树。

理智健全、头脑清楚的人是不多见的。他们常常是"供不应求"。

我们每可看到,连许多有本领的人,在多方面的能力很强的人,也会做出种种不可解的、愚不可及的事情。他们的不健全的判断、不清楚的头脑,常常阻碍了他们的前程,像流过高低不平的区域中的江水,后波每为前浪打回,所以不得前进一样。

头脑不清晰、判断不健全,这种不良声誉,会使得别人不敢信托你,因此是大有害于你的前程。

假如你要得到他人"头脑清晰"的承认和称许,你必须真的努力去做一个头脑清晰的人。大部分人做事,特别在做小事时,往往是敷衍了事。他们自己也知道,他们不曾竭尽全力,而所做出来的结果,也不可能尽善尽美,然而他们还是在用这种做法。这种行为,往往减损我们成为头脑清晰的人的可能性。

毛病就在我们大多数人,总是做出二等三等的判断,而不想努力去做出头等的判断。这一切都是因为前者省力、容易得多。

大多数的人都是天性怠惰的,我们总喜欢逃避不愉快的艰难的工作。我们不喜欢做那些妨碍我们的安舒、不合我们的情趣,却足以烦恼我们的事情。

假如你能常常强迫自己去做那些应该做的事,而且竭尽你的全力去做,不去听从你的怕事贪安的懒性,那么你的品格、你的判断力,必会大大增进。你自然会被人承认,称为头脑清晰、判断健全的人了。

危机是危险,更是转机。当你很适当地处理危机时,机会自然会随之而来的。如果企业自始至终都是在本着为消费者负责的态度处理危机,这样做的结果不仅不会损害消费者的忠诚度,还会增加消费者对其的好感。

不少人还记得三菱公司的帕杰罗汽车出现的质量危机事件。对一个汽车厂家来说,出现如此严重的质量问题无疑是非常严重的危机,然而三菱公司并没有逃避,没有因为怕影响企业的声誉而想方设法掩盖,而是本着对消费者负责的态度,下令召回所有销售出去的三菱帕杰罗,免费检查,免费维修。虽然,三菱为此付出了高昂的费用,但三菱赢得的是消费者的信任和认可，三菱的销售额不降反升。反之，若三菱处理不当，坚决不承认存在质量问题，待安全问题真正出现时，三菱无疑会面临灭顶之灾。汽车的安全直接关系着消费者的生命安全，安全性能是大部分消费者买车时的首要考虑因素，若汽车厂家对消费者的生命安全都漠不关心的话，你还能指望它能为你负什么责任？

再如泰诺止痛胶囊也是一个很好的典范，它面对媒体危机时，首先不是竭力辩解，而是承认问题，下令所有药品停止销售，然后再调查问题，查明真相。它尽可能地解决问题，让消费者觉得被重视，并且诚实地面对及解决问题，消费者还是会愿意购买它的药，因为它表现了关心和承诺。努力开发出更好的药，在危机中展现对消费者的重视，机会就在于此。

总之，当企业面对危机时，应该以社会公众和消费者利益为重，迅速做出适当反应，及时采取补救措施，并主动地、有意识地以该事件为契机，变坏事为好事，因势利导，借题发挥。不但可以恢复企业的信誉，而且还可以扩大企业的知名度和美誉度。正如人们所说的：一个优秀的企业越是在危机的时刻，越能显示出它的综合实力和整体素质。一个成熟的、健康的企业与其他企业的区别就在于此。

危机是每个企业都不愿面对的事，但是在发生后，如果刻意隐瞒或消极对待，危机对企业的发展将是致命的。因此当危机不幸来临时，千万不要只是怨天尤人，而应诚意面对问题，寻找适当的解决方案，才能借此将危机化为转机。

在危机处理中，最忌讳的是回避。你越是回避，别人越觉得你的确有问题，因此，勇敢地面对问题、真诚地承认问题是非常重要的。另外，无论企业一方是对的还是错的，在一开始就进行辩解也是错的。由于公众接受的是一个错误信息，在没有证明到底谁对的前提下，即便你认为自己是对的，公众也会认为你是在狡辩。所以，先坦诚地承认问题，然后承诺一定会认真地调查此事，并给公众一个满意的答复是最正确的处理方式。

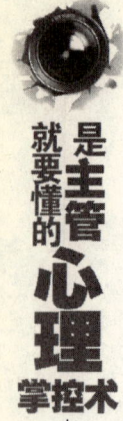

企业出现危机时,特别是出现重大责任事故,导致社会公众利益受损时,企业必须承担起责任,给予公众一定的精神补偿和物质补偿。在进行善后处理工作的过程中,企业也必须做到一个"诚"字。只有以诚相待,才能取信于民。

4. 不斤斤计较于小过失也不独享成果>>>>>

> 宽容不但是做人的美德,也是一种明智的处世原则,是人与人交往的"润滑剂"。常有一些所谓厄运,其实只是因为对他人一时的狭隘和刻薄,而给自己的前进路埋下的一块绊脚石罢了;而一些所谓的幸运,也是因为无意中对他人一时的恩惠和帮助而拓宽了自己的道路。

宽容就是不计较,事情过了就算了。每个人都有错误,如果执著于其过去的错误,就会形成思想包袱,不信任、耿耿于怀、放不开,限制了自己的思维,也限制了对方的发展。即使是背叛,也并非不可容忍。能够承受背叛的人才是最坚强的人,也将以他坚强的心志在氛围中占据主动,以其威严更能够给人以信心、动力,因而更能够防止或减少背叛。

宽容就是潇洒。"处处绿杨堪系马,家家有路到长安。"宽厚待人,容纳非议,乃事业成功、家庭幸福美满之道。事事斤斤计较、患得患失,活得也累,难得人世走一遭,潇洒最重要。

宽容是一种坚强,而不是软弱。宽容要以退为进、积极地防御。宽容所体现出来的退让是有目的有计划的，主动权掌握在自己的手中。无奈和迫不得已不能算宽容。宽容的最高境界是对众生的怜悯。

宽容就是在别人和自己意见不一致时也不要勉强。从心理学角度，任何的想法都有其来由。任何的动机都有一定的诱因。了解对方想法的根源，找到他们意见提出的基础，就能够设身处地，提出的方案也更能够契合对方的心理而得到接受。消除阻碍和对抗是提高效率的唯一方法。任何人都有自己对人生的看法和体会，我们要尊重他们的知识和体验，积极汲取之间的精华，做好扬弃。

在职场中，下属对管理者产生偏见也许是一件很正常的事，因为一个领导往往要领导很多下属，不可能面面俱到，一时疏忽，就难免招致来自下属的偏见。

心理学家认为，如果员工对你存在偏见，那么一定是存在心理动因的。一个人对另一个人之所以产生偏见，往往有两方面的可能：一是"首因效应"导致不良印象，从而产生偏见，即使对方如何改变，拥有偏见者也很难改变；而是当某个人发现另一个人某方面的缺失后，就会附带性地认为他其他方面也存在缺失，这就是"晕轮效应"，由一点偏见产生更多的偏见，最终误解对方。

当下属对你产生偏见以后，你首先就得与其沟通，积极发现自己的不足，以便改变自己，也改变对方对你的偏见。然而，改变自己的缺点是有一个过程的，消除别人的偏见也非轻而易举，这时候，作为管理者，就要学会宽容。

宽容不但是做人的美德，也是一种明智的处世原则，是人与人交往的"润滑剂"。常有一些所谓厄运，只是因为对他人一时的狭隘和刻薄，而在自己的前进路上自设的一块绊脚石罢了；而一些所谓的幸运，也是因为无意中对他人一时的恩惠和帮助而拓宽了自己的道路。

宽容犹如冬日正午的阳光，去融化别人心田的冰雪变成涓涓细流。一个不懂得宽容别人的人，会显得愚蠢，大概也会苍老得快；一个不懂得对自己宽容的人，会为把生命的弦绷得太紧而伤痕累累，抑或断裂。

卡耐基说:"如果一般说来你不喜欢他人,有个简单的方法可以教化这种特性:寻找别人的优点,你一定会找到一些的。"释迦牟尼说:"以爱对恨,恨自然消失。"试着去宽容对你存有偏见的下属,你的生活将会绚丽多彩。

小杜毕业后初入社会不久,就在某合资公司外贸部当了主管,不幸碰上一位对她偏见颇深的下属。这位下属是一位将近四十岁的女人,工作能力还可以,在这家公司待了四年,然而仍然未获得一官半职,因此对年轻有为,初来乍到的小杜存在偏见。此人总是无事生非,非难小杜,还常常散播谣言败坏小杜的名誉。小杜不是一个会"争"的女孩子,只好忍气吞声等日本科长长出"火眼金睛",结果等了三个月,还是等不来一句公道话。一气之下,小杜就去了另一位外资公司。在那里,她出色的工作博得了许多同事的称赞,但是不幸又遇上了另一位对她存在偏见的员工。心灰意冷间,她又萌动了跳槽之念,于是向新加坡总裁递交了辞呈。总裁先生没有竭力挽留小杜,只有告诉她自己处世多年得出的一条经验:如果你讨厌一个人,那么你就要试着去爱他。总裁说,他就曾鸡蛋里挑骨头一般在一位上司身上找优点,结果,他发现了老板两大优点,而老板也逐渐喜欢上了他。

小杜依旧讨厌那位员工,但已悄悄地收回了辞呈。她说:"现在想开了,作为一个成熟的人应该放开心胸去包容一切、爱一切。换一种思维看人生,你会发现,乐趣比烦恼多。"

《菜根谭》中讲:"路径窄处留一步,与人行;滋味浓的减三分,让人嗜。此是涉世一极乐法。"这正是宽容别人偏见的精要。曾有人把人比喻为"会思想的芦苇",弱小易变。为了自己的健康,我们何以不能宽容下属的偏见?

当然,宽容并不意味对恶人横行的迁就和退让,也非对自私自利的鼓励和纵容。谁都可能遇到情势所迫的无奈,无可避免的失误,考虑欠妥的差错。所谓宽容就是以善意去宽待有着各种缺点的人们。因其宽广而容纳了狭隘,因其宽广显得大度而感人。

作为一名领导,应设法让你的员工分享你现有的成果,别忘了,分享是对员工的最大激励。谁都喜欢晋级,谁都喜欢加薪。领导者这样,员工也如此。当领导者晋级加薪之时,别忘了为你打下江山的员工们,设法让他们也有所晋升,或得到一些奖励、保荐他们到更好的职位上,这才是对员工最大的关心。此可谓,己所欲,施于人。"一人升天,仙及鸡犬",当你加官晋级时,同时也把你的成果与手下的员工分享,可以想象,员工会是何等的忠诚,这样的部门也必然是上下一心,齐心合力,动力十足,也就必然充满活力,效益不断上升。

举个例子,某公司公关部主管陈先生,由于近日在与日商谈判中,大杀了日本人的威风,压低了所要价格,使公司节省了几十万元,也让公司扬眉吐气,大长了志气。因此总经理决定为陈先生加薪一级,同时将给他提成10%。陈先生获得加薪,自然没忘和自己一起奋战几昼夜商讨谈判方案的员工们,于是陈先生慷慨解囊,宴请诸员工,随后又请他们周末一起去度假。这样一来,陈先生不仅得到上司赏识,又倍得员工爱戴。其实宴请费用不多,却赢得了员工一片忠心,今后他们必然会卖力干活,那么下次再加薪晋级还会远吗?这就表明,让手下的员工分享你的成果,是对他们最大的激励,也是自己再创佳绩的基础。

因此,作为领导者要尽量做到:

(1) 当上司表扬时,不忘举荐手下员工之中的有功之臣,在上司面前赞扬他们。

一句忠心的赞扬,不仅使上司感觉到本公司英才比比皆是,也会认为你不居功自傲,懂得体贴员工,无形中,对你的印象又加了几分,以后对你会更加关注。同时也使你的属下认为你待他恩重如山,因此必当犬马相报,不遗余力。

(2) 在员工面前,一定要谨慎谦虚,不可张扬。

一旦有成绩便居功自傲,必然会被员工厌弃,不愿再为你拼命效力。分享是对员工的最大激励。领导者一定要牢记此训,把成果与员工共享,争取更好的业绩。

其实，不要独享荣耀，说穿了就是不要威胁到别人的生存空间，因为你的荣耀会让别人变得暗淡，产生一种不安全感，而你表达出的感谢、与员工分享成果以及谦卑的性格正好让旁人吃下了一颗定心丸，人性就这么奇妙。

作为一名领导，如果习惯独享荣耀，那么，总有一天会独享苦果。

5. 给下属信任，更要信他到底 > > > > >

> 信任是合作的开始，也是企业管理的基石。一个不能相互信任的团队，是一支没有凝聚力的团队，是一支没有战斗力的团队。信任员工，可以充分激发他们的创造潜力，甚至能够为公司带来不菲的价值。

信任就是力量，员工在得到信任后便会产生荣誉感、增强责任心，而且，信任往往是相互的。在信任的基础上，特别是当领导所给予的信任与员工个人的兴趣、爱好相吻合时，员工工作起来会更有干劲。

如果你对员工是信任的，就要让他们知道。有两种方法可以表明你的信任，让你的手下更舒适、更充满自信地工作。一种是用语言表达出你的信任，只需要平实地告诉对方即可，无须过分地修饰。用"甜言蜜语"往往只会适得其反，削弱本来应有的效果。

另一种方法就是让员工担任某一职位、承担某一责任、授权给他们做某事。这样你对他的信任就不言自明，这些接受了重要任务的员工感觉会很好，因为只有对可信任的员工，公司才会赋予这种任务。

你的信任需要适时地表达出来，让你的员工体会并且相信，这样才能保证你的信任足以带动员工的热情，这样才能使他们积极地投入工作，努力为你打拼。"盲目信任"是愚蠢的，深入了解才是明智的，这就对领导者提出了更加严格的要求。

古语说："用人不疑，疑人不用"，这就是对人的一种信任。在这一点上，美国著名的将军巴顿给所有的中层管理者树立了榜样。

在诺曼底战役中，盟军总司令艾森豪威尔任命一位军官到第三集团军当师长。巴顿就是第三集团军的司令。当巴顿听说这个消息后，立即表示反对。巴顿认为这个人很无能，不愿意让他在自己手下工作，但艾森豪威尔仍一意孤行。

此后不久，巴顿最担忧的事情发生了。这位军官果然把事情搞得一团糟，打了败仗。这时，艾森豪威尔意识到问题的严重性，就命令那个军官辞职。巴顿却表示绝对不让他辞职，这大大出乎所有人的预料。

在一开始，最先提出不让这位军官任职的就是巴顿，而此时，他又不愿意辞退这位无能的军官。面对艾森豪威尔的质疑，巴顿斩钉截铁地给出这样的回答："虽然他表现不佳，但那时候他是你们多余的军官之一，而现在他是我的部下，我就要信任他的能力并承担他的一切，无论好坏，我会尽全力使他成为一名合格的将军。"

此话一出，所有人都为之动容，而那位军官更是对巴顿非常感激，从此奋发努力，成为一名合格的将军。

巴顿将军的这个做法，产生了三大效用：

其一，使那位军官对他心存感激，奋发向上，成为真正的可用之才。

其二，让其他人愿意围在他身边，听从命令。

其三，让上级对他刮目相看，认为他是一个不会推卸责任、勇于担当的好司令。

巴顿将军之所以能得到将士们尊重，正是归功于他对下级的信任与爱护以及他身上的承受力。

每个人都有被重视、被信任的渴望，企业敢不敢于放手用人，给员

工一个施展才华的舞台与机会,是影响核心员工忠诚的一个重要方面。在对离职员工进行调查时,不少离职的核心员工都反映,领导不信任人,不肯放权,不给发挥的余地,无论什么情况下犯的错误都推给员工,这是他们辞职的最主要原因。对于知识经济时代的核心员工而言,给予他们必要的信任和更大的决策权是精神激励的重要组成部分。

核心员工大多具有更强的自主性,他们不仅不愿受制于物,而且无法忍受上级的遥控指挥,他们更强调工作中的自我引导。核心员工具有获得更大成就和业绩的意识,被企业委以重任可以促使他们对工作充满热情,发挥更大的主动性。在知识经济时代,企业的核心员工往往比管理者更加专业,对自己的工作比管理者更为熟悉。解决这个问题最重要的方法就是选择优秀员工,相信他们,给予他们足够的施展个人才智的空间与权力。

相信别人这个道理是显而易见的,我们可以怀疑某个人的能力,但不能怀疑所有人的能力。杨元庆从柳传志手上接过联想帅印之初,社会各界对杨元庆的能力多少有些怀疑。柳传志有两件事做得极有力度:

第一是他力挺杨元庆,他说:"遇到类似的情况,即使由我亲自管理,也未必能比杨元庆做得好,为什么我们要对元庆这么苛刻呢?"

第二是无论别人怎样怀疑杨元庆的能力,柳传志都恪守董事局主席的职责,坚决不干预杨元庆负责的事情。

如果当时柳传志也怀疑杨元庆的能力,亲自上阵,那么还能有联想集团的今天吗?突破"怀疑"是很多领导人面临的一个重大问题,一切关于战略变革、组织变革等能否有效突破的问题,首先是企业领导人能否自我突破的问题,这关系到他们的企业能够到达的高度。

但是大多时候,大多数管理者都相信自己,对他人不放心,经常干涉员工的工作,这恐怕是管理者的通病,对于从工作第一线成长起来的管理者更是如此。但是,这样在企业中往往会形成一个怪圈:领导不信任员工,一遇到紧张阶段或者棘手的问题,就想自己插手,变得独断专行。而员工就会被束手束脚,养成依赖、从众和封闭的习惯,有主动性和创造性的核心员工即使不离开，在这种氛围下也会变得碌碌无为。时间长了，企业就会丧失生机和活力。

在 GE 前 CEO 韦尔奇上任的时候，GE 这个巨大的组织就面临着这样的问题，庞大的组织弥漫着官僚气息。韦尔奇对此指出："领导管得少，才能管得好。"他把信任员工和充分授权看作是现代管理的真谛，并将这个管理理念在整个 GE 管理层中加以推广。除 GE 公司之外，在这方面值得一提的还有微软公司。

许多公司常发生下列情况，当搬到一幢新的大楼时，为了安全起见，公司要求每个人佩戴徽章，有一天，员工在布告栏里看到一大堆规定，公司似乎把员工当成低能儿或准囚犯，难怪员工会愤怒。这些公司似乎相信只要立下各种规范和条例，就可以使最笨的人也不会犯错，同时使所有人都有所遵循，类似于这样的事情屡见不鲜。

但盖茨从来不这样做，而是把繁事简化，因为他认为自己的员工都很聪明，应该信任员工，让员工自行决策，如果员工不守规则，他会单独处理这个员工，而不是处理所有员工。微软的员工对他们的工作有权作任何决定，因此他们的决策非常迅速，但每当他们要提出一项建议时，也必须提出适合的替代方案，并列举优缺点。这样做的用意是要训练员工的思考能力，如果事先都将可能的状况和问题考虑过了，当原方案失败时，就可以立即采用替代方案，不会措手不及。

微软从不规定研究人员的研究期限，只是对开发产品的技术人员规定了期限。"真正的研究是无法限定期限的，因为都是一些未知的东西，但开发必须有期限，这是研究与开发最根本的区别。但是，如果我花了两年时间还没有研究出结果，我就会认为这个项目可能不是一个非常好的项目，我往往会放弃它。"

微软首席技术官巴特对盖茨在员工信任方面的做法颇有感触。52岁的他通过盖茨亲自面试进入微软公司，得到了相当宽松的工作环境。之后，除了盖茨有时向他请教一些问题外，几乎没有别人来打扰他。巴特说："微软也不给我派什么任务，也不规定研究的期限，我可以一门

心思地钻研一些我感兴趣的问题。有时,盖茨来问我一些很难解答的问题,比如大型存储量的服务器的整体架构应该是怎样的?像这一类的问题我一般都不能马上回答,而要在一两个月之后才能答复,因为我要整理一下材料和思路。"在这种充分的信任下,巴特既不需要从事繁重的产品开发工作,也不需要从事繁琐的行政管理工作,只是安心从事自己喜爱的科学研究就可以了。大多数时间他都待在微软研究院里,即使几个月、一两年都没有研究成果,他的薪金和股份也不会受到影响。在这种宽松的工作氛围的吸引下,谢利、巴尔默、西蒙伊、莱特温……一批英才聚集到微软的大旗下,围绕在盖茨的身边。"这都是些重量级的思想家。"盖茨颇为自豪地说。

然而这种信任换来的并非是员工的碌碌无为,因为员工们有了足够的空间和自由去发展自己的才能,追求自己的梦想,其成效反而更大。以巴特为例,在加入微软的最初四年,他就研究出6项重大成果,其中电子邮件的加密软件程序在业界的影响很大。

由此可见,信任员工,可以充分激发他们的创造潜力,甚至能够为公司带来不菲的价值。对于大多数的管理者而言,信任员工就需要作一些具体的调整。

信任是合作的开始,也是企业管理的基石。一个不能相互信任的团队,是一支没有凝聚力的团队,是一支没有战斗力的团队。信任对于一个团队来说,具有相当重要的作用。

(1)信任能使人处于相互包容、互相帮助的氛围中,易于形成团队精神以及积极热情的情感。

(2)信任能使每个人都感受到自己对他人的价值和他人对自己的意义,满足个人的精神需求。

(3)信任能有效地提高合作水平及和谐程度,促进工作的顺利开展。尽管信任对于一个团队具有化腐朽为神奇的力量,但实际上很多企业都处于一种内部的信任危机当中。比如,没有凝聚力、上司在下属面前没有威信、人心不稳、工作没有积极性,企业犹如处在一个随时都可能爆发的火山口上。

人，最重要的不是他是什么，而是你把他当作什么。你给他多少信任，他就会回报你多少，问题的关键是你对他的导向。你的沟通、你的行为、你的认知、你的习惯形成了你固有的用人文化。一个对他人总不放心的人，最终是孤独、孤立和失望的。

著名管理学教授费尔南多·巴托洛梅曾写了一篇文章，标题是《没有人完全信任领导，怎么办?》，文章发表于1989年的《哈佛商业评论》上。巴托洛梅教授在文章中指出：1. 对领导人而言，尽早抓住问题是重要的，而找出会使你头疼的问题的最好方式，是让你的下属告诉你。这取决于坦诚与信任，但这两点都有严格的内在的局限性。在需要坦诚和信任的时候，大部分人往往倾向于选择沉默，自我保护，而权力斗争也妨碍了坦诚。2. 领导人必须认真培育信任，应该利用一切可以利用的机会，增进下属的信任感。同时要注意对信任培育而言极其关键的六个方面：沟通、支持、尊重、公平、可预期性及胜任工作的能力。3. 领导人必须注意麻烦出现时所显露出的蛛丝马迹，比如信息量减少、士气低落、模棱两可的信息、非语言的信号以及外部信号等。必须建立一个以适当地使用、传播及创造信息为基础的交流网。

在我国的企业管理中，信任常常居于次席，发号施令的领导们仅仅对那些唯命是从的员工予以信任。现在看来，许多老式的管理政策强化了领导和员工之间的不信任感，比如"走马灯"似的更换职业领导人，要求员工上下班和班中外出时打卡，下班时搜身，提交医生字条来证明医疗情况等。而一些所谓的新管理措施，比如派"职业侦探"盯梢、用"电子侦探"监视员工、招聘录用时填写求职担保书等，无一不是拿信任来冒险，无一不是对信任的亵渎，试想，在这样的企业怎能奢望良好的管理效益？

《第五代管理》作者查尔斯·M. 萨维奇认为，怀疑和不信任是公司真正的成本之源，它们不是生产成本，却会影响生产成本；它们不是科研成本，却会窒息科研的进步；它们不是营销成本，却会使市场开拓

成本大大增加。作为一个企业,组织成员之间的信任是"和气生财"、健康发展的前提,在组织的发展过程中,遇到的最大难题其实并不在于外在的环境,而在于内部的氛围——员工与员工之间、员工与领导之间、领导与领导之间应该是"心心相印",而不是疑神疑鬼。

失去了信任,管理就成了无源之水、无本之木。没有哪一个领导人希望员工背叛公司,但是员工的忠诚是用信任打造出来的。只有"真心"才能换来诚心,这"真心"就是领导人对员工的信任。信任你的团队,信任你的员工,是领导成功的第一步。

当然,给人以信任,不是无原则的不管不问,信任不是放任,有问题不能视而不见,不能盲目地理解与认可。这也就是目前最时髦的讲法,授权不等于放权,放权不等于弃权,对问题必须敏锐地去发现、去防范,要善于去寻找问题,再把问题消灭在萌芽阶段。千万不要被人看成是好欺骗,好糊弄的"慈善组织"。这样的"包容"不是包容,是纵容、是无能,也是滋生腐败与个人邪念的温床。看什么都是问题,好像什么人都值得怀疑;看不到问题,什么都随他去,更不行。要敢于看到问题,并准确判断其本质,然后,恰到好处地予以扭转和斧正,多一些理解,再多一些信任,才能取得好的效果。

信任他人,不仅能有效地激励人,更重要的是能塑造人,在人与人相互信任的氛围中,彼此无忧无虑,无牵无挂,思维空前放松与活跃,可以尽情发挥自己的聪明才智,在这样的境界里,人性本能驱使自己要维护这方相互信任的净土,在每一个不光明的念头出现时,人们都会自觉抵制。这种境界是物质激励无法达到的。要承认,物质收入是重要的,但不是最重要的。

为挖掘员工的潜力,最大限度地发挥其积极性与主观能动性,领导者通常采取的较为普遍的方式是根据绩效,给员工以相应的工资、奖金、晋升、培训、福利等,以此来唤起他们的工作热情和创新精神。的确,高工资、高奖金、晋升和培训机会、优厚的福利固然是一服有效激励员工的灵丹妙药。但是,这同时也给企业带来了较高的成本。

那么高工资、高奖金、晋升机会、培训、优厚的福利是激励的惟一手段吗？是否还有别的有效的激励途径与手段？有，在管理学家看来，那就是包容与信任！其实，最简单、最持久、最"廉价"、最深刻的激励便来自于包容与信任。

激励的目的是在追求利润最大化的基础上，建立一个具有凝聚力的团队，吸引并留住优秀的人才。但包容与信任这一激励手段，为什么往往被许多领导所忽视？这种现象值得我们深思。其实，高工资、高奖金、晋升机会、培训、优厚的福利等手段只是满足人性最初期、最原始的本性。能唤起人们最光辉、最有价值、最宝贵的忠诚与创新还是包容与信任，这是不应该被冷落更不能放弃的最好的绿色激励。

有一副带有调侃味道的对联是这样写的："说你行，你就行，不行也行；说不行，就不行，行也不行"，如果我们从正面去理解其所具有的哲理性又未尝不可呢？"说你行，你就行"，这就给了你信任，有了信任，你自然也就有了信心。工作过程中，即使有了错误，也会被理解，失败是成功之母。"说不行，就不行"，这就人为的给人下了一个定论，把人给封杀了。现实生活中这种成就人遏制人的例子比比皆是。其实人的潜力，不要说别人难以知道，就连自己也未必很清楚。谁也不能给谁下一个绝对的好与坏、能与不能的定论。当然，信任不是独立的。信任必须与包容形影相随。否则，信任就缺乏根基。人非圣贤，孰能无过？一有过失，就倍加防范，就悲观地认为这是人的本质，这是不公正的。以积极的心态看待"半杯水"的理论，面对人性的弱点，那岂不是对人最好、最高的奖赏与鼓励吗？世界上还有什么比被人理解、得到人的宽容和尊重，更能唤起人的热情，唤起人的自尊，更加令人难忘的呢？

信任需要智慧，信任需要胸怀，信任需要勇气，信任更需要执著。

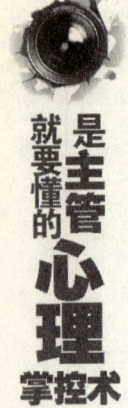

6. 犹豫不决，最好不要做主管 >>>>>

> 作为主管，做事要坚决果断，这是领导最为重要的内在素质。无论是说话、办事、决策都干脆、利落，决不犹豫不决，不拖泥带水，不朝令夕改。这是一个管理者才能、魄力最直观的表现，对维持自身形象具有尤为重要的作用。

主管对下属演讲、做报告，要果断威严，有震撼力。不管在哪种情况下，讲话要一是一，二是二，坚持果断，切忌含糊不清。跟下属交谈，即便下属一方处于主动，主管听取对方谈话，也切忌唯唯诺诺，被对方左右。如果对方意见与自己意见相左，可以明确给予否定，如果意识到员工意见确是对公司对自己有利的，也不要急于表态。可以多思考少说话，也可以以"让我仔细考虑一下"或"容我们研究、商量一下"来结束谈话，主管也可以利用时间从容仔细考虑是取是舍，这就会在无形中增加了权威，总比草率决定为好。

作为主管，不能做到坚决果断，往往给人以懦弱无能的感觉，那么这样的主管在下属心里的印象就要大打折扣了。管理者要时常做出各种决定，而做出这些决定都是需要勇气的。当信息完全准确时，主管易于做出正确的决定，但当信息难以得到时，你简直就无法做出决定。真正考验你的时刻到了！这时，一双双眼睛都转向了你，等你做出一个决定，你成了大家关注的焦点。犹豫不决，优柔寡断，这些都表明一位主管内心的恐惧与害怕。那就赶快下令吧，坚决果断！用你的智慧给大家指出一条明路。如果一再犹豫，坐失良机，你想今后大家对你的印象会如何？没有人会尊敬或跟随一位胆小怕事的主管。在关键时刻，做一个英明的决断，那么对你日后的感召力、影响力，其效果会强于你平日长时期的外在表现；倘若你平时派头十足，一到关键时刻却疲软起来，那么这个反差只会给你周围的人留下笑柄。因此，坚决果断，勇于当先，是权力影响力的一个重要因素，最能赢得下属的赞赏与信赖。

无论是什么主管，开会都是他日常最重要的工作之一。有人把主管说成是文山会海的奴隶，这个说法并不过分。如果问题不解决，会议还得开，这就涉及到一个如何召开高效率的会议的问题。

研究表明，大部分的会议都不应该拖到一个半小时以上。如果超过了时间，疲劳和无聊的感觉就会越来越严重，而与会者对会议的关心就越来越淡薄。

作为主管，你要事先告诉与会者会议限定的时间，让参加会议的人精神上绷紧起来，使他们以一种认真的态度对待会议。其方法是：首先，要深入仔细地讨论问题；其次，研究其原因；再次，先考虑一下可能的解决对策；最后，事先准备好可行的方案。这种原则不仅适用于现场会议，而且还适用于电话会议。

对于不重要的会议，可以在单位内指定秘书或者副手作为代理人参加。无论是请你参加的会议，还是要你自己主持的会议，如果代理人出席了，就可节约你自己的时间。代理人可把会议的内容记在笔记本上，然后向你汇报，这不失为一个好办法。

公司的经营之道，也是以计为首。正确的决策，可以事半功倍或扭亏为盈。决策的失误则恰恰相反，有时甚至会造成不可挽救的损失。寻求最大的决策准确性，要从信息量少的决策转为信息量多的决策，从专断决策转为民主化决策，从决策迟缓转为及时决策，从模糊试行决策转为精确可行决策。

20世纪80年代初，西欧曾经有人做过一次调查，一位公司的高层领导人，40％的时间用于公司的经营战略，40％的时间用于处理公司与

各方面的关系，剩下的20％的时间才用于处理公司日常事务。

作为公司主管必须深切体察人们因时因地不同而产生的不同心理动态和情绪变化，才足以有效地控制整个团队，发布适宜的规章制度。

实际上，这种领导艺术包括军队的精神。军队通常在拂晓时有锐气，午后渐怠倦，黄昏后则暮气沉沉。善于用兵的指挥官要避锐出惰地攻击敌人。

从管理来看，治气、治心、治力、治变也是一个成功企业家应具有的素养。"治气"要妥善安排工作时间，讲求工作方法，以发挥工作成效。"治心"要重视劳资关系，避免员工闹情绪，以维护安定进取的气氛。"治力"要重视员工安全与卫生，给员工妥善的福利，使他们有旺盛的精力工作。"治变"要重视公司纪律，发挥整体力量，也要防止竞争对手趁虚而入。只要公司主管能在气、心、力、变上多下功夫，下属自然会有强大向心力，而使公司进一步发展。要达到治气、治心、治力、治变四治的目的，主管还要采取一些切实可行的方法，并最终将经济手段和精神手段同时运用。比如，面对困境，要"加薪"，就得有钱；要想有钱，就得把效益搞上去；目前效益不好，主要是因为浪费严重；浪费严重原因在于管理不善、制度不严；管理不善、制度不严，其关键在于"人情"和"情面"。只有从管理的本身去解开这个难题，才能真正提高公司的效率。

7. 下属犯错，你首先要担责任 > > > > >

上司承认错误是勇敢的表现、诚实的表现，不但能融洽人际关系、创造平和氛围，而且能提高上司的威望、增进下属的信任。只有那些自尊心特别脆弱的领导者，才不敢在犯了错误以后向员工认错，这种领导者是很难得到员工信服的。员工信服的领导者都是敢做敢当，不推卸责任的领导者。

许多开明的领导者都坚持认为：上司承认错误是勇敢的表现、诚实的表现，不但能融洽人际关系、创造平和氛围，而且能提高上司的威望、增进下属的信任。只有那些自尊心特别脆弱的领导者，才不敢在犯了错误以后向员工认错，这种领导者是很难得到员工信服的。员工信服的领导者都是敢做敢当，不推卸责任的领导者。

"承认错误是一个人最大的力量源泉。"这是由美国田纳西银行前总经理提出的。它的意思是说，正视错误，你会得到错误以外的东西。在营救驻伊朗的美国大使馆人质的作战计划失败后，当时的美国总统吉米·卡特即在电视里郑重声明："一切责任在我。"仅仅因为上面那句话，卡特总统的支持率骤然上升了10%以上。

卡特总统的例子说明：下属对一个领导的评价决定于领导是否有责任感。勇于承担责任不仅使下属有安全感，而且也会使下属进行反思，反思过后会发现自己的缺陷，从而在大家面前主动道歉并承担责任。做下属最担心的就是做错事，特别是花了很多精力又出了错，而在这个时

候,老板来了句"一切责任在我",那这个下属又会是何种心境?

领导这样做,表面上看是把责任揽在了自己身上,使自己成为受谴责的对象,实质上不过是把下属的责任提到上级领导身上,从而使问题解决起来容易一些。假如你是个中级领导,你为你的下属承担了责任,那么你的上司是否也会反思,他也有某些责任呢?一旦公司里上行下效,形成勇于承担责任的风气,便会杜绝互相推诿、上下不团结的局面,使公司有更强的凝聚力,从而更有竞争力。

人不是神,总有自己的缺点,谁都难免会犯一些错误。当我们犯错误的时候,脑子里往往会出现想隐瞒自己错误的想法,害怕承认之后会很没面子。其实,承认错误并不是什么丢脸的事。反之,在某种意义上,它还是一种具有"英雄色彩"的行为。因为错误承认得越及时,就越容易得到改正和补救。而且,由自己主动认错也比别人提出批评后再认错更能得到别人的谅解。更何况一次错误并不会毁掉你今后的道路,真正会阻碍事业的,是那种不愿承担责任、不愿改正错误的态度。

勇于承认错误和失败也是企业生存的法则。从特里法则的角度讲,市场不是两军对垒的战场,企业不是军队。承认失败,企业可以避免更大的市场损失,可以重新调整自己的市场策略,也就可以重新取得市场机会。

第二章

自我性格心理掌控术：
不同性格的管理者及其管理方式

我们知道，企业管理者主要是通过做"人"的工作来体现自己的岗位价值和工作业绩，因此，"性格"对他们来讲就显得尤为重要。

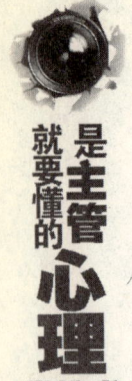

1. 性格冷静的主管怎样培养亲和力 > > > > >

冲动是魔鬼，凡事不假思索就采用过急的方式表达个人意愿或行动的人，不管是在自己上司面前还是在自己的下属面前，都很难得到下属的认可或上司的赏识。

退一步海阔天空，管理者需要有冷静的性格。冷静型的人会从比较实际、客观的角度来看待自己的工作与自己周围发生的事情。这种类型的人总是把每天的工作和生活规划得井井有序，他们从不做计划外的事情。

这种性格的领导从不矫揉造作，也不爱溜须拍马。在工作上，他们往往乾纲独断，做事果断，非常有魄力。他们通常做事稳重，在作出决断之前反复考虑，以求对自己说的话负责，但是决定一旦做出，就不愿再作出改变。此外他们还非常注重实效，一旦让他们感觉到新方法确实卓有成效，他们会马上作出调整。这样的性格特征让他们总能抓住有利的机遇。

遇事冷静与优柔寡断是两种截然不同的处事方法。处事冷静会为事情寻找一个合适的处理方案并得到最佳的处理结果；优柔寡断只会贻误事情的合适处理时机而导致不良后果。

沃斯·克拉克是希德基金会的前任负责人，就是一个非常典型的冷静型领导。他在工作上行为果断，从不缩手缩脚，也从不畏惧那些有着种种障碍的工作。

当时克拉克想要投资修建的一座新剧院，在纽约的一个地方选好了的地址，却遭到几乎所有人的反对，理由是他们认为那个地方到处是暴力抢劫，犯罪盛行，社会治安极有问题。针对这些见解，克拉克只是冷静地问了一个这样的问题："你们当中有谁去过那儿？"没有人回答。所有的人都没有去过这个地方。于是克拉克决定亲自去那个地方考察一下。当他心怀忐忑，惴惴不安地来到这个小区时，呈现在他眼前的是一幅很温馨的画面：孩子们马路上嬉耍，街道上车水马龙非常繁华，没有持枪的暴力分子，只有在安定的环境下安居乐业的人们。剧院终于在这个地方建起来了，效果非常地好。事后克拉克在自己的日记上记下了这样一段话：与其相信不确实的话语，不如相信自己的眼睛。在此案例中，克拉克充分发挥了自己冷静型领导的性格优势，他没有盲目听从大家的建议，而是冷静地思考，果断地判断、决策，这是他迈上成功一步的关键性因素。

冷静型的领导还具有很强的完成任务能力与妥善安排事务的智慧，他们是公司里天生的领导人。这种领导常常说话不多，他们不会轻易把自己的想法都显露在脸上，他们在任何时候都始终保持平和的状态，所以这样的上司总是给下属一种神秘感，使人让人把握不准其真实的想法。

这其实也是很多人对于老板和上司产生一种误解，他们只看到了老板是企业最大的收益者，但没有看到老板也是最大的风险承担者。企业这棵大树若倒了，其他的人可以树倒猢狲散，去另谋高就，但是老板不能，他只能咽下这所有的苦果。除了市场上的竞争外，老板还要打理方方面面的关系。企业越大，老板承担的风险也越大。因此，老板所面临的压力是常人无法想象的，尽管如此，作为一个成熟的老板，在众人前仍应表现得沉稳如山、气定神闲。

有一家建筑公司的大老板，在年终时资金紧张，但是农民工兄弟却急需回家过年的钱，他背地窘到了四处找人借钱的地步。即便如此，他在农民工兄弟面前却仍笑嘻嘻地说保证工资会按时发。另一位我认识的老板，公司在困难时期，他连自己汽车加油的钱都没有，但在公司里他

却照样谈笑风生，不紧不慢地与大家泡功夫茶喝，最后他也成功地渡过了危机。

冷静型性格的领导对自己的下属很严格。他们欣赏那些有能力、做事有成效的人，讨厌那些油嘴滑舌、光说不练的假把式。他们在严格要求下属的同时，却往往忽略下属的感受和待遇。虽然冷静型老板的领导方式可以提高工作效率，但却会给下属造成很大的压力。这种风格往往会给下属留下一个冷漠、孤立、不好相处的印象。这样的领导一般让下属感到畏惧，以及有着很强的距离感。所以作为一个冷静型的领导也应该时时注意增加亲和力。

张莉丽是深圳一家小有名气的时装有限公司的老板，很少有人知道如今这个身家上千万元的女富豪曾经是一个身无分文的川妹子。

多年前，张莉丽通过多年打工挣来的钱，办了一个小型的制衣厂。当时她只请了一个师傅和几个同乡的打工妹。当时由于资金困难，她支付的工钱不高，张莉丽却通过为人和蔼可亲和乐于助人留住了员工。有时员工病了，她会找车送她们看病，并为她们煎好草药，如果她们家里有困难，她也会先支付一部分工资给她们应急，所以那些身在异乡的师傅和打工妹都把她视为自己的知己和朋友，愿意为她效力。理解是建立在相互信任的基础之上，员工们也对老板投桃报李，如果公司一时资金周转不过来，她们也会给予理解。后来尽管公司成为了服装界的大鳄，但莉丽对员工的态度却没有变，她经常在空余时间为员工办生日晚会，并且还亲自去医院看望生病的职工，使手下的员工们感受到了大家庭的温暖，从而为公司的发展壮大打下了雄厚的人气基础。

"没有好的员工，企业就难以发展，而要吸引好的员工，让他们尽职尽责地为你工作，就需要你去尊重他们、关心他们"，莉丽如是说。

的确，创业时企业资金有限，不可能用优厚的工资和待遇去吸引员工，但作为领导可以用他的亲和力去增强凝聚力，使员工乐意为企业卖力工作，而这效果未必是只有用钱才能做到的。增强对员工的亲和力，这一点确实是冷静型的领导应该学习和汲取的。

2. 心胸宽广的主管怎样强化执行力 > > > > >

> "人非圣贤，孰能无过？"很多时候，我们都需要包容。包容不仅是给别人机会，更是为自己创造机会。领导者对下属有没有包容之心，在一定程度上决定了一个地方和单位的凝聚力，也决定一个领导者能否得到下属拥戴乃至忠诚。

包容心强这种类型的领导会把为别人服务放在自我之前，他们通常做事很小心，喜欢一个人默默工作，很务实，重视现存的工作环境。他们能客观地分析周围的形势，能根据实际情况来处理一些人际关系问题。他们和冷静性格的管理者一样喜欢井然有序、按部就班的生活。

在工作上，这种类型的人勤勤恳恳，有很强的耐心来完成自己的工作，甚至不断加班也没关系。当然有时他们也会抱怨自己的工作，但他们小心做事的作风让他们通常把自己的抱怨压在心底，不轻易向外人倾吐。这种类型的领导还有很强的责任心，他们可以为了公司的利益而牺牲自我，并且在牺牲的过程中感到一种自我的满足。

包容心强的领导通常无法妥善地处理冲突问题，所以当他们面临自己的下属之间的冲突时，通常的做法都是睁一只眼，闭一只眼，装作没看见。这种人视规矩为生命，原则性很强。他们做任何事都采取墨守成规的态度，严格地遵循既有的条例来办事。这样的性格决定了他们要求自己的下属也能够按照规矩、惯例来办事。

包容心强的领导通常很重感情，他们对自己的同事和下属很负责，

一旦对方有任何困难，他们总是竭尽全力帮助对方，甚至忽略自己的事情。

西泽·奥迪欧是美国迈阿密的市政执行官，他的领导方式最让人着迷的地方就在于他有着极强的包容心。迈阿密是美国具有最多民族的城市之一，那里63％的居民是西班牙人，25％的居民是黑人，还有12％的白人。这样的城市环境决定了西泽必须对这种多样化的居民采取包容态度，并且想方设法让这么多民族齐心协力地推动整个城市的发展。他不像前任执行官那样把这个城市只看成一个整体，他把它看成许多个体，并决定对每个社区逐个进行研究，来满足各社区的要求。他首先采取的行动就是在不同的社区建立他们自己的警察机构，并且在每一个机构里又设置了社区监督办公室。这种做法不仅明确了职责，而且消除了社区和市政之间的不信任。通过他的一系列努力，终于使迈阿密市旧貌换新颜。

厚德载物，有容乃大。包容乃领导者重要之德。在当今多元化、多样性的社会中"求同存异、包容共济"，对于稳定发展至关重要。一名领导必须具备一颗包容之心，才能带领群众和谐共事，和谐发展。

"倘若员工们明白你的关爱发自内心，就会感到安全和快乐，哪怕他们此刻一心想和你作对或发泄愤怒。"鹿舞糕点公司的领导者之一特里什这样说。一旦员工出现纰漏，她会像父母那样教育犯错误的员工，同心协力渡过难关。

但特里什知道，家长式管理的使用范围只能到此为止。她不会放弃做一名家长的念头，但也绝不会溺爱自己的孩子。在商界，领导者对员工的关爱并非是无条件的。"如果有人表现不佳，工作偷懒，就必须卷铺盖走人。"这种严厉而有建设性的沟通为维系公司成功打造的互敬互爱精神，提供了有力支持。

特里什不仅要求自己客观判断员工，也要求自己公正考评员工的才华和技能。只要能让员工充分发挥才华，她愿意为他们调换工作岗位，甚至不惜改组公司结构。一次，一位新来的生产企划经理自觉不适应岗位要求而辞职，为填补空缺，特里什要该部门的优秀员工丽莎担任这个职务。特里什开门见山地告诉丽莎，自己缺乏处理宏观远景规划的经验和技能，譬如如何改造工厂和添置哪些新设备，才能满足公司未来5年的发展需要。面对特里什的坦诚，丽莎只得答应。但事情并未结束，特里什将一位半退休的前CEO请入董事会任副董事长，这位兼职副董事长成了丽莎的战略策划顾问。特里什还为她招兵买马，聘用了采购、人事和经营分析人员。

但是，过度包容也会使下属有空子可钻。常听到有些领导说："我对员工那么好，可是到最后他们都背弃了我，真是太不重情义！"这就是对下属太过"包容"的后果。其实，在管理上除了能有一颗包容之心外，更要学会宽严相济。

唐太宗李世民是一位杰出的皇帝，很善于处理君臣关系，恩威并施，双管齐下。

李靖，原名药师，雍州三原人。出身官宦世家，隋朝大业末年，曾任马邑丞。唐高祖兵入长安时，将李靖擒获，欲斩之；而秦王李世民求情，高祖遂赦李靖，从此李靖加入唐将行列。

贞观四年，李靖破突厥颉利可汗牙帐，因所率部队纪律一时松弛，致使突厥珍物，被官兵虏掠殆尽。

御史大夫萧瑀弹劾李靖，劾请交付法律部门推勘审理，唐太宗予以特赦，不加弹劾。等到李靖觐见，太宗则大加责备，李靖磕头谢罪。过了很久，太宗才说："隋朝时史万岁打败达头可汗，而隋文帝却有功不赏，反而因其他小罪将其斩首。朕则不这样处理，记录下你的功劳，赦免你的过错。"于是，加封李靖为左光禄大夫，赐给绢一千匹，所封食邑连同以前的共五百户。不久，太宗又对李靖说："以前有人说你的坏话，现今朕已醒悟，你不必挂在心上。"又赐给绢二千匹。

李世民驾驭功臣手段便是恩威并用。他并没有像李渊那样对李靖动过杀机，只是想通过别人对李靖的弹劾，稍稍警告一下李靖。唐太宗很聪明，他知道对卓尔不群的李靖该怎么收，应如何放，拿捏得恰如其

分。所以李靖才会心甘情愿地帮助唐太宗去打天下。

唐太宗去世前夕，曾故意把已经负有辅佐太子重任的宰相李靖贬官。他告诉太子："李靖是有能力辅佐你的，但他是我手下的功臣，是前朝元老，而你跟他并没有什么恩爱相联，因此，他难免会摆出桀骜不驯的样子，使你难于驾驭他，所以我才故意贬谪他。你继位后，可即刻让他官复原职，他便会对你感恩戴德，忠实地效命于你。"

果然，太宗逝世后，太子李治继位的当日，就让李复任宰相，由此，李对新皇的感激之情溢于言表，从此忠心耿耿、不复二心。

包容不是软弱，不是低头，不是丢面子，失身份，而是一种博大，一种境界，一种可贵的精神、高尚人格的体现。包容意味理解和通融，是融合人际关系的催化剂，是事业发达的根基。一名领导如果没有一颗包容的心，什么事情都跟群众斤斤计较，就不可能有效地领导群众。对曾经有意无意伤害过自己的人有包容的精神，不但能反映出你的博大胸怀和雍容大度。而且用你的体谅、关怀、包容对待曾经伤害过你的群众，使他感受到你的真诚和温暖，会让群众会更加尊重你，信赖你，拥护你，一个地方的事业也会因此越办越好。

3. 平易近人的主管怎样树立威信 > > > > >

如果你的上司第一次和你见面后就记住了你的名字；如果你的上司经常就工作上的事宜和你交流意见；如果你的上司在你犯错误时用和蔼的语气帮你认识错误……这样平易近人的领导，我们谁不喜欢，谁会不对其尽心尽力呢？

平易近人的领导是最值得信赖的领导。他们通常都很乐观，认为生活里充满无限的发展潜力，对未来总是抱有乐观向上的心态。这种性格的领导在工作上总是把自己看作是和下层一样普通的职员，他们总会热情地参与工作，积极地听取别人的建议，努力地和别人共同完成工作任务。同时，一旦工作中有了困难，他们又会马上意识到自己的领导身份，积极地为大家解决问题。他们性格有一种为大家服务的品质，所以在为大家服务的过程中，他不会抱怨，而感觉自己正是在厦行自己的领导义务。

这种领导平时没有领导的架子，在自己的下属有困难时，又会热心地帮助，所以下层都很信赖和支持这样的领导。他们一般和下层的关系都很亲密。平易近人的领导者能经常深入"基层"，和下属打成一片，同时，当下属有困难的时候，积极帮助其解决问题，展示领导解决问题的能力，增加领导在下属心目中的分量。

艾伦·B.穆拉利是波音飞机公司的副总裁，他的管理方式就是时刻提醒自己，他和波音所有的职员有着同一个使命，为同一个计划努力，任何事情都是共同参与，并且共同承担责任。他这样评论自己："我不妄自尊大。我不知'谦卑'这个字眼对我是否合适，但相对而言我知之甚少，关于这一点我心里有数。"他把创建一个能够使员工充分展示才能的环境当作他的基本职责。他说："每个人都了解工程进展情况，每个人都清楚该做什么。"在困难出现的时候，他从来没想过把自己置身事外，在他看来，与职员共同承担责任是美妙的选择。

当飞机出现厕所马桶的盖子放下的声音过大时，他和所有的研究人员一样，想尽一切办法，做各种各样的实验来解决这个问题。他们一起不知花费了多少心血，终于找到了解决问题的方法。

他说："我想实现的最重要的愿望就是创建一个让所有人都能充分施展才能的机构。对我而言，这还要靠完成一项任务、达到一个目标、实施一项计划来实现。计划、安排的目标越多，而规定的实现目标的方

法越少，其效果就越好。规定和结果几乎是对比的。这样能促使我们每一个人发挥创造性，千方百计地找到完成计划的办法。我的职责就是保证这一过程顺利展开。"

令人信赖是建立领导力的基础。如果你无法令人信赖，即使你高高在上，即使你试图用强制性的力量，或者各种花言巧语的允诺，或者某种逻辑严密的理论，人们也只能对你将信将疑，从而让你的领导力大打折扣。更有甚者，人们还有可能因为对你的极度不满和反感，而否定或者推翻你的领导。

一个品德高尚又平易近人的领导，由于具备这种令人信赖的人格，尽管他并未掌握任何正式组织的领导职权，人们依然尊敬他、爱戴他，甚至愿意舍弃一切追随他。这样，在一个无形的社会区域中，他就拥有了某种神奇的领导力。

4. 精力旺盛的主管怎样沉静领导 >＞＞＞＞

性格活泼的人，由于他们蓬勃的生命力、待人热情的态度以及喜欢欢声笑语的生活态度，使得他们不管在什么样的环境里都怀着愉悦的心情。他们热情的个性使得他们能够促使计划迅速实施，不论面对怎样的突发情况，他们都能够欣然接受并加以处理。

活泼型的领导大多热情、好动，对工作和生活充满了热忱。这样的领导是把工作和欢笑结合在一起的人，他们不但热爱新奇的事物，自己本身更是生活里的新奇者。

性格活泼的人，由于他们蓬勃的生命力、待人热情的态度以及喜欢欢声笑语的生活态度，使得他们不管在什么样的环境里都怀着愉悦的心情。在工作上，这种性格的领导注重工作气氛，他们喜欢用轻松的态度处理事情。

他们热情的个性使得他们能够促使计划迅速实施，不论面对怎样的突发情况，他们都能够欣然接受并加以处理。他们对工作很少抱怨，因为忙碌和复杂的工作可以更加充实他们的生活。活泼型的领导从来不惧怕挑战，在他们看来，生活一成不变才是最不可忍受的事情。他们渴望变化，希望自己的工作富有挑战性。

活泼型的领导都有着欢乐的细胞，他们通常很容易与人交往，喜欢过集体生活。所以他们很受下层的欢迎，因为和他们在一起，总是有快乐的事情发生。他们对下属的要求不太严格，也不喜欢用条条框框去约束下层，喜欢轻松欢乐的办公室气氛。这种性格的领导一般很欣赏有创造力、精力旺盛的下属，尤其喜欢能给他们带来快乐同时工作能力又很强的人才。

汪女士就是这样一个活泼型的人物，她经营着好几家美容店。但她从不把自己当作老板，在美容店里，她是个任何人都可以使唤的人。理发师要她"把那本书递过来"或者"帮我拿着梳子"等等，她都愉快地照办，虽然这些都是别人该干的活儿。她在美容店里，从来不会安静地待上一会儿，不是去看美发师理发，就是去和顾客聊天。凡是去过她美容店的人，都成了她的好朋友和她生意的回头客，同时她的所有员工都很喜欢她，他们的关系就像是一家人一样和睦。她还说想雇用一群和她一样性格的美容师，因为只有这样的发型师才能每天轻松愉快地去应付那么多的顾客，而也只有这种性格的发型师才能在众多挑剔的顾客面前照样热情高涨。

活泼型的领导，可以给下层营造一个宽松的环境，但作为一个领导，也不能太随意，以至于下属对你毫无"畏惧"之心，这样一来，就很难对他们加以约束了。所以，在活泼的同时还要培养自己沉稳的

一面。

公元17世纪，清朝初年的康熙皇帝就是个非常沉稳的人。康熙是中国历史上少有的一位明君，在位61年，励精图治，开疆拓土，使中国成为当时世界上幅员最辽阔、人口最众多、经济最富庶、文化最繁荣、国力最强盛的国家之一，开创了"康乾盛世"的大好局面。

康熙8岁就登基了，他的父亲顺治很早就离开了他。顺治在遗诏中特别安排了四个辅政大臣辅佐他：第一个是索尼，但他年纪太大；第二个是苏克萨哈，年纪又太轻；第三个是遏必隆，个性很软弱；第四个是鳌拜，很有能力，但非常专断。

熟悉清朝历史的人都知道，鳌拜最后成为权倾朝野的权臣，连康熙都要受他的辖制。康熙14岁开始亲政，那一年，鳌拜要处死苏克萨哈，康熙不愿意，鳌拜与康熙起了争执，居然挥拳相向："我说杀就杀！他非死不可！"

结果，苏克萨哈人头落地。身为皇帝要承受这样的委屈，我们可以想见当时康熙的愤恨与痛苦。据说他在花园里面咬牙发誓："我要干掉这个鳌拜！"他的祖母孝庄太后正好站在他后面，她说道："放肆！这种话如果让鳌拜听到，还有你当皇帝的份吗?!"康熙低着头，一言不发，心中暗暗发誓一定要除掉鳌拜。

康熙亲政后，鳌拜竟图谋废君改朝，康熙被迫拼死相争。16岁那年，康熙终于等到了一个机会，最终智擒鳌拜，肃清政敌。

康熙8岁登基，10岁开始跟鳌拜起正面冲突，一直等到16岁，才终于等到机会诛除鳌拜。当年，康熙的年纪还那么小，如果沉不住气，也许会早早被鳌拜废掉，甚至会无声无息地死去，但康熙非常沉稳，面对鳌拜能够委曲求全，等到时机成熟再把他除掉。

5. 勤奋有为的主管怎样激励下属 >>>>>

> 犹太人的生存法则之一是培养勤勉的习惯。在犹太人的家庭里，犹太人的父母很注意培养他们子女的这种勤勉精神。犹太人认为对于勤劳的人，造物主总是给他最高的荣誉和奖赏，而那些懒惰的人，造物主不会给他们任何礼物。

勤奋型的领导大多不爱说话，他们不喜欢表露自己的真情实感，他们习惯以客观分析的方式来做决定。他们通常宁肯单独做事，也不愿浪费时间在团体配合上，这种人相信的是：一个人60秒可以挖一个洞，但60个人一秒钟挖不出一个洞。这种人把团体讨论看作是最没意义的事情。在他们看来，坐在一起讨论是浪费时间，不如自己去积极地展开工作更为有效率。

勤奋型的领导，其自身独立工作的能力强，甚至有时不需要下属的配合。这种人总能及时地完成自己的工作，他们擅长处理各种各样的突发情况，并且能够根据不同的环境及时更改自己的工作计划，一般工作任务都完成得相当出色。

这种类型的领导对待下属很严格，他们通常以自己的做事方式要求下层。在他们看来，不努力工作的人是没有资格留在他的公司的。对待混日子的职员，他们从来不心慈手软；相反，对待工作勤恳、认真的职员，他们却很宽容，即使对方没有按时完成任务，或者在工作过程中出现了某种错误，这种类型的领导一般都能包容。

光彩事业投资集团有限公司董事长、中国泛海控股有限公司董事长、民生人寿保险副董事长，这些令人瞩目的名头令使得卢志强被列在了《福布斯》中国大陆百富榜上，以财富300亿元与黄伟、李萍夫妇并列排名胡润百富榜第五。

卢志强，这个被称为"最勤奋的老板"却鲜有出现在媒体面前，十足的低调。1951年12月生于山东威海的卢志强，"文革"后才迈进复旦大学门槛。1995年7月，卢志强在北京成立了光彩事业投资管理有限公司，实力急剧增长，开始在房地产、金融和高科技等领域全线出击，数十家"泛海系"公司如雨后春笋般在全国各地涌现出来。在此期间，山东泛海集团、中国泛海控股有限公司、光彩事业投资集团排列组合，创建了山东泛海建设投资有限公司等数十家"泛海系"和"光彩系"公司。2002年4月，中国泛海控股进军保险业，成为民生人寿保险的发起人之一。此前，黄河证券注册资本金由1亿元增至14.5亿元，中国泛海控股再次成为主角，卢志强成为金融产业巨子。

2009年9月，58岁的卢志强以27.55亿元的价格收购了联想29%的股份，成为联想控股的"三当家"。卢志强在业内有"资本猎手"之称。除集团房地产主业外，民生银行、民生证券、海通证券等金融机构这些年来都成为了卢志强的"猎物"，卢志强也因此近些年来在金融投资领域取得了丰硕的成果。

犹太人的生存法则之一是培养勤勉的习惯。在犹太人的家庭里，犹太人的父母很注意培养他们子女的这种勤勉精神。犹太人认为对于勤劳的人，造物主总是给他最高的荣誉和奖赏，而那些懒惰的人，造物主不会给他们任何礼物。但犹太人同时还认同这样的教诲："仅仅知道不停地干活显然是不够的。"

很多成功的犹太人，对成功要素的理解和我们普通人是不同的。我们不妨探讨一下他们的解释，从以下曾经可能被当成是我们常识的这类话题开始，它们常常被我们认为是一个人之所以能够成功、自己不如他们的地方。从而了解他们是如何透过我们日常看得见、很普通的行为方式里面，奇迹般地发挥杠杆效应，由此，取得了超越个人能力多倍的成就。

犹太人相信，成功的企业家不是因为他们比平常人更加勤奋，才有今天的成就。虽然勤奋也曾是犹太人努力的一部分，但并不是他们能够成功的根本原因。因为，一个人即使再勤奋，也担当不了多少的工作量。当你看见他们过于勤奋的话，如果不是他们正处于起步阶段，恐怕就是他们正在走下坡路的时候了。

企业家不需要依靠个人的勤奋来争取企业的成功，关键在于他是否有能力让他的下属更加勤奋。所以，他们的心思主要是放在如何将手上的资源最充分地加以利用，而不是对自己最充分地加以利用，这是企业家同劳动者的根本区别所在。

当然，犹太人相信，勤劳是一个人成功的必要条件。任何时候，勤劳都是必要的。但是，无论在过去还是现在，勤奋的人的结局却会非常悬殊：有的腰缠万贯、身家不菲；有的则面临失业、生活落魄！

一位下属在喝醉的时候曾经这样自嘲地对犹太老板说："讲到勤奋，你不如我；论成功，我根本不敢和你比！这是为什么呢？"老板听了，露出一脸的愕然，然后说道："为什么你们会以为我应该比你们更加勤奋呢？为什么我非要比你们勤奋才能赚钱呢？我从来没有想过自己的钱是靠勤奋赚来的。尽管我也曾经勤奋过，那已经是在很多年以前的事了，那时候，我替自己的老板工作。在那个年代，我比你们要勤奋、刻苦得多，却没有你们现在所挣的多。在这个社会，大部分的人都勤奋，但不是大部分的人都能够发财！靠勤奋发不了财！"

下属诧异地问道："发财不是靠勤奋，那靠什么呢？"

老板调侃着说："既然大家都那么勤奋，难道缺我一个，地球就不转了吗？我的长处，是提供让别人有机会勤奋的工作职位，而不是我要比他们更加勤奋！"

我们有理由相信，勤奋只是成功的其中一个原因，甚至只是人的一种品德，却肯定不是他们取得成功的条件。可以说勤奋是一个成功的领

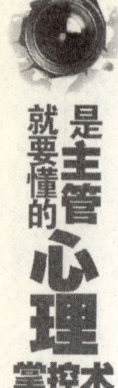

导者的必要条件,但不是一个充分条件。作为一个领导者,与其默默无闻地埋头苦干,不如多动些脑子,提高下层员工的"勤奋度",从"管人"上取得最大效益。

6. 知人善任的主管怎样配置人力 > > > > >

企业经营一个根本原则就是把合适的人放在合适的岗位上,知人善任是企业领导者的一项硬功夫,它不仅体现了领导者个人的品德境界高度和修养深度,也真正衡量着一个企业管理者真正的领导艺术。知人与善任又密不可分的,知人就是选好人,善任就是用好人,两好归一好,就是有一个好结果。

知人善任的领导大多资质平庸,没有异乎常人的天赋,但他们周围却聚集了一群各有所长的人才并心甘情愿地服从他的领导。这种类型的领导大多很谦虚,对别人的意见从来都是虚心接受。他们自己虽然没有能力完成工作,但是他们却懂得应该让谁来完成这项工作。

俗话说:"他们不善知事,但却善知人。"在工作上,这样的领导没有独立完成工作的能力,但是他们懂得怎样调动整个团体合作的积极性,怎样让整个团体的人和谐有序地工作,所以他所领导的部门工作效率很高,并且工作氛围很和谐。在工作态度上,他们不是那种勤奋努力、事事以身作则的领导,但他们绝对是虚心听取下属意见、给下属自由发挥空间的好领导。

汉高祖刘邦,论出身,不过泗上一亭长;论武功,除了自我吹嘘的

"斩白蛇"起义，大概绝少亲自披坚执锐，冲锋陷阵；论声望，与"亡秦必楚"的楚贵族世家子弟项羽也是不可同日而语；然而，就是这个算的上是个市井无赖的刘邦，最终击败了起初具有绝对优势的项羽，建基立业，开创西汉二百年天下。为什么呢？这里一个重要原因就是刘邦比项羽更能知人善任。

刘邦身边的辅弼之臣，文有萧何、曹参、张良、陈平；武有韩信、樊哙、周勃、灌婴。萧何打仗不行，却是最好的"后勤参谋部长"。刘邦把整个后方十分放心地交给萧何，而萧何也殚精竭虑，在楚汉数年的拉锯战争中，为保证汉军兵源给养，建设稳定后方贡献良多，其功甚伟。陈平是重要智囊，虽品行有亏，有人以此向刘邦进谗，但刘邦终能用其所长，使之巧思迭运，奇计六出，不但救刘邦于危难之中，还最终铲除了吕氏势力，安定了刘家天下。韩信虽为汉军武将之首，却曾经受胯下之辱；刘邦听从萧何的意见，为韩信筑台拜将，将兵权交付于他；其间韩信一度拥兵自重，乞封假王，而刘邦则收放自如，驾驭有方，使韩信收敛野心，最终为刘邦打下汉室江山。

项羽则不同。项羽自称"西楚霸王"，"力拔山兮气盖世"，带领八千子弟兵，东征西讨，身先士卒，大小七十余战，所向披靡，诸侯无敢撄其锋者，最终却难免垓下被围，乌江自尽的悲怆结局。究其原因，应为但凭一己之勇力，不能用人之过。项羽身边有一谋臣范增，其智或不在张良、陈平之下，竟被项羽逐之；为刘邦扫平海内，统一天下的大将韩信，原本在项羽帐下为执戟郎；使反间计离间项羽与亚父范增的陈平，也曾在项羽麾下任都尉，而皆不能为项羽所用。项羽临终时仰天长叹：天之灭楚，非战之罪，可谓是至死不悟了。

或谓项羽一勇之武夫，不足为训，那不妨来看一看"万古云霄一羽毛"的诸葛武侯。

诸葛亮未出茅庐，已定三分，其高瞻远瞩，天下无出其右者。水镜先生谓刘备曰：卧龙、凤雏，得一人可安天下。刘备两者皆得，而只能偏安一隅；庞统早死，且不去提他，诸葛亮则难辞用人不当之咎。

何也？

试观孔明一生功业，博望烧屯，赤壁火攻，借荆州，取西川，定汉中，平南蛮，凡其亲力亲为之事，几乎是攻胜战取，算无遗策，难怪成为人们两千年来一直称道不已的智慧化身。

可是在用人任事方面，诸葛亮却至少有两大败笔。一是众所周知的错用马谡，导致街亭之败，丧失了诸葛亮为匡扶汉室，收复中原而六出祁山中形势最好的一次机会。也可以说以此役为转折，蜀汉只能偏安一隅已成定局。至于诸葛亮后来的奋斗，也包括姜维的九伐中原，都只是以攻为守，明知不可为而为之。其实刘备早已提醒说马谡不可大用而孔明不能听，结果犯了战国时赵王不听赵奢之言任用赵括而败于长平，使四十万赵卒被坑，赵国从此一厥不振的同样错误。另一大败笔，则是任用关羽守荆州。关公智勇双全，胆略过人，又是"皇弟"，用其独挡一面，镇守荆州本是理所当然。问题是荆州地连吴、魏，其守将不但要能够守土退敌，还必须有全局观点，能够认真贯彻执行孔明"东联孙吴，北拒曹魏"的战争策略。以当时的形势而论，"联吴"是一件更加复杂因而也更艰巨的任务。而关公孤高自傲，目无下尘，连孙权的儿子也狗彘视之，如何能达成联吴的重任？孔明深知荆州的重要，却任由关公刚愎自用而不能劝，结果是丢了荆州，折了关羽；不得已与东吴兵戎相见，又大败于猇亭，连张飞、刘备统统赔上，蜀汉元气大伤。追根究底，皆因一将任用不当而起。假设当初留赵云守荆州，或许不会有水淹七军的辉煌，但也绝不至于尽失荆襄，那蜀汉的形势大概就会是另外一种局面了。

知人善任型的领导总能根据不同下属妥善地安排各个合适的工作岗位，他们对下属不是很严格，就像刘邦一样，他对下属的管理绝对谈不上严厉，但是他的每一个下属的积极性，全被充分地调动了出来，让每个人放光发热，使之积极出色地完成了每一项任务。

米歇尔·亨特是美国联邦政府职能研究所主任，她认为工作最重要的是调动员工的积极性，让员工有一定的自主权。她说："我并不把自己当作领导者，只是把自己当作触发因子。我的目标是让员工自己设计一个远景规划，并成为为了集体的共同目标而奋斗的一份子。我不要求员工该如何如何，因为我相信别人改变不了他们。"她认为要想做到的唯一方法就是发挥员工的创造性，使员工获得解放，这样他们才能更快捷、更出色地工作。决不能采取欺骗和命令的手段，必须要他们主动去做才好。

7. 情绪波动的主管怎样自控心情 > > > > >

> 对每个领导者来讲，保持良好的情绪至关重要。我们要学会理智地控制情绪，用适当的方法转移和调节自己的不良情绪。

情绪型的领导通常为了芝麻绿豆大的小事就感情用事，其具体表现为：轻易地发怒；在很小的事情上，喜怒哀乐的表情便轻易地浮现在脸上；自我主张，不愿听取别人的意见；性格冲动，经常不分青红皂白地训斥下属；等等。这种性格的领导虽然冲动，但他们大多数都很正直，也赏罚分明，对于勤奋工作、努力上进的后进，他们会找机会提拔；但对于那些只说不练的下属，他们一般不会重用，而且对他们很反感。

情绪型的领导在日常生活中也很常见。他们对工作很下力气，从来不会把所有的事交给自己的下属而自己在一边只提些建议。对他们来说，能跟自己的下属一起工作，是他们最开心快乐的事情。但这种类型的领导很重视事情的成败。工作顺利，他们开心；相反如果不顺利，或者在工作中出现挫折，他们的情绪就会很受影响，会意志消沉一段时间。情

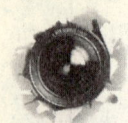

绪型的领导对自己的下属关系很不错，虽然他们很容易训斥下属，但是又很容易跟人道歉，所以在下属面前，这样的领导没有什么威严，与自己下属的关系很亲近。

奥斯特瓦尔德是德国著名的化学家。有一天，他由于牙病发作，疼痛难忍，情绪很坏。走到书桌前，拿起一位不知名的青年寄来的稿件，粗粗看了一下，觉得满纸都是奇谈怪论，顺手就把这篇论文丢进了纸篓。几天以后，他的牙痛好了，情绪也好多了，那篇论文中的一些"奇谈怪论"又在他的脑海中闪现。于是，他急忙从纸篓里把它捡出来重读了一遍，结果发现这篇论文很有科学价值。在为作者的新思路惊讶不已的同时，也为自己因情绪不好险些埋没了一篇天才的科学论文而懊悔。他马上写信给一家科学杂志，加以推荐。这篇论文发表后，轰动了学术界，该论文的作者后来获得了诺贝尔奖。可以想象，如果奥斯特瓦尔德的情绪没有很快好转，那篇闪光的科学论文的命运就将在纸篓里结束了。同样，一个领导干部，如果遇有不良的情绪，而且又难以调节和控制，那么此时处理工作，影响的不仅仅是个人的声誉和身体，而且会影响全局的事业。

由此可见，对每个领导者来讲，保持良好的情绪至关重要。我们要学会理智地控制情绪，用适当的方法转移和调节自己的不良情绪。

情绪不良时，要转移注意力。科学研究表明，当一个人产生某种情绪时，头脑里就会出现一个较强的兴奋区。这时，如果另外建立一个或几个兴奋区，就可以抵消或冲淡这个较强的兴奋区。因此，当情绪激动时，为了使它不至于爆发或难以控制，就需要在大脑中建立另外的兴奋区去冲淡它，这时应有意识地转移兴奋点，或者做点别的感兴趣的事情，以分散和转移注意力。特别是遇到苦闷、烦恼时，不要一味沉浸其中，而要将注意力转移到有兴趣的活动中去，比如，可以去绘画、下棋、听音乐、看电视、玩游戏、阅读报纸等，还可多回忆自己感到最幸福、最高兴的事。如果有大的烦恼或悲伤，还可以外出旅游，散散心，从而把消极情绪调整转移到积极情绪上去，冲淡以至忘却烦恼，尽快回到自己的正常工作和生活中去。

情绪不良时，要合理排解。有了不良情绪，可以向家人、知心朋友诉说，发发牢骚，合理发泄。在适当场合也可哭一场。从科学的角度看，哭是一种有效的解除紧张、烦恼与痛苦的方法。

人在情绪低落时，往往不爱活动，越不活动，情绪越低落，形成恶性循环。事实证明，剧烈运动可以改变不良情绪。可以通过跑步、打球、干体力活等运动，把体内积聚的能量释放出来，使郁闷之气得到发泄。

情绪不良时，要主动控制。人是有理智的，在陷入不良情绪的时候，应该运用理智这道"闸门"的作用，去控制不良情绪，并且尽力让情绪愉悦起来。如遇到突发事情感到紧张时，应告诫自己："别着急，我有能力处理这件事！"

在遇到不良情绪时，还可以用"小不忍则乱大谋"，"退一步海阔天空"等激励的言语或办法，约束自己。

把握情绪，调节情绪，驾驭情绪，控制情绪，不要因不良情绪破坏了手中的大事，是需要引起领导干部注意的一个问题。具体而言，作为一个企业管理者，需要做到以下几点：

（1）部属做错了事不要马上对其发怒，即使是犯了错误的下属，也同样有自尊心，有时甚至比其他人更渴望得到别人的理解和尊重。作为经理，应该充分考虑下属的这些需要，不要过于求全，要尊重你的下属。

对人格的尊重往往表现为运用权力时的慎重与理智。经验证明，当一个人的理性因素占上风时，就能够尊重事实，善用逻辑推理，较好地得出客观结论。当其情绪因素占上风时，就会失去理智，无视事实，看问题会产生较大的偏见。因此在与下属的交往中，经理要保持冷静、理智。

（2）当部属顶撞自己时不要对其发怒。领导者因部属顶撞而发火，

究其原因，也不外乎以下几点：

一是怕丢面子，觉得不把部属顶回去，有失领导者的权威。其实，高明的领导者是不与部属争吵的，因为争吵或发怒是一种无能的表现。

二是想给部属一个下马威。有的部属能力较强，有时目中无人，傲气十足。领导者对其发怒，是想扫其威风，挫其傲气，促其保持清醒头脑。

三是杀鸡儆猴。在领导者看来，不把顶撞者压下去，其他部属必然效仿。于是就借助部属顶撞的机会，大加发挥，敲山震虎。

一个领导者要成功地驾驭部属，必须以德感人，以理服人，以能力和实绩取信于人。因此，当部属顶撞时，要特别冷静，要多问问自己究竟有没有问题，千万不要沉不住气，急于把部属压下去。其实，采取压服的办法，到头来只能是压而不服，真正伤感情、丢面子的还是领导者本人。

(3) 个人私事引起情绪不好时不要对部属发怒。领导者在家也是人父、人母、人兄、人姊，也有棘手的子女问题、家庭纠纷等烦恼的事。在实际生活中，有的领导同志修养极好，不论在家中与家人发生什么矛盾，哪怕是吵得不可开交，但一进办公室仍然像往日一样，一点儿也看不出他心中的苦恼与不快。也有这样的领导，一旦在家中遇到不顺心的事，或与亲友、与邻居、与行人发生了摩擦，就把不快带进办公室，部属一眼就能看出其神情严峻、余怒未消，一反往日常态，令部属心有余悸，不得不小心翼翼地与其接触。因此，每一个领导者都应端正对部属的态度，摆正自己与部属的关系。如果一有气就往部属身上出，天长日久，定会遭到部属的强烈反对，领导工作也就很难做好了。

(4) 使用"三明治"批评方法。有的领导认为先说赞扬的话，再批评，带有操纵人的意味，用意过于明显，所以不喜欢用。这种说法也有一定道理，因为当你找到某人一张口就表扬他，他根本听不进你的表扬，他只是想知道，另一棒会在什么时候打下来——表扬之后有什么坏消息降临，所以在更多的时候，许多领导把表扬放在批评之后。当我们用表扬结束批评时，人们考虑的是自己的行为，而不是你的态度。

有一次，部下后藤犯下一个大错。松下怒火冲天，一面用挑火棒敲着地板，一面严厉责骂后藤。骂完之后松下注视挑火棒说："你看，我骂得多么激动，居然把挑火棒都扭弯了，你能不能帮我把它弄直？"这是一句多么绝妙的请求！后藤自然是遵命，三下五除二就把它弄直，挑火棒恢复了原状。

松下说："咦？你手可真巧呵！"随之，松下脸上立刻绽开了亲切可人的微笑，高高兴兴地赞美着后藤。至此，后藤本来一肚子的反抗心，立刻烟消云散了。

更令后藤吃惊的是，他一回到家，竟然看到了太太准备了丰盛的酒菜等他。"这是怎么回事？"后藤问。

"哦，松下先生刚来过电话说：'你家老公今天回家的时候，心情一定非常恶劣，你最好准备些好吃的让他解解闷吧。'"不用赘述，此后，后藤自然是干劲十足地工作了。

松下认为，领导者必须有良好的修养，不要轻易发怒，特别是在容易发怒的情况下，一定要能控制自己的情感而不失常态，能约束自己的行为而不为意气所动。

(5) 采用书面的方式批评。任何人难免犯错误，即使是一些职务很高的人也不例外。对于公司管理者的过错，松下幸之助决不会视而不见，对他们采取姑息宽容的态度。相反，松下幸之助要提出书面批评，提醒他们改正错误。

松下批评人的宗旨是以理服人。比如，有一次，松下把一个犯有过失的下属叫来，对他说："我对你的做法提出书面批评。当然，如果你对我的批评毫不在乎，那么，我们的谈话就到此为止。如果你对此不满，认为这样太过分了，你受不了，我可以作罢。如果你心服口服，真心实意地认为我的批评有道理，那么，尽管这种做法会使你付出一定代价，但它对你仍然是值得的，你通过深刻的反省，会逐渐成为一名出类拔萃的干部，请你考虑一下。"

听了松下的这番话,那个下属说:"我都明白了。"

于是松下又问:"是真的明白了吗?是从心底里欢迎批评吗?"

对方答道:"的确这样想。"

接下来,松下又说:"这太好了。我会十分高兴地向你提出批评的。"

正当松下要将批评书交给那个下属时,他的同事和领导来了。他说:"你们来得正好,我向××君提出了批评书,现在让他读给你们听听。"

待那个下属读完批评书后,松下对他们三个说:"你们是很幸运的。如果能够有人这样向我提批评,我会感到由衷的高兴。可是我想,假如我做错了事,恐怕你们只敢在背地里议论,而绝对不会当面批评我的。那么,我势必会在不知不觉中重犯错误。职务越高,接受批评的机会就越少。你们的幸运就在于,有我和其他领导监督你们,批评你们。而这种机会对我来说是求之不得的。"

第三章

因人而异心理掌控术：
如何对待和管理不同性格的下属

管理者大多都遇到过这样的员工：特别难以相处但是工作业绩特别好；工作缺乏动力，不愿在下班后多留一分钟；倚老卖老，经常挑战管理者权威……这些员工不断违反公司纪律的底线，经常因为一些令人无法接受的行为举止而在团队中引起混乱，从而导致整个团队工作效率下降。员工本来性格各异，如何根据员工性格进行有效管理，使之成为高效员工，已成为所有管理层必须面临和解决的问题。

1. 员工总是迟到怎么办？>>>>>

> 有的人经常迟到，而有的人一年当中可能就迟到了一次，所以领导对于这些迟到者，必须因人、因事而异。但是，所有的领导都应先听听下属迟到的理由，以此来对他们的迟到作出处罚或者是原谅的决定。

迟到是日常工作中经常会碰见的问题，无论是在企业还是机关，偶尔的迟到都是无法避免的。但是作为一个领导，在面对着一个又一个的迟到者时，总不免要生气，特别是对于那些习惯迟到的下属正确对待这样的局面，不仅对于整顿公司的纪律有很重要的作用，也决定领导能否与自己的下层建立良好的关系。

有的人经常迟到，而有的人一年当中可能就迟到了一次，所以领导对于这些迟到者，必须因人、因事而异。但是，所有的领导都应先听听下属迟到的理由，以此来对他们的迟到作出处罚或者是原谅的决定。

有的下属会坦白地说明自己的迟到原因，如果确实合情合理，并且也值得原谅，那么领导当然没有难为他们的理由。而如果下属的理由很牵强，而且又没有逻辑性，那么对这样的下属就应该提出批评甚或惩罚，并且也要注意他们以后的行为，看是不是再犯这样的错误。

还有一种情况，通过了解他们迟到的理由，领导能发现更严重的问题。比如有的下属解释自己的迟到是因为晚上睡不着，身体感到不舒服，早上到医院去了。那么领导就应该重视，问清楚下属病情是否很严重，能不能坚持工作。如果病情严重的话，就应该让他们回家休息，以免病情进一步恶化。

领导如果处理得合情合理，下属自然也会心服口服，感激领导对自己的关心，工作也会更加努力。这样的领导也会建立良好的上下级关系。

某些员工样样杰出，就是不能准时上班、开会，他有上百种理由，身为管理者的你，如果认为这样的行为会影响到其他员工，你就必须采取以下6招，让他们的作息早日步上常轨。

第1招：利用伙伴系统

有些员工对同事比对主管还更有责任感，找出方法利用这股责任感，给予员工与其同事一个共同任务，而且这项任务是每天早上的第一要务。如果他再迟到会让同事失望，例如：安排他与同事共乘，准时共乘或许比准时上班要来得更有激励效果。

第2招：增加激励给早到的员工

举例来说，宣布你会免费提供一个月的咖啡、糕点或是新鲜水果。早起的鸟儿有虫吃，迟到的员工可就什么也拿不到了。

第3招：设下迟到的后果

宣布最后一个到的人，要清理茶水间或得最后下班锁门。或者，在合适的情况下，让迟到的员工负责早上开办公室的门或同事需要用到的区域。

第4招：提供奖励给最少迟到的小组或部门

应该提供像午餐之类比较有趣的奖励。不过，千万不要把同事迟到的责任与其伙伴的绩效表现评鉴与报酬连在一起。

第5招：建立同事教练系统

在工作职责中，加入"指导其他同事改进某一项领域表现"这一项。爱迟到的员工或许可以指导其伙伴如何拜访新客户，或怎样熟用新软件。这位伙伴则负责指导爱迟到的员工要如何才能准时。

第6招：斩草要除根

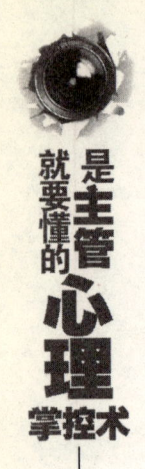

请爱迟到的员工在会议开始之前就先到场，可以用的理由包括：接电话、代表主席出席、等音效视讯工作人员、接待早到的来宾、煮咖啡、布置会议室或准备文件等。这样你就能确保会议开始时，这些员工一定会在场。

2. 对"贫嘴"下属要避免被蒙蔽 >>>>>

> "听其言不如观其事，观其事不如观其行"。管理者用人也应遵循这句话。有的员工总是夸夸其谈，却没有真才实学，作为一个理智的领导者，不该被这类下属的花言巧语所蒙蔽。

任何公司、企业都有这一类型的人，所有的领导对这种类型的下属都不陌生。喜欢虚夸的人通常一开始能给人留下不错的印象，让领导对他们刮目相看，寄予厚望，认为他们富有积极性，并且有发展前途。但是这种人很快就会露出马脚。

这种类型的人在公司中更是很常见，他们为了突出自己的工作成绩，通常汇报工作时，总是拣好听的方面说，而坏的方面则隐瞒不说。这样他们职位可以得到提升，但是实际上，时间一长，这样的下属会留下工作上的无数隐患。

作为经理，一定要警惕这样好卖弄的下属，特别是对于那些很重要的工作，一定要多方面了解，不要轻信一个人的话。否则很容易被蒙蔽，不利于工作的进展。

一个好卖弄学识的人搭乘一艘小船过河，他问船主：先生，请告诉我，你懂天文吗？船主回答：不懂。这个人摇摇头说道：那太遗憾了，你丧失了四分之一的生命，那你懂哲学吗？船主回答：一点也不懂。这个人又摇摇头说：真是太遗憾了，你又丧失了一部分生命，那神学呢？船主依然回答：不懂。此时，这个人的头摇得跟波浪鼓似的说道：实在是太遗憾了，你已经失去了四分之三的生命。正在这时，巨浪掀翻了小船，两人先后落水。船主擅长游泳，一点都不害怕，回头问正在水中挣扎的男子：先生，你会游泳吗？他边挣扎边说：我不会呀。船主露出肩膀，故意耸了耸说道：那太不幸了，你要失去整个生命啦！

这是一个哲理小故事，虽然短小，却蕴含着很多东西。

首先警示我们要有一个端正的做人态度。尺有所短，寸有所长。一句古语，总是闪烁着智慧。无论是生活还是工作中，千万不能拿自己的长处去比别人的短处，况且长有长的好，短有短的妙。更不能因此而居高临下、妄下断言、蔑视和瞧不起别人，否则一旦出口伤了人，轻者影响人际关系，重者会招来祸端。

其次是告诫我们要树立正确的人才观。虽然人人羡慕那些学富五车、学贯中西、百科全书式的天才、全才，但从社会分工的集约化进程来看，更需要一些精通某领域的专门人才。正如故事中所讲的，人类不但要有知识，而且还要有技能。如果只有懂之乎者也的，而没有会撑船的，是过不了江河的。有的时候，一个好专才，可能比一个夸夸其谈的"全才"发挥的作用更大。果真如此，我们宁要撑船的，也不要夸夸其谈的。

晋朝的傅玄说："听其言不如观其事，观其事不如观其行"。管理者用人也应遵循这句话。有的员工总是夸夸其谈，却没有真才实学，领导者不要被他的花言巧语所蒙蔽，所以，识人，成为领导者必须关注的大事。做到真正的了解下属的主要方法有以下六个：

(1) 直接面谈

听其言，观其色，从而能够窥视到下属的思想水平，见识的多少。听的时候要抛开他的巧言令色，抓问题的实质。在谈话前主管要做好充

分的准备工作,比如掌握他的背景资料,如何去掌握谈话的主动性,怎样从谈话中去观察他的反映。

(2) 平时观察

在工作中,多注意一下你的下属的言行,看他们说和做是否存在的差距,发现问题及时沟通,观察的主要内容有:看他们与哪些人交往甚密,如何控制自己的喜怒哀乐,他们的志向兴趣是什么等等。

(3) 故意考验

从实践中摸索一个人的真正品质和学识,要给他设一个"局",这个局有可能是一个有针对性的工作任务,也有可能是一次与外界的社交活动,从完成的结果看他是否言行一致。

(4) 他人评价

从侧面去了解一个人,就需要其他员工对某个人的评价,因为一个人的思维难免要有主观性,出现偏差,"群众的眼睛是雪亮的",你得到的信息越多,你对一个人了解得越透彻。

(5) 依靠内行

外行领导内行时,是很难评价一个下属的工作,这时就需要主管请教其他专家来测评你的下属,这是科学可行的办法。

(6) 工作成绩

下属说的再好听,马屁拍的再多,离不开一个铁打的准则,就是他的工作成绩,这是一项硬指标,是对下属优秀与否的衡量指标。

作为主管,识人准确,有利于公司的可持续性发展,作一名合格的"伯乐",是一个优秀的管理者必备的素质。

3. 对有非分要求的下属不可纵容 > > > > >

作为公司部门的领导或者经理，一定经常有下属向自己提出各种各样的要求。对于那些合情合理的、又有能力做到的要求，领导应该给予支持。但是也有很多下属喜欢提一些不太合理或者自己没有资格提出的要求，这是管理者的处理方法就要因时因地而异了。

相传古时某宰相请一个理发师理发。理发师给宰相修到一半时，也许是过分紧张，不小心把宰相的眉毛给刮掉了。唉呀！不得了了，他暗暗叫苦，顿时惊恐万分，深知宰相必然会怪罪下来，那可吃不了兜着走呀！

理发师是个常在江湖上行走的人，深知人的一般心理：盛赞之下无怒气消。他情急智生，猛然醒悟，连忙停下剃刀，故意两眼直愣愣地看着宰相的肚皮，仿佛要把宰相的五脏六腑看个透似的。

宰相见他这模样，感到莫名其妙。迷惑不解地问道："你不修面，却光看我的肚皮，这是为什么呢？"

理发师装出一副傻乎乎的样子解释说："人们常说，宰相肚里能撑船，我看大人的肚皮并不大，怎么能撑船呢？"宰相一听理发师这么说，哈哈大笑："那是宰相的气量最大，对一些小事情，都能容忍，从不计较的。"

理发师听到这话，"扑通"一声跪在地上，声泪俱下地说："小的该

死,方才修面时不小心将相爷的眉毛刮掉了!相爷气量大,请千万恕罪。"

宰相一听啼笑皆非:眉毛给刮掉了,叫我今后怎么见人呢?不禁勃然大怒,正要发作,但又冷静一想:自己刚讲过宰相气量最大,怎能为这小事,给他治罪呢?于是,宰相便豁达温和地说:"无妨,且去把笔拿来,把眉毛画上就是了。"

领导者有宽容之心,固然让人钦佩。但当你的下属犯了大错误,实在难辞其咎时,你还需要纵容、庇护他吗?

作为公司部门的领导或者经理,一定经常有下属向自己提出各种各样的要求。对于那些合情合理的,又有能力做到的要求,领导应该给予支持。但是也有很多下属喜欢提一些不太合理或者自己没有资格提出的要求,这时,作为领导的你,是应该答应还是应该严词拒绝?答应了,会不会让其他的下属有意见?而不答应会不会影响下属的积极性?……这些都是领导不得不考虑的问题。

很多经理人常听到这样的话:"我以前在另一家公司,他们答应……而他们也做到了"、"而我有点失望,经理似乎并不看重……"面对这样的情况,许多领导都觉得束于无策。其实,对这样的下属,如果他确实很有能力,而他提的要求也可能做到,那么领导不如满足了他。如果他提出的要求在你的能力范围以外,你应该把情况如实地告诉他,把选择的权利放到下属的手中,让他选择离开或是留下。在这种情况下,下属都会理解,并从中感受到你的诚意,从而不会有离开的念头。如果是那些能力不高的人,并且他提出的要求也有点过分,那么你就可以毫不犹豫地拒绝他。

在进行年终加薪评估与确认时,应考虑未有加薪的员工可能的诉求。

(1) 情景描述

通常情况是年终评议进行加薪,但不是全部员工都得到加薪;又或者加薪的幅度不同。即使某位员工没有获得本次加薪,也不见得他的工作就是"一落千丈",很可能是因为本次整体加薪幅度太小,从而使该员工失去了加薪的机会。另外,如果该员工的薪酬水平在该企业及同行业之间已经到达到了较高的水平,加薪的空间也必然会小些。可以说,影响加薪的因素是多方面的。

(2) 相应解读

从员工的角度来讲,他或许不清楚地这些因素,它只是感觉到自己工作的非常努力,所以就应该加薪。因此,员工有加薪的愿望和提出加薪要求是一件正常的事情。

当员工提出加薪要求时,首先应该考察他的绩效考评成绩,如果成绩较低没有达到加薪的标准,就应该向他解释本企业的加薪政策,鼓励他努力工作,争取下次获得好的工作绩效与考评成绩。

(3) 客观应对

如果该员工的绩效考评良好,也没有得到加薪,就要认真地调查原因。是由于工作失误造成的,还是因为该员工的薪酬已经较高,不适合再加薪。

如果是前者,则应该立即纠正错误,对员工进行弥补;如果属于后者,就应向他解释本企业中与他能力相同的其他员工的平均薪酬水平,或介绍同行业其他企业同职位的薪酬水平,以便得到他的理解。

如果员工指出与他能力相同的员工也有加薪,而他自己却没有加薪时,这时不要轻易地将该员工与他所讲的员工进行比较,这样会使不满情绪和抵触的行为加深。

如果这两位员工同属一个部门,则应该交由部门经理进行解释(部门经理有对他们加薪的建议权,所以一定有他自己的理由);如果这两位员工不在一个部门,则可以告诉他每个部门的加薪指标不同。

有些管理人员为了照顾下属要求加薪者的情绪,而采取一些很不实际的理由或轻易地答应他的加薪要求,这是非常不负责任的做法。最直接的影响是,让其他员工造成了"谁不争取谁就是损失"的感觉。更为负面的是,如果员工们纷纷效仿,那么后果则难以想象了。

4. 对报喜不报忧的下属理性甄别 >>>>>

闻过则喜，闻功见忧，不以物喜，不以己悲。人都有自己的弱点，喜欢听好话本不是什么太大的缺陷。但作为领导，喜欢听好话甚至只喜欢听好话，就很难听到真话了。

很多领导都遇见过一些下属喜欢报喜不报忧，有的人在向上级汇报工作时，讲成绩、讲好的方面浓墨重彩，极力渲染，对问题和缺点则轻描淡写，讳莫如深，层层截留，大事化小，小事化了；有的对报忧的人横加指责，施加压力，甚至打击报复。这些做法，不仅妨碍了上级对真实情况的了解和掌握，容易形成误导，以至造成决策失误，而且贻误了解决问题的时机，使小矛盾变成大矛盾，小错酿成大祸，给企业造成重大损失。

喜怒哀乐，人之常情。而老板的喜怒哀乐，却往往与业务工作中的成功与失败、盈利与亏损、成绩与失误、顺利与挫折等企业运行有着密切的关系。毫无疑问，对于取得成绩、经营活力等企业运营良好的状况，老板自然感到由衷的欣喜，而对于工作中的失误、经营上的亏损，老板必定会感到不安与忧虑。

因此，向老板报告工作中取得的成绩，等于向老板报喜，二要向老板报告工作中的失误挫折之类的情况，就等于是向老板报忧。从企业管理的角度来讲，无论是喜是忧，都是老板应该必须认真对待的事情，即老板必须清楚地掌握企业运营过程中喜在什么地方，而忧在什么地方，并根据喜与忧的程度的不同，采取相应的措施，调控企业朝着有利的方向发展。

因此，我们可以推导出一个原则，那就是员工和下属在向老板报告工作时，必须实事求是，是喜说喜，是忧说忧；不夸大成绩，不缩小缺点。只有坚持这个原则，老板才会了解到真实的情况；也只有坚持这个原则的员工，才是诚实可靠、值得老板信赖的下属。

闻过则喜，闻功见忧，不以物喜，不以己悲。人都有自己的弱点，喜欢听好话本不是什么太大的缺陷。但作为领导，喜欢听好话甚至只喜欢听好话，就很难听到真话了。如果我们的官员都能做到，不文过饰非，不好大喜功，而是闻过则喜，闻功见忧，就能够从别人的不同意见中都得到收益。

远小人，近君子。人人都有七情六欲，主管们当然也需要友谊。但是作为企业领导，手中掌握大大小小的权力，交友就需要慎重了。当然，我们不能把交往对象划分为三六九等，然而要特别注意，有的人过分热衷于拉关系、亲近领导，有的人特别热衷于讲好话、讲奉承话，有的人特别喜欢帮助领导办私事，等等。要想能够听到真话，我们主管恐怕必须远离这些人。

总之，真话须用真心求。只要我们主管切实贯彻求实的宗旨，人人讲真话，人人真的喜欢听实话，人人用真心对待下属和工作中的问题，对待他们的意见和建议，并提供日益完善的制度保证，听到真话就不会是一件难事。为了避免处分或惩罚，下属不愿让上司了解工作的真相，尤其是当工作出现纰漏，或者自己犯了错误的时候，"报喜不报忧"是下属本能的选择。

这样的状况，平时尚可维持。一旦出现危机，上司往往最后一个知道真相，错过第一时间补救的机会，很可能导致大局失控，出现崩盘惨况。

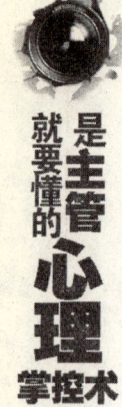

5. 把爱告密的下属变害为宝 >>>>>

> 作为管理者，时时刻刻都有可能碰到"爱告密"的员工，仅通过解雇他们使这种人在公司销声匿迹是不可能的。除了用巧妙地手段使用他们、变害为宝，还要从领导者自己出发，让他们无可乘之机。

作为管理者，时时刻刻都有可能碰到"爱告密"的员工，仅通过解雇他们使这种人在公司销声匿迹是不可能的。因此，只能巧妙地使用他们，变害为利。要想使用好他们，可以采用以下几种办法：

"爱告密"的员工一般都能够深谙自己在公司里的竞争之道，他知道公司里人多嘴杂，不免会有明争暗斗，这恰好能掩饰自己工作能力低下的本质。他更清楚，有些员工是"表面上一盆火，背地里一把刀"，口蜜腹剑，两面三刀，稍不留心就可能遭到这些人的暗算。因此，"爱告密"的员工往往掌握一套应付公司内部形形色色人的"绝招"。

这种员工通常会在事情暴露之前先发制人，以快打慢，以静制动，并且还善于找"后台"来撑腰，而这个"后台"极有可能就是公司管理者。他们懂得怎样得到管理者的重视。他会搜集公司内部的各种小道消息或情报并传递给管理者，让管理者偏听偏信，支持他们。

"爱告密"的员工喜欢打听别人的秘密，防范意识也极强。为了探听别人的秘密，可以不择手段，不惜代价。对一点小事爱添枝加叶，描绘得绘声绘色。若一段时间搜寻不到告密的"素材"，这类员工就要兴风作浪，搬弄是非，炒作新闻，向管理者"邀功请赏"。管理者不应被他们的雕虫小技所迷惑，要以真知灼见来全面评价他们，并适当疏远。

虽然他们可以让管理者获知某些下情，但时间一长，就会在管理者和其他员工之间划下一道"鸿沟"，使真正踏实能干的员工疏远自己。而且他们传递的信息，经过改编，已经面目全非，谬误百出。如果一味地听从，就会被他们的花言巧语蒙蔽视听，作出错误的决定。要防止这种事情发生，管理者就要尽力避开他们，并保持清醒的头脑，不要被假象所蒙蔽。

一般说来，"爱告密"的员工并无多少真才实学，单凭自身的工作绩效，很难博取管理者的欢心和宠爱，甚至会面临被边缘化。为了引起领导的重视，赢得同事们的尊敬，他们只能耍点儿小花招，充当管理者的探子，以博取宠爱，从而靠上司这棵"大树"来乘凉，有朝一日还有可能被重用提拔。对于爱告密者，公司上上下下都讨厌唾弃他们，管理者应把他们安排到一个无关紧要的位置上去，用劳动锻炼他们，使他们懂得"成功从来无捷径"。还要切断他们获得小道消息的渠道，给他们传递一个明确的信息：不能再向上司"告密"。即使告密，也得不到升迁和重视。这就会促使他们反省自己，改过自新，努力工作。从而使公司的气氛不再紧张，建立正常的上情下达渠道，使上下级之间的交流顺畅进行。

不过转个角度说，苍蝇不叮无缝的鸡蛋。"爱告密"者向管理者告密，正是管理者喜欢听，才使他们抓住机会，投其所好。为了消除"告密"员工的不良行为，使他们踏踏实实地工作，管理者应以身作则，不听信谗言，树立公正无私的形象，给"告密"员工一个无声的信息：管理者不希望从他们那里获得小道消息。以此教导他们把精力放在努力工作上，不传播闲言碎语，不无事生非，不用告密的方式反映问题。总之，只要管理者能端正自己的心态，树立正确的态度，不给"爱告密"员工以可乘之机，并对他们的不良行为及时进行纠正、教育和引导，必要时采取一些措施疏远他们，将他们放在一个无关紧要的位置上，就能使他们安心工作。

6. 激发凡事爱拖延的下属的执行力 > > > > >

面对惯性拖延的下属，最好的方式就是消除他们担心做不好的恐惧。领导应该事先沟通准时完成工作的重要性，并提醒他们哪些地方因为时间关系而无法做到最好，可以事后再调整，这样的做法可以减轻他们的心理负担。

有些员工由于自身原有的习惯，平时工作作风懒散、拖拉、玩世不恭等，也是"问题"员工形成的一个主要原因。

今天该做的事拖到明天完成，现在该打的电话等到一两个小时后才打，这个月该完成的报表拖到下一月，这个季度该达到的进度要等到下一个季度……不知道喜欢拖延的人哪儿来的这么多的借口：工作太无聊、太辛苦，工作环境不好，老板脑筋有问题，完成期限太紧，等等。其实，凡事都留待明天处理的态度就是拖延，这是一种很坏的工作习惯。每当要付出劳动时，或要作出抉择时，总会为自己找出一些借口来安慰自己，总想让自己轻松些、舒服些。奇怪的是，这些经常喊累的拖延者，却可以在健身房、酒吧或购物中心流连数个小时而毫无倦意。

为什么有的人如此善于找借口，却无法将工作做好，这的确是一件非常奇怪的事。因为不论他们用多少方法来逃避责任，该做的事，还是得做。而拖延是一种相当累人的折磨，随着完成期限的迫近，工作的压力反而与日俱增，这会让人觉得更加疲倦不堪。

喜欢拖延的人往往意志薄弱，他们或者不敢面对现实，习惯于逃避困难，惧怕艰苦，缺乏约束自我的毅力；或者目标和想法太多，导致无从下手，缺乏应有的计划性和条理性；或者没有目标，甚至不知道应该确定什么样的目标。另外，认为条件不成熟，无法开始行动也是导致拖延的原因之一。

对每一个渴望有所成就的人来说，拖延是最具破坏性的，它是一种最危险的恶习，它使人丧失进取心。一旦开始遇事推拖，就很容易再次拖延，直到变成一种根深蒂固的习惯。我们常常因为拖延时间而心生悔意，然而下一次又会惯性地拖延下去。几次三番之后，我们竟视这种恶习为平常之事，以致漠视了它对工作的危害。

事实上，拖延绝不是一种无所谓的耽搁。一个公司很有可能因为短暂的拖延而损失惨重，这并非危言耸听。1989年3月24日，埃克森公司的一艘巨型油轮在阿拉斯加触礁，原油大量泄漏，给生态环境造成了巨大破坏，但埃克森公司却迟迟没有做出外界期待的反应，以致引发一场"反埃克森运动"，甚至惊动了当时的布什总统。最后，埃克森公司总损失达几亿美元，形象严重受损。

无论是公司还是个人，没有在关键时刻及时做出决定或行动，而让事情拖延下去，这会给自身带来严重的伤害。那些经常说"唉，这件事情很烦人，还有其他的事等着做，先做其他的事情吧"的人，总是奢望随着时间的流逝，难题会自动消失或有另外的人解决它，须知这不过是自欺欺人。不论他们用多少方法来逃避责任，该做的事，还是得做。而拖延则是一种相当累人的折磨，随着完成期限的迫近，工作的压力反而与日俱增，这会让人觉得更加疲惫不堪。

拖延并不能使问题消失也不能使解决问题变得容易起来，而只会使问题深化，给工作造成严重的危害。我们没解决的问题，会由小变大、由简单变复杂，像滚雪球那样越滚越大，解决起来也越来越难。

很多领导都有这样的经验，对自己的某个下属，你明明已经说过很多次，告诉他该什么时候完成自己的工作，但是他还是不能及时完成。即使你催促他，也没有什么效果，拖延的情况也没有任问改善。

面对这种类型的员工最好的方式就是鼓励他们在完成工作之前，尽量找其他的同事讨论，或是随时随地做进度报告，给主管或是其他人一些改进的建议。这样做有两个目的：一方面透过频繁的讨论，让他们学会接受别人的意见，避免产生采取抗拒的心理；另一方面，也可以让他及早做出调整，以免等到最后完成任务时，却发现不符合你的要求，反而挫折感更大。

面对惯性拖延的下属，最好的方式就是消除他们担心做不好的恐惧。领导应该事先沟通准时完成工作的重要性，并提醒他们哪些地方因为时间关系而无法做到最好，可以事后再调整，这样的做法可以减轻他们的心理负担。对这种下属，你应多关心他，帮助他，既讲原则，又注重感情，让他从心底敬佩你，视你为知己，忠于职守。在他取得成绩时，不要忘记随时赞扬，哪怕是微不足道的小成绩。通过赞扬会使下属的虚荣心得到满足，自大、过激的成分会慢慢地减少，有利于开展工作，促进交注。

作为领导，你不应讥讽、挖苦这类下属，否则只会引起"战火"。对其不良行为和缺点也不宜直接予以否定，应采用委婉或幽默的方式谈出来，这样下属才易于接受，也会慢慢吸取教训。时间运用不当，其实只是表面的症状，而非真正的问题所在。事实上，在面对下属的任何问题时，都不应只看外在的行为，而是要深入了解心理层面的因素，这样才能对症下药，解决问题。

7. 女员工爱美丽是罪过吗？ > > > > >

> 对于那些只是利用化妆的时间放松自己神经，并且占用时间并不很长的女下属，主管不妨"假装"视而不见。因为通过补妆，自己的女下属不但容光焕发，而且工作更有效率，领导何苦吃力不讨好地管制她们呢？

在公司里，许多女性职员会利用到洗手间的时间补妆或者聊天来松弛自己紧绷的神经。化妆对于女性来说，是一种情绪的自然表现。对于大多数女性来说，心情好的时候，她们喜欢化妆，这样自己可以更有心情；而心情不好的时候，她们更依赖面上的妆容，因为它们可以隐藏真实的自己。对于女性职员来说，化妆就是生活的一部分，并且是不能缺少的一部分。

但是，对于喜欢上班时间到洗手间化妆或者补妆的女性下属，领导者应该分情况对待。对于那些只是利用化妆的时间放松自己神经，并且占用时间并不很长，不会影响整个工作的进展，那么领导不妨支持。因为通过补妆，自己的女下属不但容光焕发，而且工作更有效率，领导何苦吃力不讨好地管制她们呢？但是对于那些上班时间经常去补妆，严重影响了工作进展和效率的女下属，领导根本没有必要姑息她们，应该及时制止，否则很可能导致其他女性下属效仿，造成工作上的损失。

一个管理咨询公司的总经理秘书被解聘了，理由是上班时未化妆，未涂口红。

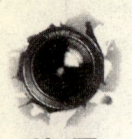

该公司老总事后说:"我们辞退她主要是考虑到公司的形象问题。"那位被解聘的女秘书则对朋友说:"没什么好说的,有什么了不起?"

公司是做生意的,做生意就得和客人打交道。作为公司的秘书,可以说是公司的形象大使,他的一举一动,对生意的促成很重要。顾客来了,见到你的秘书就倒胃口,还谈什么生意?谈不成生意,叫公司怎么活?公司不是要每个员工都必须潇潇洒洒、漂漂亮亮,更不是要她(女秘书)打扮得像坐台小姐那样露出大腿,以色悦人。我们只要求她注意自己的形象,上班时打扮一下、精神点,不要太邋遢,让顾客反感,不过分吧?

职业女性在上班时适当化妆是应该的。但作为一个公民,他们有权选择自己化妆还是不化妆,化什么妆。一般情况下,公司若以不化妆为由将员工解聘,是没有道理的。当然,这要看具体情况。如果该女秘书和该公司签订了具有法律效力的劳动合同,合同中女秘书有遵守公司规章制度的义务,规章制度中又有女秘书上班时必须化妆的规定,该女秘书上班时确实没有按要求化妆,那该公司解聘该女秘书应该说是合理的。

8. 面对酷爱炫耀的下属该怎么劝?＞＞＞＞＞

我们身为一个社会人,往往喜欢树立一个心目中的偶像,为此,人们在成长的过程中,把许多崇拜者纳入自己脑海中并加以整理。如果现实与自身之间产生较大差距,就会试图以炫耀来弥补。由此可知,所有的炫耀,都隐藏着本人的自卑感和弱点。

每个人多少都会有表现欲，最常见的就是在日常生活中炫耀自己。炫耀的情况会因男女而有差异，但男女共同的炫耀对象，不外是财产、家世、孩子的成绩、国外旅行的经验等。

男性常炫耀的对象，可分智能与体能两方面。例如职位、工作能力、学历、成绩等，这些是智能上的炫耀；而体能上的炫耀，则以爱好某项竞技运动等，为其炫耀的对象；而女性炫耀的对象，则有关服装、化妆品、丈夫、男朋友、孩子，甚至男性对自己的好感等。

更有甚者，有的人没有可炫耀的对象，就搬出自己的亲戚朋友，甚至只有一面之缘的人，也成其炫耀的对象。为什么有人喜欢炫耀呢？

我们身为一个社会人，往往喜欢树立一个心目中的偶像，为此，人们在成长的过程中，把许多崇拜者纳入自己脑海中并加以整理。如果现实与自身之间产生较大差距，就会试图以炫耀来弥补。由此可知，所有的炫耀，都隐藏着本人的自卑感和弱点。

还有一种人，喜欢自作聪明，爱在人前炫耀。这类人不讨人喜欢，因为自大是人的共性，在你为虚荣努力的同时触碰了别人的高傲之心。谦虚的人为人很好，也会适时替别人着想，但也可能不过是其伪装。沉默寡言者看上去沉稳可靠，实际上缺乏表达才能或不够自信。他们的自尊心很强，深入交往可能不错，但也得担上其自尊心和高傲心不能轻易触碰的风险。

冷酷的人多喜欢期待别人惊讶或震惊的表情，这是由于其内心空虚，希望有人关注他或理解他。有时候，冷酷不仅仅作为一种性格或态度，而是作为手段被实施。多愁善感的人很大程度上都有自怨自艾，怨天尤人的性情，心情多处于阴暗和模糊的类似沼泽的环境。他们多以回忆和冥想为乐，也常常因此痛苦。人们常因其神经质的性格而疏远他们，这更导致其内心恐慌，好幻想和杞人忧天的性情就变本加厉，原来就不可琢磨的性格变得愈发神秘莫测。这类人多是自卑心理严重的人，对于这种人，有人同情之，有人厌恶之，还有人因为其过重的女人气而

不屑一顾。虚伪者最招人厌，也最为人不齿，这不是因为他们身上没有一块真实的皮肤，而是因为他们从来不暴露自己的皮肤。这本身就隐藏着卑鄙的情愫。他们像演员一样对待朋友和师长还有其他看不见他形体的人，从而也像演员一样消失。喜欢玩小聪明的人有其可爱的一面，当他以为卖弄得逞时，人们的笑容里是带着嘲弄和不屑的。这种人不像他们自己外表和人们以为的那样聪明，与其说他们聪明，不如说他们性情上有机智的惰性。可爱的人受广大人群的喜爱，但自己却不像人前显示的那么乐观，因为其不成熟的心智多少有假装的一面，还有把这种假装扮演到底的决心，所以其内心世界比一般人更多苦恼，其不切实际的浪漫幻想终究会被现实打破。

性格孤僻的人可能由于幼年不幸，也可能由于强烈的个性忍受不了过多约束，他们是信仰主义者和使命主义者，他们需要异性和爱（最广义范围）。爱慕虚荣的性情女性偏多，她们爱打扮，爱占小便宜，爱在人前露脸，爱与人争吵，爱指挥。她们的特点是非常贪婪，总想把好东西一股脑儿地捧到怀里。而且这种女人并不都具备与其渴望相称的容貌。顺便说一句，只要有可能，每个女人都会有这种倾向，而且总是变本加厉。

一个星期一，大家刚匆匆赶到办公室，帆帆就开始炫耀她手指上闪闪发光的新钻戒了，她一面假笑着对周围人说："这个啊不算什么，我老公说下次要给我从南非买一只5克拉的钻戒。而且下个月说不定我要请假咯，我老公要带我去香港庆祝我们结婚五周年，还会带着我去大采购哦！"

虚荣心理的产生往往是那些缺乏自信、自卑感强烈的人进行自我心理调适的一种结果。某些缺乏自信、自卑感较强的人，为了缓解或摆脱内心存在的自惭形秽的焦虑和压力，试图采用各种自我心理调适方式，其中包括借用外在的、表面的荣耀来弥补内在的不足，以缩小自己与别人的差距，进而赢得别人对自己的重视和尊敬，虚荣心便由此而生。

几乎每个单位中都会有这样的炫耀型员工，他们时而过火的炫耀会让同事和管理者感到哭笑不得。管理这类型下属的原则你不必动怒。因为自以为是的人到处皆有，这很正常。不必自卑。你就是有再多的才能也不会在各个方面超过所有的人，谁都既有长处又有短处。

首先，仔细分析下属这样表现的真实用意。一般下属只有在怀才不遇时才会表露对上司的不满。如确实如此，就要为之创造条件展现其才能。当重担压在肩头时，他便会收起自己的傲慢态度。

如果他的炫耀确属自己的性格缺陷，你要旁敲侧击地提示他。而不必直接用"穿小鞋"的行动压制他。因为他们会越压越不服，长久下来，矛盾会越来越严重。对不谙世故者可予以适当的点拨，语重心长、有理有据的谈话可以改变对方的认识。

第四章

精准识人心理掌控术：
如何透过细节洞察下属心理

　　卡耐基认为，要想掌握高超的用人之道，必先要做到知人善任。知人，就是要了解人，指的是对人的考察、识别、选择；善任，就是要善于用人，指的是对人要使用得当。知人善任，就是要认真地考察干部、确切地了解干部，把每个干部都安排到适当的岗位上去，充分地让他们发挥自己的特长、施展才干。这是做好领导工作的根本任务之一。

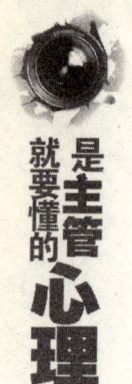

1. 与下属面谈，了解他的性格特点 > > > > >

> 人的真善美与假恶丑，并不都是表现在情绪和脸谱上的，也不能从一般的表现上都能看得出来。因此领导者应该亲自考察自己直属的下级干部，以知其意志、应变、知识、勇敢、性格、廉德、信用，而决不可凭感情和印象用人。

曾国藩指出，要了解一个人的内心深处的东西，谈话是最好的手段。有人指出，当谈话深入到一定深度时，对方的心理活动可以灵敏地接触到。

谈话识人的这种考察方法，是最古老的识才方法，也是最长久的识才方法。只要人类社会需要并继续存在着识才工作，那么，这种考察方法就将始终得到最广泛的运用。惟一不同之处，在于各个不同的时期、不同的社会，个别谈话的方式和内容将发生显著的变化。随着现代科学技术的发展，识才工作中的一部分"个别谈话"，有的可能被微机技术或其他技术所取代。但仍有大量的"个别谈话"，是任何先进技术所不能取代的。尤其是当识才工作进入到"终端决策"阶段时，领导者与被荐举对象的直接接触，包括必要的"个别谈话"，是必不可少的，无法取代的。鉴于此，给予"个别谈话"以正确的评价，并不断改革谈话方式，变换谈话内容，使考察者和被考察者产生顺畅的思想沟通和认识接触，是获取令人满意的考察结果的惟一途径。

一次加州大学要招聘一名校长，当来应聘的校长候选人挑选到还剩四人时，校委会特地发出邀请，把四位候选人连同他们的夫人一起接到学校住了几天，再通过实际生活加以观察。原来他们认为：假如校长的夫人品格不高，校长的工作实际上将会受很大影响。结果果真又淘汰了一名。

日本住友银行在招考干部时，其总裁曾出过这样一个试题："当本行与国家利益发生了冲突，你认为应如何处理？"许多人答："应为住友的利益着想"，总裁认为"不能录用"；另一些人答："应以国家利益为重"，总裁认为"仅仅及格，不足录用"；有一个人这样回答说："对于国家利益和住友利益不能双方兼顾的事，住友绝不染指"，总裁的评语是："卓有见识，加以录用。"

诸葛亮就十分强调领导者必须善于知人。他认为：人"美恶悬殊，情貌不一；有温良而伪诈者，有外恭而内欺者，有外勇而内怯者，有尽力而不忠者……"。就是说，人的真善美与假恶丑，并不都是表现在情绪和脸谱上的，也不能从一般的表现上都能看得出来。有的看来温良而实际狡诈，有的外表谦恭而内心虚假，有的给人的印象勇不可挡实则临事而惧，怯懦得很，有的人在处境顺利时可以尽力，到处于逆境、环境变化时就不能忠于事业和信仰了。因此他提出领导者应该亲自考察自己直属的下级干部，以知其意志、应变、知识、勇敢、性格、廉德、信用，而决不可凭感情和印象用人。诸葛亮的"知人"方法对于经营者在用人上是有大帮助的。其方法为：

"问之以是非，而观其志"。就是要亲自与下级干部讨论对各类事物是非对错的看法，来观察他的立场、观点、信仰、志向是否明确坚定。

"穷之以辞辩，而观其变"，就是要求领导者就工作中某些现实问题的处理意见同下级干部不断地进行辩论，提出质疑，以此来考察他的智慧与应变能力。

"咨之以计谋，而观其识"，就是不断地向下级干部提出咨询，请他们对一些重大问题提出谋略和决策方案，以考察他是否有能力和见识。

"告之以祸难，而观其勇"，即告诉下级可能面临的灾祸和困难，来

识别他是否能临难而出,勇往争先,义不反顾,救国救民。

"醉之以酒,而观其性",就是领导在与下级同宴时可以劝他饮酒,以观察他是否贪杯、酒后能否自制以及表露出来的本来性格如何、是否表里如一,等等。

"临之以利,而观其廉",就是把下级干部放在有利可图或者可以得到非分利益的工作岗位上,看他是否廉洁奉公、以公司利益为重,还是贪图私利或者只顾小集团的利益,见利忘义。

"期之以事,而观其信",就是委托下属独立自主地去完成某种工作,看他是否克尽职责、克服困难,想办法去把事情办好,还是欺上瞒下、应付了事,来考察下级是否忠于职守、恪守信用。

在一般的单位中,下列两种"识人"方法运用最多:

1. 面谈识人

通过谈话使领导者面对谈话对象产生直接的亲身感受和较深的体验,从而避免各种外来影响和偏见。面谈的内容包括面谈对象的能力、经历、性格心理、爱好、特长等。面谈的程序:首先是面谈前做好准备工作;其次是按照事先安排的内容顺序谈话,先谈什么,后谈什么,做到心中有数。面谈时应当注意:一是谈话的气氛要愉快、亲切、融洽、轻松自如;二是尽量让对方多讲,以便多了解对方,三是掌握谈论主动权,使谈论内容不偏主题;四是礼貌待人,谦虚和蔼;五是头脑清醒,注意观察,善于捕捉对方无意流露的各种线索,把谈话引向深处;六是谈话结束时礼貌告别,必要时,约定下次谈话时间。

2. 座谈识人

这种方法是通过开座谈会的方法进行考察了解。又分两种具体座谈的方法:一是被考察者不在场,主持者提出有关问题,征求参加者的意见,做到"兼听则明"。二是被考察者在场,通过被考察者在会上的各种反应和表现来鉴别。在会上提问的内容可以是一般知识,也可涉及专业理论,还可以是各种新奇的想法。座谈可采取自由发言的方式,这可以观察被考察者的各种反应:能否抓住问题的症结?解剖问题的方法是否巧妙？思路是否灵活多变？提出的设想的数量与质量如何？对别人的意见抱什么态度？知识的广度与深度如何？等等。通过这些方面的观察，可了解其长处与短处。

2. 衣着修饰中的性格窥视 > > > > >

> 不同的人对于着装都有着不同的风格，领导要善于从着装上窥视出下属的喜好，以便于在工作中更好的磨合和配合。

在我们身边的人，都穿着不同衣着，但你可注意到你身边的人的打扮，他们的打扮正反映他们的性格。

套装型：

男士喜欢穿西装，女士喜欢穿套裙，一看就知道他们是做事有条不紊、有系统的人，事业永远是他们心中的首位。不过当他们做到很累的时候，如果你可以在旁支持或帮助他的话，你就有机会成为他的另一半了。但是，一些因为工作关系而穿着套装者例外。

运动型：

经常穿着运动服装的人，除了精力充沛之外，他们也比较主动和积极。通常他们都比较喜欢运动，倘若不喜欢，又怎会经常穿着运动服装呢？这种人很有毅力和恒心，就算失败了，也会很快振作起来，迎接另一次挑战，所以，这一类型的人很值得信赖。想吸引这类型的人很简单，就是你自己本身也要很喜欢运动，就算不喜欢，在运动方面也不可以比其他人迟钝。

休闲型：

喜欢穿 T 恤衫、牛仔裤的人比较随便，凡事最紧要方便快捷。所以你容易会发现他们对衣、食、住、行都没有什么要求。他们的优点就是顺得人意，绝不麻烦人，与他们相处比较舒服。正因为这样，要令这类人喜欢你，绝对不难，只要你对他好，关心他们，这样他们自然会接受你。

潮流型：

这类型的人永远站在潮流尖端，不管衣服合不合适自己的风格，总之今天潮流什么，他们就跟着穿什么。这种人没有什么个性，也没有什么优点，想要突出自己，只有在衣着打扮上着手。由于他们的自尊心强，也很需要赢得其他人的认同，要得到这种人的欢心，就是赞赏他们了。

名牌型：

买衣服只讲求名牌，不是名牌的就不穿的人，一种是娇生惯养，家里比较富有的；一种是扮高贵，要令人觉得自己好富贵的。这两种人的自尊心非常强，非常爱面子。他们一方面很挥霍，不觉得钱是什么东西，但其实他们最重要的就是钱，因为没有大量的金钱，就无法支持他们的生活。如果与这类型的人一起，一定不可以送便宜的东西给他们，因为这种人真的很现实。

在生活中，每个人不一定就是穿其中一类的人，因为有时候在不同的场合就要穿不同的衣服。不过每个人都会有一种类型的衣服是自己偏爱的。就算他们不注重衣着打扮，但他们也会买同类型的衣服。不妨你细心留意一下你身边的人。

1. 对白色衬衫有偏好的人：男性往往缺乏爱情，清廉洁白，是现实主义者；女性，尤其是年轻女性，往往希望自己年轻纯洁，能吸引异性，有好人缘并给人以别致感觉。

2. 喜欢 T 恤的人：虽树敌很多，却是肯努力求上进者。

3. 喜欢穿粗条整套西装的人：一般对自己没有信心，但却爱好摆空架子。

4. 喜欢穿细条服装的人：待人温和、自尊心强、往往有矛盾的内心和外在。

5. 喜欢穿背后或两旁开叉的上衣的人：具有领导气魄且表现欲极强。

6. 喜欢传统服装如中山装的人：庄重，性格含蓄，某种意义上说是传统保守型的人士。

7. 喜欢穿西装的人：大多开朗、积极、大方，具有自信、交际广泛，属活跃型人物。

8. 对运动服、牛仔装感兴趣的人：性格中不受拘束的成分多一些，我行我素，更为年轻、活跃、精力充沛。

9. 喜欢穿宽松尺寸衣服的人：意欲掩饰身材缺陷，同时有扩大自己势力范围的欲望。

10. 爱穿垫肩衣服的男士：意欲显示和夸大男性的威严，女性喜欢垫肩则是为了强调自己具有坚强的性格。

3. 背后闲话最暴露真实想法 > > > > >

背后说他人闲话是人类的一种重要需求，排在吃饭、喝水之后，性欲之前。这说明背后议论他人是一种比较普遍的现象，但是这些闲话却往往能够暴露皇帝新衣之下的真实情况。

古人说"谁人背后不说人，谁人背后无人说。"也许你本人就经常

在说别人的闲话,有关专家研究显示,常在背后说人闲话也是一种心理需求,这样也有助于减压。

什么样的人最容易被人议论?无非是优秀者和不幸者。优秀者通常先是被人艳羡,继而又掺杂着嫉妒。大家于唏嘘感慨中带着同情,同时又带着庆幸:"自己还不是最差的",这就是现在网上非常流行的"把你不高兴的地方说出来,让大家高兴一下的由来"。

不过现实生活中,人们热衷于或嫉妒或艳羡的论人短长,其实并非出于恶意,大多只是一种心理转移,目的是排解自己的压力。有调查显示,朋友、亲戚等认识熟悉的人往往是自己议论得最多的人,而且许多是负面评价,但这不代表我们讨厌他们,相反我们却非常喜爱他们。但是,背后说人闲话完美无缺的解压方法,如果总是在背后说人长短,就是真有心理问题了。这类人的性格特点是抑郁、性格内向、天生猜疑、敏感、过分依赖别人,这种不健康的性格往往会形成人际交往障碍。

谁没有遇到这种爱说闲话的同事呢?尤其在办公室里,这种的同事似乎很普遍。有些人酒足饭饱喜欢拿别人来开涮,有些人爱愤世嫉俗,看不惯就批评。后者固然要比前者来得友善,但无论是说哪种坏话的同事,当你知道坏话的对象就是你的时候,你该对他或她摊牌还是并一如既往地与他们相处下去呢?

明远是一家企业的新员工。他一毕业就进了这个知名的公司,羡煞了不少的同学,因此明远觉得工作环境十分理想。但后来,他发现办公室里那位漂亮的姐姐莉莉总是在背后说他坏话。后来他打听得知,原来这位姐姐最大的爱好就是背后说人坏话,办公室里的每一个人几乎都被这位姐姐说遍了。但是不巧公司结构重组,明远还被分在了莉莉的这一组。同事们都为明远捏一把汗,明远自己也不知怎样应付这位爱说人坏话的同事。后来明远才得知原来是他受到了这位姐姐的嫉妒,他年轻并且很受大家的喜欢,这引起了这位老员工的不满。

明远的例子鲜明地说明了这样一个道理:办公室里被人"说闲话"的对象都是些"新丁",他们或学历高,或技术好。一般这种人的出现,都会为办公室带来危机感。有人怕自己原来所处的位置可能就不再是先前的重要位置了。从闲话之中也可以看出真实的信息。不管是领导还是其他的员工都应该从中吸取教训。

从其背后透露出的信息来看，遭人说闲话不一定会是一件坏事。尽管遭人说闲话从感情上讲当然是件很痛苦的事情，但客观上讲，如果同事说的坏话，的确针对实际工作上的不足，这是领导了解下属情况的一个窗口。而作为一个领导者的责任就是不仅要在员工之间相互说闲话时，从中提炼出有用的信息，而且应该采取更加有效的措施在这个影响扩散之时将其破坏性的一面去除。

4. 身体姿势反映内心世界 > > > > >

> 身体语言是表达一个人内心世界的无声而真实的语言，在非语言手段中最为引人注目。身体语言在人际沟通中有着口头语言所无法替代的作用。身体语言包括姿势、头部动作、面部表情、目光和其他用于交际中的身体动作。身体语言除了能够传递一定的信息，同时也能影响人们之间的交流和沟通。

身体语言是表达一个人内心世界的无声而真实的语言，在非语言手段中最为引人注目。身体语言在人际沟通中有着口头语言所无法替代的作用。心理学研究发现：在两个人之间面对面的沟通过程中，50%以上的信息交流是通过无声的身体语言来实现的。身体语言是国际性的，不同国家的人在语言不通的情况下借助身势语能够进行交际。让我们来看

看不同的身体语言代表的含义吧。

手势

手势在各国有不同的表达意义，不同的文化背景赋予了手势不同的交际功能。

在美国，用拇指和食指捏成一个圈，其余三个指头分开向上伸直，则表示"OK"一词；在日本，这种手势则表示钱。用手指在太阳穴旁边转圈，中国人表示动脑筋，美国人和巴西人则表示发疯。俄国人把手指放在喉咙上表示吃饱了；日本人用此动作表示被"炒了鱿鱼"。美国人、日本人抿着嘴吃东西才算得体。假如一位美国人无意中把筷子直直地插进饭碗内，再把饭送给中国人吃时，中国人心里就可能会大为不快。因为按照中国的风俗，供奉死人时才把筷子插进饭碗里。美国人用手指着太阳穴表示用手枪自杀，反映的是美国私人拥有枪支不足为奇的社会文化背景；日本人用手戳向肚子表示剖腹自杀，反映了日本传统文化中的武道精神；在中国，这种手势表示被人砍头，是古代刑法取"首级"的遗风。

姿态动作

姿态动作的幅度和速度以及姿势和坐立习惯也能反映出不同的文化背景和心态。犹太人的手部动作远比一般德国人的手部动作来的自由，所以二战时期生活在德国境内的犹太人要尽量控制自己的手部动作，以免暴露身份。白色人种的年轻人步履轻捷，而年轻的黑人则步伐较慢，这与他们的社会环境不无关系。在东方人眼里，美国女子大胆而泼辣，因为她们的步子比东方女子大，腰板挺得更直。在西方人眼里，日本女子的莲莲碎步反映出她们的柔顺和屈从心理。英国人将两臂交叉放在胸前表示旁观或不准介入，恰似中国的"袖手旁观"；美国人着重随意的个性，常常大大咧咧地坐下来或者站着时一副松松散散的样子，所以当某位美籍外教上课时坐在课桌上，中国学生的惊讶程度就可想而知了。但在德国等欧洲国家，生活方式比较规范，人们十分注重礼仪，懒散的样子常被认为是粗俗和无礼的标记。不同文化在姿态动作上的这些时而明显，时而微妙的差别常常容易导致交往失当，甚至会使交际完全中断。了解这些差异并采取必要的补偿手段，对于人们在跨文化交际中互相理解，避免误会，对于填平文化沟壑，无疑具有十分重要的意义。

表情

很少人能够随意控制自己眼睛的变化，使其故意显示与内心状态不一致的信息，但几乎所有人都能够随意控制自己的表情肌，使之作出与内心真实体验不相对应的虚假表情。

与目光一样，表情可以有效地表现肯定与否定，接纳与拒绝，积极与消极，强烈与轻微等各种难度的情感。

任何一种表情都是整个面部肌肉的整体功能，但面部的某些特定部位对于表达某些特殊情感所起的作用更大。在一般情况下，表现厌恶的关键部位是鼻、颊和嘴；表现哀伤的关键部位是眉、额、眼睛和眼睑；嘴、颊和眉、额对于表现愉悦特别重要。而恐惧则主要由眼睛和眼睑表现。而在特定情况下，如情境要求人作出特殊的表情，以便控制自己留给别人的印象时，人们的眼神与表情会出现分离。在这种情况下，透露人们内心真实状态的有效线索是眼神，而不是表情。因为表情是可以伪装的。眼神与表情相分离这一事实本身，就是人们作假的有效信号。只不过在一般情况下，人们只去注意容易觉察的大肌肉运动，而不去注意眼神的变化。

身姿

在日常生活中，我们自己也在经常使用身姿来进行沟通。如与上级谈话，我们的坐姿自然就比较规范，腰板挺直、身体稍稍前倾。有些人则干脆"正襟危坐"。如果我们对别人的谈话表示不耐烦，则坐的姿势就会后仰，全身肌肉的紧张程度就会明显降低。无论什么人在讲话，只要看一眼听者姿势，就会明白他的讲话是否吸引听众。

一些姿势是世界性的沟通语言。西方人演电影时用身体姿势表示欣赏、理解、困惑、接纳、拒绝、傲视、防卫、敌对，我们在看电影时也能建立起高度类同的概念。同样，我们的绘画艺术，电影和电视作品中

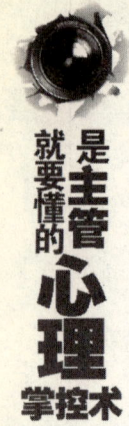

的各种姿势,也可以被其他文化背景的人所理解。动画片《三个和尚》使用的全部是姿势、动作、表情等身体语言,照样被世界各国艺术家所欣赏,并赢得世界大奖。

5. 眼睛是心灵的窗户 >>>>>

> 从一个人的眼睛中,可以读懂一个人的大概。从眼睛的窗户向内心深处张看,是了解一个人心理动向的捷径。所以眼睛在五官中是至关重要的。

眼睛在人的五种感觉器官中是最敏锐的,大概占感觉领域的70%以上,所以,被称五官之王。眼神有动有静,有散有聚,有流有凝,有上扬,有呆滞,有阴沉,有下垂,仔细参悟以后,通过眼神必可使人情毕露。

在人的一生中,应用得最出色的要数目光语了。更多的时候,人的眼睛和嘴巴所说的话一样,能从眼睛中了解事物的大致面目来。因为,眼睛乃"五官之王"。

有时,眼睛似乎也会说话,一个人的内心活动,经常会反映到他的眼睛里,心之所想,透过眼睛就能看出其中的大概,这是每个人都很难隐瞒的事实。

孟子在《离娄上篇》中有一段用眼睛判断人心善恶的论述:"存乎人者,莫良于眸子。眸子不能掩其恶:胸中正,则眸子瞭;胸中不正,则眸子眊焉。"这是说,眼神清的人,通常表示此人清纯、澄明、无杂念、端正和开明。眼神浊的人,往往昭示此人昏沉、驳杂、粗鲁、庸俗和鄙陋。

假如你见他眼神散乱，即可明白他也是没有办法，干着急也是无用的，向他请示，亦是无用的。你得平心静气，另想对付之法，不要再多问，多问只会增加他六神无主的程度，此时正是你显示本能的机会，自己快去想办法吧！

你见他眼神阴沉，要明白这是凶狠的信号，你与他交涉，要小心一点。他那一只毒辣的手，正放在他的背后伺机而出。假如你不是早有准备想和他见个高低，那么最好从速鸣金收兵。

你见他眼神呆滞，唇皮泛白，即可明白他对于目前的问题惶恐万状，虽然口中说不要紧，他虽未失望，也的确还在想方法，但却一点也想不出所以然来。你不必再多问，要退去考虑对付办法，假如你已有办法，要向他提出，并表示有几分把握。

你见他眼神恬静，面有笑意，你可明白他对于某事非常满意。你要讨他的欢喜，可以多说几句恭维话，你要有所求，这亦是个好时机，相信必然比平常更容易满足你的希望。

晋代学者葛洪在《抱朴子·外篇》中深有感触地说：看一个人的外表是无法识察其本质的，凭一个人的相貌是不可衡量其能力的。有的人其貌不扬，甚至丑陋，但却是千古奇才；有的人虽堂堂仪表，却是"金玉其外，败絮其中"的草包，倘以貌取人，就会造成取者非才或才者非取的后果。

做为窥探心灵的窗口，眼睛是上帝赐给人类的礼物。从一个人的眼睛中，可以读懂一个人的大概。从眼睛的窗户向内心深处张看，是了解一个人心理动向的捷径。所以眼睛在五官中是至关重要的。心理学家的研究告诉我们，人的内心隐秘，心中的冲突，总是会不自觉地通过变化的眼神流露出来。泰戈尔说得好：任何人"一旦学会了眼睛的语言，表情的变化将是无穷无尽的"。

在希腊神话中有这样的故事，有三姐妹，外人只要一接触其中的一位名叫梅德莎的眼光，便立刻化为石头。这个神话故事寓在说明眼神的

威力。人们在日常生活和工作中，如果完全不注意别人的眼睛，就无法窥探对方内心世界的微妙变化。一般情况下，人们很难彻底隐瞒心事，即使有人摆出一副无表情的脸孔，但刻意的做作并不能维持长久。老年人常说："听别人讲话，或对别人讲话，要注意对方的眼睛。"有的人交谈时不看对方的眼睛，多数情况下，是胆小没有信心、难为情、畏缩。情侣初次相会，常常这样。

一直注视对方的眼睛，会感觉眼睛疲劳。这里所说的"看眼睛"，并非真的凝视，而是观察对方视线的活动。因此，如何透过视线的活动了解他人，便成了人与人之间圆满交往、心灵沟通的要点。

一个人视线可以通过不同的角度来了解。首先，对方是否在看着自己，这是一个关键。其次，对方的视线如何活动，或者是视线刚接触立刻就挪开，他的心理状态是有所不同的。第三，视线的方向，即对方是正视还是斜视观察自己的。第四，视线的集中程度，即是否是专心致志地看自己。第五，视线的位置，通过对方视线的方位移动，来考察他的内心动向。

观察一个人的"眼神"，是辨别他忠奸的一个途径。"眼神"正，其人大致正直，"眼神"邪，其人大致奸邪。平常所说的"人逢喜事精神爽"，是不分品质好坏而人所共有的精神状态。诸葛亮就是这样一个通过眼神识别人物的高手。

当时，曹操派刺客去见刘备，刺客见到刘备之后，并没有立即下手，并且与刘备讨论削弱魏国的策略，他的分析极合刘备的意思。

不久之后，诸葛亮进来，刺客很心虚，便托辞上厕所。

刘备对诸葛亮说："刚才得到一位奇士，可以帮助我们攻打曹操的势力。"

诸葛亮却慢慢地叹道："此人见我一到，神情畏惧，视线低而时时露忤逆之意，奸邪之形完全泄露出来，他一定是个刺客。"

于是，刘备连忙派人追出去，刺客已经跳墙逃去了。在瞬息之间，透过眼神的变化，看出一个人的目的和动机，固然需要先天的智慧，但更多的是靠后天的努力，因为这种智慧是在环境中磨炼和培养出来的。诸葛亮能够看透此人，主要是从他的眼神闪烁不定中发现破绽的。

而生活中，常有那些仪表不俗，举止轩昂之辈，想一眼识破他的行径，就可能比较困难了。王莽就是这种类型的人。

王莽这个人在历史上的名声并不太好，但就他本人的才能而言，在当时也算得上是一个极其难得的人才。如果他不篡夺王位，不显露本性，仍像未夺得朝政大权之前那样勤奋忠心地工作，俭朴地生活，说不定会成为一个流芳百世的周公式的人物。

新升任司空的彭宣看到王莽之后，悄悄对大儿子说："王莽神清而朗，气很足，但是眼神中带有邪狭的味道，专权后可能要坏事。我又不肯附庸他，这官不做也罢。"于是上书，称自己"昏乱遗忘，乞骸骨归乡里"。从眼神上来分析，"神清而朗"，指人聪明俊逸，不会是一般的人；眼神有邪狭之色，说明为人不正，心中藏着奸诈意图。王莽可能也感觉到了彭宣看出一些什么，但抓不到把柄，恨恨地同意了他的辞官，却又不肯赏赐养老金。彭宣回乡后数年就死了。"

所以说，作为一个领导，要有察人目光的本领，从下属的眼光中看出端倪，才能更好地领导下属。

7. 透过言谈举止识人 > > > > >

> 观人之道，以朴实廉价为质。有其质而附以他长，斯为可贵。无其质，而长处亦不足恃。甘受和，白受采，古人所谓无本不立，义或在此。

曾国藩指出，听人的言辞，如果是"其言语之圆滑者，则弃之"。他指出，人的言辞往往流露了一个人的本性。他认为，天地之所以不息，国之所以立，圣贤之德业，所以可大可久，皆诚为之也。所以，曾国藩反复告诫我们：用兵久则骄惰自生，骄惰则未有不败者。勤字所以医惰，慎字所以医骄，二字当先，须有一诚字以立之本。

至于用人之道，曾国藩指出："观人之道，以朴实廉价为质。有其质而附以他长，斯为可贵。无其质，而长处亦不足恃。甘受和，白受采，古人所谓无本不立，义或在此。""将领之浮滑者，一遇危险之际，其神情之飞越，足以摇惑军心；其言语之圆滑，足以淆乱是非，胡楚军历不喜用善说话之将。"

曾国藩的意思是说，知道自己的错误，而又立即改正的，这是最难的事。这些豪杰之所以成为豪杰，圣贤之所以成为圣贤，就在于能在这些事上磊落过人。能够闯过这一关，内心就会异常安乐，能省去很多纠缠麻烦，省去很多遮掩、装饰和丑陋之态。

在实际工作当中，善于观察的人能从偏颇的语言中知道对方性格的片面之处，就像一位古人所说：放荡的言辞我知道它沉溺在何处，不正当的话我知道它背离在何处，躲躲闪闪的话我知道它理屈在何处。

偏颇的言辞常在忘乎所以时出现，例如双方都高兴，势必会说出好多夸大了好处的话，双方都愤怒，势必会说出许多夸大了坏处的话。凡是夸张的话都好像是说谎，正因为如此人们都不大会相信，而传达这种不大令人相信的话的人往往要遭到祸殃。这说明在人们交往中由于喜怒情绪的不同往往使语言不能真实地反映事实，传话时就要剔除那些出于两喜两怒的言语，尽量传达他们的真实内容。

在我们的周围，有的人侃侃而谈，宏阔高远却又粗枝大叶，不大理会细节问题，琐屑小事从不挂在心上。优点是考虑问题宏博广远，善从宏观、整体上把握事物，大局观良好，缺点是理论缺乏系统性和条理性，论述问题不能细致深入。有的人不屈不挠，公正无私，原则性强，是非分明，立场坚定，缺点是处理问题不善变通，显得非常固执。

有的人言辞锋锐，抓住对方弱点就严厉反击，看问题往往一针见血，甚至有些尖刻。在用人时，应考虑他在"大事不糊涂"方面有几成火候，如能从大局着眼，就是难得的粗中有细的优秀人才。

有的人知识丰富，言辞激烈而尖锐，对人情事理理解得深刻而精当，这种人做力所能及的工作，完全可以让人放心。

有的人知识面宽，随意漫谈也能旁征博引，各门各类都可指点一二，显得知识渊博，学问高深。缺点是脑子里装的东西太多，系统性差，思想性不够，如能增强分析问题的深刻性，会成为优秀的、博而且精的全才。

有的人接受新生事物很快，听到新鲜言辞就能在日常生活中运用，而且有跃跃欲试、不吐不快的冲动。缺点是没有主见，不能独立，如能沉下心来认真研究问题，磨炼意志，无疑会成为业务高手。

有的人性格宏度优雅，为人宽厚仁慈。缺点是反应不够敏捷果断，转念不快，属于细心思考、长思考型人才，如能加强果敢之气，对新生事物持公正而非排斥态度，会变得从容平和，有长者风范。

那么，如何从谎话中识别人呢？

有人说"说谎是人变坏的开始"，这种说法很有道理。当说谎而不再受到内心谴责的时候，做坏事也就有了心理基础。

我们知道，小孩说谎时公开、明显地用手遮住嘴巴，潜意识是想防止谎话从嘴里出来，长大后这种手势则变得精练而又隐蔽。许多成人会用假咳嗽来掩盖这种护嘴姿势，还有的则是用大拇指按住面颊，或用手来回摸着额头。女性说谎最常见的是用手撩耳边的头发，似乎企图把不好的想法撇开。再如，你去同事家串门，尽管主人表示欢迎，但却多次看表，那表明此时你的来访打扰了他；告别时，尽管他再三挽留，而身体准备从沙发上起来，眼光瞟向门边，则表明你的离开是时候了。

其实，一个人一开始说谎，身体就会呈现出矛盾的信号：面部肌肉的不自然，瞳孔的收缩与放大，额部出汗，面颊发红，眨眼次数增加，眼神飘忽不定，等等。说谎者总是希望把体态隐藏起来，所以一个人在

电话里说谎比当面说谎要镇定从容。利用这一特点，警方在审讯嫌疑犯时，总是将其放在光线强烈的地方，让其体态语言暴露无遗。这样很容易看出他是否在说谎。而且让他的身体无所依傍（比如不背靠墙，一般用凳子而不用椅子），从而解除他的防备心理，促其彻底坦白。

有时，对方谈吐的速度、口气、声调、用字等，蕴藏着极为丰富的第二信息，撩开罩在表层的面纱，能探知一个人的内心真实想法。一般来说，如果对方开始讲话速度较慢，声音洪亮，但涉及到核心问题，突然加快了速度，降低了音调，十有八九话中有诈。因为在潜意识里，任何说谎者多少有点心虚，既希望"蒙"住对方但又无十分把握。更显而易见的事实是，如果他在某个问题上闪烁其辞，吞吞吐吐，可以断言他企图隐瞒什么。倘若你抓住关键的词语猛追不放，频频提问，说谎者就会露出马脚，败下阵来。

第五章

情感管理掌控术：
学会换位思考，让部属和你一条心

所谓"换位思考"，顾名思义就是为人处世要站在对方的立场和角度来思考、处理问题。范仲淹曾提出"居庙堂之高，则忧其民；处江湖之远，则忧其君"，用现在的话解说，也是"换位思考"，或者叫做"将心比心"。其实，世界上有许多事情，只要换了位置去思考，想法、看法和行动就大不一样。

1. 将情感因子融入管理中去 > > > > >

> 情感管理在现代快节奏、高压力的职业环境中越来越重要。作为管理者，你不妨在紧张的工作之余走出办公室，到基层去，到你不经常接触的下层员工那里，微笑问候，嘘寒问暖，拍拍肩膀，关心一下他们的工作和生活，你将会有意想不到的收获。

在员工关系中，做好情感管理要做到"三贴近"：贴近基层员工、贴近内心生活、贴近公司未来。

按照二八原则，公司中的20%的员工创造了80%的价值，所以大多数公司都会这样做：最高管理层只关注那些职位高或者价值高的中层干部，中层干部也只关注那些骨干员工，对于那些在基层岗位上做着普通工作的员工可能就没有人去更多地顾及。而基层员工是活跃在公司中最大的群体，他们承担了公司中最多的工作量，如果对他们失去关注，将会直接影响到公司的长远发展。

精明的管理者会恰当地处理好骨干员工以及基层普通员工的关系，他们重用核心人员、骨干人员，但不过分亲密；对于处于自己下层的基层人员，找出机会和时间与他们拉近关系，鼓励他们、关心他们、感谢他们。和不同的人员保持"适度距离"将有助于整个人际关系的和谐与平衡。

所以，作为管理者，你不妨在紧张的工作之余走出办公室，到基层去，到你不经常接触的下层员工那里，微笑问候，嘘寒问暖，拍拍肩膀，关心一下他们的工作和生活。无论多忙，你都要每周或每月抽出时间和一线员工沟通，你可以召集一些员工中午和你一起吃盒饭或者喝个下午茶，你也可以采取一对一、面对面正式的方式去和他们沟通，只要你用心了，形成习惯了，一段时间下去，下层所有的员工你都可以谈个遍，该关心的关心了，积极性调动起来了，员工工作的质量提高了，说不定你还会有意想不到的收获，了解到很多你想知道的事情，开阔你的思路呢。

情感管理在现代快节奏、高压力的职业环境中越来越重要，贴近员工的内心生活是指管理者要真正地了解员工心中所想，为他们排忧解难，从而从内心深处激发员工的积极性。具体而言，可以从下述两个方面入手：

一、创造一种自由沟通的工作氛围。在公司里营造一种自由开放、分享信息、人人平等的氛围，除公司正式、制度化的交流途径之外，公司要鼓励各种自发、非正式的交流沟通渠道。娓娓道来的谈心、头脑风暴式的讨论都将减少员工之间、部门之间的误解和隔阂，形成一种积极而和谐的人际关系，增强企业的凝聚力和创新能力。

二、尊重和认同员工。尊重和认同是员工情感管理中最重要的部分。按照马斯洛需求理论，人总是有被尊重和认同的需要，在不同的阶段有不同程度的需要。现代企业中员工的素质普遍都比较高，因此要求被尊重和认同成为他们工作是否快乐的最基本要素之一。

微软公司的价值观主要包括：诚实和守信，公开交流，尊重他人，与他人共同进步，善于自我批评和自我改进、永不自满等。

微软公司里的官僚作风比较少。公司放权给每一个人主导自己的工作。公司没有"打卡"的制度，每个人上下班的时间基本上由自己决定。公司支持人人平等，资深人员基本上没有"特权"，依然要自己回电子邮件，自己倒咖啡，自己找停车位，每个人的办公室基本上都一样大。

微软实行"开门政策"，也就是说，任何人可以找任何人谈任何话

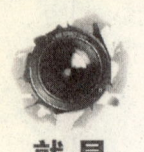

题,当然任何人也都可以发电子邮件给任何人。一次,有一个新的员工开车上班时撞了比尔·盖茨停着的新车,她吓得问主管怎么办,主管说:"你发一封电子邮件道歉就是了。"她发出电子邮件后,在一小时之内,比尔不但回信告诉她别担心,而且还对她加入公司表示欢迎。

现在好多企业都在企业文化中强调"以人为本",以人为本就是要把所有的人都视作公司大家庭中的一员,要公平地对待他们,要让员工感觉到被认同、被重视。

那么如何尊重和认同员工呢?首先,不要靠发号施令和权势来管理员工。现在好多企业都崇尚民主化管理,实行"有职务、无称谓"制度和"平等共事"的机制,如果我们还是以自己的"官阶"来压人,用强势的作派来管理人的话,必将会失去人心。人只有发自内心地愿意那样去做,才能发挥出最大的潜能,否则都是应付而已。

其次,要真诚地关心员工。关心别人,就是"你的痛苦在我的心中"。著名的心理学家阿弗瑞·艾德勒写过《生命对你的意义该是什么?》一书,书中写道:"凡不关心别人的人,必会在有生之年遭到大困难,并且大大伤害到其他人。也就是这种人,导致了人类的种种错失。"这一段发人深省的话,很值得你在员工关系管理中铭记。

2. 主管应帮助下属心理减压 > > > > >

企业有责任给员工减压。如今的企业所担负的责任不仅是获得利润,还要为社会作贡献,为员工谋福利。这样的企业才有生命力。

员工帮助计划又称员工心理援助项目、全员心理管理技术（以下简称 EPA）。EAP（员工帮助计划）由美国人发明，最初用于解决员工酗酒、吸毒和不良药物影响带来的心理障碍。它是由企业为员工设置的一套系统的、长期的福利与支持项目。通过专业人员对组织的诊断、建议和对员工及其直系亲属提供专业指导、培训和咨询，旨在帮助解决员工及其家庭成员的各种心理和行为问题，提高员工在企业中的工作绩效。

企业有责任给员工减压。这是一个"以人为本"社会。如今的企业所担负的责任不仅是获得利润，还要为社会作贡献，为员工谋福利。这样的企业才有生命力。企业也有必要为员工减压，这不仅是为了员工的个人利益，也是为了企业自身的利益。高压下的员工不可能释放出最大的潜能；高压下的员工肯定缺乏创新精神；高压下的员工不可能真心实意地为企业着想；高压下的员工出错率、事故率、工伤都会成倍增加。西方许多企业正在不惜人力、财力在为员工减压做努力。他们知道，这是一项高产出的投入；他们知道，在这一点上获得的竞争力特别有利于企业的长治久安与稳步发展。

一台电脑、一个铺盖卷，吃住在单位——长期以来，这是"勤劳员工"的最佳范本。然而，深圳华为员工胡新宇加班时猝死，在全国引起轩然大波，"员工是否该为公司卖命"等讨论一时间沸沸扬扬，"过劳死"的话题也再次引起人们的注意。风波过后，新的思考开始出现：面对竞争越来越激烈、压力越来越大的工作环境，主管们是否该考虑为员工减压？体贴的减压可以体现在很多方面，比如在日常别把员工工作搞得那么紧张；让员工的思想、情绪有释放渠道；与下属共同决策；建立公平的激励机制；提供良好的工作环境与工作条件；体现人文关怀；增进员工的心理健康水平等等。

在美国人的常规意识里，工作和生活是绝对分开的，个人生活不应被工作打扰。但是近年来，随着经济竞争加剧，为了保住工作，很多美国人开始加大工作强度，到点不下班或周末加班越来越普遍，这也使得减压和过劳死这样的问题受到越来越多的关注。很多老板开始意识到，要想让员工踏实尽心地工作，提高工资并不是唯一的手段，帮他们减压也是很重要的一个方面。

美国公司给员工减压的最"终极"办法就是弹性工作制度。很多公司，特别是大中城市的公司，为了让员工既完成工作又能安排好生活，在保证每天8小时工作时间的前提下，让他们自己确定上班时间。

在惠氏公司下属的一家药品研发机构，有的员工为避开交通高峰时间，每天从早晨7点干到下午4点；有的员工因为每周的某天下午要带孩子上学习班，其他日子就多工作一会儿；一位叫苏珊的员工因为离公司比较远，可以一周工作4天，每天多干两小时。还有一些公司更进一步，连上班总时间也不规定。从耶鲁大学毕业的记者的朋友杰西在一家大公司任金融分析师，工作量很大，但老板只需要她在规定时间内完成工作，对上班时间没有严格要求，很多工作可以在家完成，这让杰西很满意。2004年的统计显示，全美有28.1%的男性和26.7%的女性员工享有弹性工作待遇。美国著名保险公司丘博集团董事长兼CEO芬尼根认为，弹性工作制度不仅是福利，也是增进生产力的有效工具。

3. 站在下属角度，你会更懂他们 > > > > >

站在下属的立场去倾听，你会发现，你变成了别人肚子里的蛔虫，他所思所想、所喜所忌，都进入你视线中。在各种交谈中，你就可以从容应对。

人们常说"理解万岁"，实现人与人之间的理解是比较艰难的一件事，尤其是在上司和下属之间，由于双方所站的角度不同，分析问题的出发点不一样，看事情的角度不一样，利益取向不一样，自然对某一件事物的理解也就不一样了。而上司们很少去设身处地地站在下属的角度来想一想这些问题，而是主观地从自己的角度来考虑和判断问题，自然导致与下属之间的理解不对称，继而导致管理工作难以有效开展。为了更好地了解这些情况，管理者不妨设身处地站在下属的角度，为下属着想，这样做可能会发现一些自己以前没有注意到的问题。

如果你站在对方的立场看问题，就可以知道他们在想什么、想得到什么、不想失去什么了。站在下属的立场去倾听，你会发现，你变成了别人肚子里的蛔虫，他所思所想、所喜所忌，都进入你视线中。在各种交谈中，你就可以从容应对。

作为领导者，在处理许多问题时，都要换位思考。比如说服下属，并不是没把道理讲清楚，而是由于领导者不替对方着想。关键在于你谈的是否对方所需要的。如果换个位置，领导者放下架子，站在被劝说人的位置上瞻前顾后，同时，又把被劝者放在领导的位子上陈说苦衷，抓住了被劝说人的关注点，这样沟通就容易成功。领导是通过别人来工作的，只有真正关心下属，下属才会为你效劳，这个道理几乎人人都懂，但往往在具体操作时走了样，在具体的企业管理中往往存在这样几个误区：

误区1：把关心等同于小恩小惠

很多人一厢情愿地认为，所谓关心下属就是小恩小惠，要不就是，你昨天加班太累了，第二天上班你可以晚来，或者是我特批你休息一天什么的，这种关心往往会破坏公司的一些规则或制度。这种做法并不能真正建立起你的影响力。关心下属一定要体现出是你本人在真诚地关心他，这一点非常重要。

误区2：满嘴跑马，信口许诺

激励下属好好干，有时候必须做出承诺。然而言必信，行必果，承诺必须要践约，特别作为领导更应该一言九鼎。如果情况特殊或者有变，或自己判断失误无法兑现，最好向下属道歉并说明原因，得到他们

的体谅。

误区3：认为关心下属就是关心他们的工作

这种做法会令下属非常反感，他们会认为你只关心业绩，甚至会认为你在怀疑他的工作能力。

误区4：认为关心下属就是对下属有求必应

作为领导者，你只能尽量满足下属那些与组织目标一致的需求，对不合理的需求必须予以回绝，甚至还要批评。

误区5：认为关心下属就是不批评下属

其实，批评也是关心的一种方式，它可以促使下属反思自己的作为。但批评一定要选择恰当的时间、采用正确的方法，注意下属的自尊心，遵循对事不对人的原则。

领导是做"人"的工作，不关心下属不行，但是这里所说的关心下属是带有功利色彩的，它要求有所回报，要求下属对你要忠诚，建立你的影响力。要做到使关心下属产生应有的效果，必须注意下面的一些事项：

1. 要让下属感到你在关心他/她。即使你在关心下属，但是下属没有觉察到，就不会产生你所期望的效果。原因可能是：你关心的"剂量"不够，或者是关心的内容不是下属的实际需要。

2. 成本高的别做。关心下属要适度，讲求成本。如果为了体现自己关心下属，去违反组织的制度和利益，那么这种关心的成本就太高，有些得不偿失了。

3. 不能完全控制的少做。

4. 让员工感到是你在关心下属，而不是组织规定的。

总之，在关心下属时，应该因人、因事、因时、因地而异，随缘见性、随心识物；并且有时候要"随风潜入夜，润物细无声"，有时候也要"插柳要让春知道"，只有这样才能达到一个高超的境界！

4. 做好小细节，让下属被你感动 >>>>>

> 成功的领袖或管理大师多半认为：大礼不辞小让，大行不顾细谨。身为领导人眼光要远、注意大事、少管细节。其实事实并不尽然，作为一个领导人，一定要注意细节，并充分掌握信息的进出。

现在有一种很流行的观点，叫"细节决定成败"。这种观点很有市场，因为它迎合了一种时代的需要，它的产生有着深刻的时代背景：

一个时期以来，中国有很多公司人过于浮躁，人们总想一夜暴富。特别是一些刚走出校门的大学生，很着急，急于把花掉的学费尽快挣回来，急于孝敬父母，急于找女朋友，急于结婚、买房、买车……但是这一切都需要钱，因此他们总是急于发大财，没有耐心老老实实地做好一件事情，干好一份工作。因此，细节主义应运而生，并一下子就流行开了。它对急功近利的浮躁风气当头棒喝，倡导沉下心来做事，踏踏实实工作，把工作做细，做到位。

在美国《财富》杂志发布的"百佳雇主排行榜"中，思科公司是榜单"常客"。思科屡屡上榜是因为鼓励员工自我管理，上下班不用打卡，提倡平等，公司不论职位高低出差一律乘经济舱；每到下午6点就开始播放音乐，敦促员工下班，并在中国的中秋、元宵节放假……这些做法和细节，反映出一个大型跨国公司适应不同地区培育不同企业文化的能力，也因此赢得了中国员工的好评。

"啊，这是我爸爸的办公桌"，"这是我爸爸的计算机，哈哈，还有

我的照片","原来我爸爸是工程师"……2004年1月18日,东方广场,思科系统(中国)网络技术有限公司总部,一些不同年龄的孩子正在参观。这是思科中国组织的"思科儿童日"活动,即把思科员工的小孩召集到公司参观,让他们有机会认识父母在公司的活动和工作空间,让他们了解父母的工作。在思科美国的总部,有一个免费为员工照看孩子的儿童中心,中心里还安装了与办公室网络相连的摄像设备,员工在上班期间可以随时从网上看到孩子的情况。在思科中国,虽然没有儿童中心,但公司在很多时候看起来也很像个大家庭。

新员工加入思科,领了电脑,公司就会E-mail一个身份证明号(ID)给你,接下来的事就完全是自助式的。比如,要装IP电话,上了公司内部网你就可以自己开通;如果有疑问,打68888就会有相应的人为你解答。员工出差报销也都是在网上进行,公司并不会每张单据都审查,而只是抽查其很小的比例。"我们认为教育员工最好的方法就是少管,应该相信你的员工是对的,他们自己本身有能力把自己的工作做好。公司做的就是把目标设计好。"思科中国人力资源总监关迟这样说。事实上,在思科,上下班都不用打卡。

思科员工大都随身带着很多卡,除了门卡以外,还有介绍公司远景规划及公司文化的卡,有各类培训证明,也有公司通讯录。关迟作为公司人力资源总监,随身带有一张24小时旅行、急救服务卡。通过这张卡上的电话,他可以为思科出差的员工提供全球紧急救援服务。"9·11"事件的时候,思科中国有位员工在美国夏威夷开会时受了伤,正是通过思科全球紧急救援的电话,关迟很快让该名员工得到妥善安置,同时还安排了一个能讲普通话的人帮助这个员工与夏威夷当地的医生沟通。关迟说,"在异国他乡,能得到一个说母语的人的帮助,员工就安心多了。"

能够做到这一些,思科可以说对于员工的吸引力就非常强了。所以他们才敢于在中国招聘员工却从来不登招聘广告,而只是在公司网站上公布招聘信息,每年应聘者还是有成千上万的应聘者投来简历。思科对于员工的吸引力非常之大，可以说正是管理细节之上的成功。

领导者如何获取员工的信任与尊重，在公司中树立起真正的影响力，也体现在一个个的小细节上。主动关心下属的工作和生活情况，主动跟下属交心交流，当下属碰到困难的时候，在合理范围内提供帮助——这都是作为领导的责任。培养和下属之间的亲密感，不让自己陷入孤立的境地，是管理者自我心理定位的第一步。但是做到这一点却不是一个简单的事情，现在有一种很流行的观点，叫细节决定成败，倡导沉下心来做事，踏踏实实工作，力图把把工作做细做到位，而注重细节，从细节之中透视下属，或者在细节的巧妙地布置上来感动下属，正是新时期领导应该具备的一个技巧。

5. "精神薪资"更能管人 >>>>>

> 给员工一分钟赞美比批评员工10分钟要管用。赞美是清泉，滋润员工干涸焦虑的心田；赞美是润滑剂，融化了员工的孤苦与矛盾；赞美是定心丸，会笼络员工不安蹦跳之心。多一次赞美，企业就多一份定力。

伟大的管理者都谋求和下属建立私人化的关系。有形的亲密指管理者要刻意营造和下属之间的亲密感觉，诸如下班出去一起喝一杯，出差回来给下属们带点小礼物，经常找下属谈谈心，交流一些感受，聊些大家共同感兴趣的话题等等，都不失为不错的制造有形亲密的好方法。

有一位著名民企的人力资源总监，领导艺术十分高超。他手下有八

个员工,他对每个员工都有特别的方法,让每个人都感觉到自己特别被他器重:他外出的时候,每次都把他办公室的门卡交给员工甲;他太忙的时候,会委托员工乙帮他处理一些无伤大雅的私事,员工乙甚至知道他银行卡的密码;员工丙薪水不高,很喜欢听音乐,这位总监自己也是个音乐发烧友,他会把自己用过的还很新的音响送给员工丙……

管理的精义就在于关心。人都是讲感情的,将心比心,是赢得下属亲近和忠诚的不二法门。主动关心下属的个人生活,主动跟下属交心,当下属碰到困难的时候,在合理范围内提供帮助——这都是上司努力的方向。

小张在一家法国公司工作的时候,有幸碰到一位非常有人情味的女老板。

当时小张负责华西区,老板是中国区品牌经理。她每次来成都,大家都会一起吃饭,每次都是她埋单。

她跟小张说,上司应该经常款待下属。公司给领导的薪水,有一部分就是用来请下属吃饭的。所以有时她也会半开玩笑地问小张的下属:"张总有没有经常请你们吃东西啊?"

她自己从广州过来的时候,还常常带热带水果来给大家吃。端午节的时候,她还会给大家带广东的粽子。

有段时间,小张有个同事气色不好,她建议那位同事多喝汤,不厌其烦地告诉他什么汤合适他;他可以选择什么样的汤锅,以便下班进门就可以喝到煲好的汤……

培养和下属之间的亲密感,不让自己陷入"严父"的误区,是管理者自我心理定位的第一步。管理者应当要走进下属心里,并占据一席之地。如果你跟下属建立了相互欣赏、相互喜爱的亲密关系,下属会甘愿做任何事情——工作上主动分忧,完全不让你操心,也许还会替你买早点、提醒你该吃午饭了……

有一位现在任市场总监的人,在他还是一般职员的时候,一次他的部门总监在路上见到他,和他打招呼握手并问候他,虽然这是领导不经意的一次举动，但是在他心里产生莫大的震动，回去后，心情久久不能平静。他当时认为，这是领导对自己的重视和认可。此后他的工作一直做得很出色，受到单位领导和上级的一致赞扬。现在这位职员升为公司总监，他也经常找下属谈心，谈心的面很广，谈工作、谈生活、谈发展，每次谈话，职员都受到很大的鼓舞，就是这个举动，增强了全员的凝聚力，使整个工作做得有声有色。

经常找下属谈心，可以充分了解职员对单位发展的看法，职员的心态、情绪变化，自己工作的反馈等等，有利于更好的开展工作。每个职员都想得到上级的重视和能力认可，这是一种心理需要，和下属常常谈谈话，对于形成群体凝聚力，完成任务、目标，有着重要的意义。

提高实物薪资自然能让员工皆大欢喜，但对于因实力不济而力不从心的中小企业来说，"精神薪资"同样也能达到良好效果。来自领导的一句祝福的话语、一声亲切的问候、一次有力的握手都可能会使员工终生难忘，并甘愿受你驱遣一生。

多给员工一分钟的赞美。给员工一分钟赞美比批评员工 10 分钟要管用。赞美是清泉，滋润员工干涸焦虑的心田；赞美是润滑剂，融化了员工的孤苦与矛盾；赞美是定心丸，会笼络员工不安蹦跳之心。多一次赞美，企业就多一分定力。

给员工一份生日祝福。一封精美明信片，几句祝福问候语，一次简易生日 party，在员工生日时精心送上，将会给员工极大的心灵震撼，唏嘘不止，达到无声胜有声的效果。

与员工共进晚餐。与员工一道吃个晚餐或一起喝杯咖啡，花不了你多少钱与时间，其作用却是巨大的，会给员工莫名的荣耀与感动。

盛待员工的来客。员工客人来访，你赶紧放下手头工作，热情接待，比自己客人还亲，并亲自给宾馆打电话安排其住宿及伙食，当面赞扬下属的工作业绩，下属心里喜洋洋，面子感十足，第二天会以十倍工作热情回报你。

认真倾听员工的建议。对下属员工提出的建议，你微笑着洗耳恭

听，一一记录在册，即使对员工的不成熟意见，也一路听下去，并耐心解答，员工好的建议与构想，张榜公布，奖金伺候。奖励一个人，激励上百人，所有员工的干劲就会被调动起来了。

与员工亲属开个欢喜的年会。年终时组织一次员工亲属年会，感谢亲属一年来的支持与关心，汇报一下公司业绩及来年目标，一餐便饭、一封感谢信、一份小礼品，员工亲属心都醉了，良好口碑宣传将你捧上天。

6. 在企业中创造家庭般的氛围 > > > > >

> 创造关爱员工的企业氛围，不仅能够提高员工的满意度，同时也提供给员工发挥潜能的工作环境。法国企业界有句名言："爱你的员工吧，他会百倍爱你的企业。"

我们注意到越来越多的公司在办公室里开始设立图书馆、乒乓球台，甚至按摩椅等，这绝非公司的噱头，也不是西洋设计的概念入侵。而是很多公司渐渐意识到，如果能在办公空间中营造出一种浓厚的家庭或团队氛围，员工不仅能有效地完成工作，而且能快乐地完成工作，甚至积极参与本职工作以外的其他有意义的公司活动。此时，员工不是把自己看成是公司的一名职员，而是公司的主人，从而更多地贡献自己的智慧和力量。

为什么越来越多的公司这么做？其秘密在于办公空间中营造员工归宿感。归宿感意味着员工把公司当成一个家庭，自己是这个家庭中重要的一员，它能大大增强员工的主动性和参与性，使员工对公司前进的方向充满激情与责任感。众所周知，家庭是最自然的社会单元。对家庭归宿感的强弱通常决定着你对家庭生活的满意度和对整个家庭发展的责任感。公司中也一样，员工强烈的归宿感对建立优秀的公司文化，增加员工的工作效率，提高员工满意度都有举足轻重的作用。

美国著名的管理学家托马斯·彼得斯曾大声疾呼：一边歧视和贬低你的员工，一边又期待他们去关心产量和不断提高产品质量，无异于白日做梦！每个员工都需要企业给予他们关爱，也只有从企业的温暖中提升自我的满意度。创造关爱的、像家庭一样温暖的企业氛围，是给予员工良好的工作环境，给予员工足够的工作支持，是使员工安心工作的措施。员工利用企业的舞台，企业利用个体的资源，只有在互相关爱、共同奋斗的工作氛围里，双方的使用价值才会显示出来。相反，若企业内缺少沟通、诚信与关爱的工作氛围，那么，提高员工的工作热情、发挥他们的潜在能力就成了一句空话。

汤娜从哈佛大学毕业后，一直在一所大学里任教，她从几年的工作中发现学校教师的流动性太大了，真可谓铁打的营盘流水的兵。究其原因，是管理者在招聘时视自己为"救世主"，把对求职者的聘用视为一种施舍和恩赐，一点关爱员工的氛围也没有，因此致使很多被雇用者在这所学校混上几年，度过理论知识与实践的磨合期后就会走人。一次，管理者感叹不已地找到汤娜询问自己留不住人的原因，还抱怨说自己给他们的工资在本地同行之中是最高的，但却留不住他们。是啊！为什么会留不住人？汤娜一针见血地给管理者指出了症结所在：缺少关爱员工的企业氛围。

要留住真正的杰出人才，只凭钱是不够的，关键在于情、义二字，要用情来打动他们。善于关爱员工的企业最能鼓舞员工的士气，适时地给员工以夸奖和赞美，在员工取得成绩时向员工公开地、及时地表示感谢，并组织一些联欢活动让员工分享成功的喜悦，是非常好的方式之一。

美国的凯姆朗起初是一家为住宅的草坪施肥、喷药的小企业。凯姆朗的管理者杜克对员工的关心是出于内心的感情，而不是装腔作势或沽名钓誉。

一次，杜克提出购买莱尼湖畔的废船坞，把它改建为企业员工的免费度假村。企业的高级财务管理人员费了九牛二虎之力，才说服杜克放弃了这项超过企业能力的计划。但是，杜克关心自己员工的热情并没有停止，不久，他又想在佛罗里达的沙滩上修建企业的员工度假村，但这项计划的开支也大大超过了企业的能力，高级财务管理人员不得不再次劝阻他。杜克并不是不知道企业的财力，他明白，这些超过承受能力的计划结果将会是什么，但为了让他那些辛勤劳动的员工们过上好的生活，他可以抛开这一切。

后来，杜克瞒着企业的财务人员，买下了一条豪华游轮，让员工度假，又包租了一架大型客机，让员工去华盛顿旅游。这一切耗费了企业的大量资金，但杜克对此却毫不在乎，他的心中只有他的员工。

正是他这种强调"爱的精神"的思想方式和经营模式，使企业的发展取得了意想不到的效果。现在，凯姆朗企业已拥有了上万名员工，营业额高达几亿美元。

在员工情绪低落时给予关爱，可取得事半功倍的效果。管理者应该在员工最需要关爱的时候关爱员工。只要能敏锐地掌握员工心里微妙的变化，适时地说出适合当时情境的话或采取适当的行动，就能抓住他们的心。特别是当员工情绪处于低潮时，也是最容易抓住员工的心的时候。以下列举的是员工情绪低落的几个特定时期，管理者若在此时多给予员工以关爱，必能感动员工，激励员工为企业全心全意效力。

在员工工作不顺心时。因工作失误或无法按照计划进行而情绪低落的时候——因为人在彷徨无助的时候，对来自别人的安慰或鼓舞的需要比平常更加强烈。

在出现人事变动时。刚刚调来的员工，通常都会有交织着期待与不安的心情，这时，管理者应该帮助他早日消除这种不安。另外，由于工作岗位构成人员的改变，员工之间的关系通常也会产生微妙的变化。

在员工家庭出现问题时。如经济方面的问题，家庭经济紧张，或收入突然减少，或一下子要支付一笔很大的开支而影响了家庭的正常生活等；子女方面的问题，入不了好的学校，成绩差，落榜，失业或闯祸违法等；长辈方面的问题，对夫妻双方的父母，或照顾不周，或他们觉得厚此薄彼而产生了不满，或有亲人、朋友去世等；夫妻之间的问题以及突发事件等。

管理者要经常保持关爱员工的心态，从点点滴滴的细微小事中，关怀员工的成长和发展，把关爱落到实处，真正为员工扶危解困。关爱员工的企业管理者还要学会缓解员工的工作压力。企业可以在制度上做出一些规定，如带薪休假、医疗养老保险、失业保障等制度，为员工解除后顾之忧。

丰田企业就设有自己的"全天候型"体育中心，有田径运动场、体育馆、橄榄球场、足球场、网球场等。丰田企业积极号召员工参加运动部和文教部的活动，使员工在活动中寻求自己的另一种快乐。这样既丰富了员工的生活，强健了他们的体魄，同时也培养了他们勇于奋斗的竞争精神，其根本目的是为了更好地促进生产。

总之，创造关爱员工的企业氛围，不仅能够提高员工的满意度，同时也提供给员工发挥潜能的工作环境。法国企业界有句名言："爱你的员工吧，他会百倍爱你的企业。"国外有远见的企业家从劳资矛盾中悟出了"爱员工，企业才会被员工所爱"的道理，因此，采取软管理办法，的确可以创造出若干工人与管理者"家庭式团结"的神话。

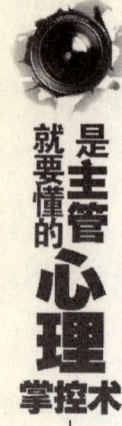

7. 视下属为"知己"更能走近他 >>>>>

> 情感是交往的纽带，领导能够很好运用，和下属交朋友，使自己成为下属真正的自己人，是完成群体目标的主体力量。

作为管理者要了解下属，视下属为朋友，这是做好工作的前提。这方面，日本企业家做得是比较成功的。日本企业界的泰斗松下就把总经理界定为"管家婆的角色"，他说："身为总经理，如果有一万名员工要担一万个人的心。"

当前，关心职员"全人的发展"已成为现代企业的典型特征。它主要体现在对公司职员的福利待遇、闲暇时间、文化生活、职业培训和发展机会的提供上。虽然这些"关心"和"尊重"是超管理的，但它们的效果却是双倍、几倍甚至几十倍于管理的。

从管理方面来看，所谓了解你的下属就是了解你下属的人格取向、动机层次、性格气质、技术水平、优点和缺点等等，以便为他确定适当的工作岗位，对他采取适当的激励手段，更好地发挥他的作用。

从组织的角度来看问题，组织的结构是与每位组织成员的人格取向、需求层次等特点密切关联的。因此，了解下属，也便于组建一个成员之间更相容、更具有内聚力的团队集体。

"士为知己者死，女为悦己者容"，这是人们普遍存在的心理。管理者应该对这种心理加以利用，让部下视你为知音、伯乐、恩人，使他们以死相报，任你调遣，甘心为你上刀山、下火海，效力终生，无怨无悔。

　　孔夫子曰:"居上不宽,为礼不敬,临丧不哀,吾何以观之哉?"南怀瑾先生指出,孔子在这里提出了一个原则,大到一个时代,小到一个组织,到了衰落的时候最怕在上面的领导以及各级主管对人不宽厚。为礼要敬,并不是只限于下级对上级行礼要恭敬,上面对下面的爱护也被包括在礼的范围之内。敬就是上下都要做到诚恳、真挚,做领导的对部下的爱护关怀也要有诚敬之心,假意的关怀只会让下属离心离德。

　　据史料记载,唐太宗李世民常屈尊礼贤,关心下属的生活疾苦。有一个大臣晚年得了暴病,药方上说需用"胡须灰"做药引方可治愈。李世民知道后,"乃自剪须,为其和药",这个大臣被感动得"顿首见血,泣以恩谢"。大臣马周患了重病,李世民不但派名医去治疗,而且"躬为调药",让皇子"亲临问疾",可谓关怀得无微不至。贞观末年,唐朝发动对外战争,某大将在出征时为弩矢射中,李世民"亲为之吮血",将士闻之,莫不感动。甚至普通士卒有了病,他也要"召至御前存慰,付州县治疗",士卒深受感动,都誓死为其效力。

　　"士为知己者死",领导者视"卒"如子,对下属的疾苦时刻在心,才能赢得下属爱戴。因此,如果要抓住下属的心,就要从内心出发去关怀下属,不必专门花费精力和时间,只需留心生活中的点滴小事,真诚以待,就能打动人心。

　　关心下属疾苦,就要让自己站在下属的立场上,设身处地地为下属着想。古代的贤德之君,吃饱时能够想到有人在挨饿,穿暖时能够想到有人在受寒,安逸时知道有人在辛勤劳作,懂得民间疾苦才能治天下。社会发展到今天,人们基本已不再为吃穿发愁,但不幸的人往往各有各的不幸,为上者应体恤下属、真心关切,才能使得上下一心、同舟共济。

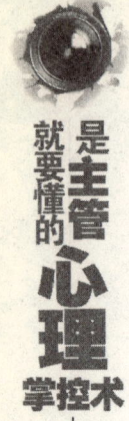

8. 理智与感情并用，双管齐下

> 我不懂怎么制造飞机引擎，但我懂怎么管人。
> ——美国著名管理专家、美国通用电气公司前总裁　杰克·韦尔奇

中国式管人有三大经典模式：刘备三顾茅庐，以真情感动诸葛亮，让诸葛亮"鞠躬尽瘁，死而后已"，这是以情感人的办法；蔺相如以退为进，折服一代名将廉颇，演绎"将相和"的历史佳话，这是以理服人的办法；慈禧太后一边褒奖曾国藩，一边限制曾国藩，逼迫他打消拥兵自立、当皇帝的念头，这是以法管人的办法。在实际管理中，理智与情感的方式究竟是孰优孰劣，还要视具体情况定夺。

在三国霸主中，曹操以奸诈著称，孙权以善变闻名，而刘备则以仁爱而传世。可以说，刘备将儒家之"仁者无敌"的理念落实到"君子之道"的自我期盼中，形成了其强烈的君子情结。它主要表现在以下几个方面。

首先，不拘一格，礼贤下士。刘备自年少起，就以谦恭待人著称，并喜欢结交豪杰游侠，使许多人都对他十分倾慕。投身逐鹿中原后，刘备更以谦和宽厚使陶谦感动万分，做出礼让徐州之举，也使徐庶感恩不已，演绎出"身在曹营心在汉"的典故。至于刘备之善待诸葛亮，更是演绎出了中国古代君臣关系之绝唱。

其次，刘备对百姓的仁爱之心。早期，刘备平原外御贼寇，在内则屯粮分发给百姓，士以下的人，都可与他同席而坐，同簋而食，不会有

所拣择。郡民刘平不服从刘备的治理,唆使刺客前去暗杀。刘备毫不知情,还对刺客十分礼遇,刺客深受感动,不忍心杀害刘备,便袒露实情离去。

曹操南下追击刘备时,刘备的随军民众就有十万人之多,"辎重数千辆,一日只能走十余里。"有人向刘备进言:"应该速行而保江陵,现今随行者虽然很多,但士兵很少,若曹操军追至,怎样抵抗他呢?"刘备答道:"做大事都要以人为本,现今众人归附于我,我又怎忍心离弃他们!"

再者,刘备对同族同僚的仁德之义以及君子不趁人之危的德行。在徐州,陶谦死前说"如非刘备不可能安定此州"。由此糜竺率人迎刘备入主徐州,但刘备却推辞,反而推荐袁术入主徐州,后经陈登等人的再三劝说,才应允接管徐州。可以说,刘备的君子情结是自我期盼的突出表现和重要组成部分,在乱世争霸中,这种宽厚仁爱的君子所为更是显得难能可贵。

总之,纵观刘备的自我实现过程,其浓浓君主意,对其自我价值的肯定和自我理想的追求,起了巨大的推动作用;而其翩翩君子情,也对其赢取民心,开疆裂土起到了巨大的促进作用。

下属固然是需要激励的,激励的方式有多种多样,物质激励只是其中之一,但真正长久而深入人心的,往往是情感的激励。人们在做出某种决定时,事实上是依赖人的感情和五官的感觉来做判断的,也就是说感情可以突破难关,更能诱导反对者变成赞成者,这是潜在心理术的突破点。

在现实中,有很多十分理性的问题,也靠感情来支配。正因为在许多具体场合起作用的主要是情感,所以情感对领导者做好工作就十分重要。如果领导者能自觉地运用情感的力量,那么,其自身就自然会涌动起感情的力量,并用它去动员、感染、影响周围的人们,形成巨大的推动力。

尼克松1952年被共和党提名为副总统候选人,竞选期间,突然传

出一个谣言,《纽约邮报》登出特大新闻:"秘密的尼克松基金!"开头一段说,今天揭露出有一个专为尼克松谋经济利益的"百万富翁俱乐部",他们提供的"秘密基金"使尼克松过着和他的薪金很不相称的豪华生活。尼克松对此本不想理睬,然而,候选人的"清白"问题是个敏感的"公共事务",它是不会轻易被人忘掉的,加上对手的有意利用,谣言越传越凶。民主党人举着大标语:"给尼克松夫妇冰冷的现钱!"在波特兰,示威者全力出动,聚在一起向尼克松扔小钱,扔得那样凶,逼得他在车上低下头……不认真对待不行了,尼克松决定发表电视演说,他在电视演说中叙述了那笔经费的来源和使用情况,还宣读了会计师和律师事务所的独立证词,解释基金是完全合法的。

尼克松非常明白,不利舆论已经气势汹汹,单靠说明这件事的真相是远远不够的。他要公布他的全部财务状况来证明自己的清白。他从青年时期开始,说到现在:"我现在拥有:一辆用了两年的汽车;两所房子的产权;4000美元人寿保险;一张当兵保险单。没有股票,没有公债。他还欠着住房的3万美元债务,银行的4500美元欠款,人寿保险欠款500美元,欠父母3500美元……好啦,差不多就是这么多了,这是我们所有的一切,也是我们所欠的一切。这不算太多。但夫人和我很满意,因为我们所挣来的每一角钱,都是我们自己正当挣来的。"那些坚决反对尼克松的喧嚣者当然不会被一次电视演说打动,他们继续造谣。报纸上又登出新闻,说尼克松向一个工程公司"借过"钱;又一条头版消息说,尼克松去过一个赌场!还有些其他说法……但没有人听了,这些谣言自生自灭了。

第六章

有效服众心理掌控术，
如何有效说服下属听你管理

　　说服力是一种可大可小的力量。总统候选人靠说服力取得选民支持，公司职员也能靠说服力为自己升职加薪。这种力量究竟来自哪里？是口吐莲花的滔滔口才，是暗潮涌动的心理较量，还是阳光灿烂的人格魅力？我们怎么才能运用说服力取得更多的财富、魅力、领导力以及心理优势？

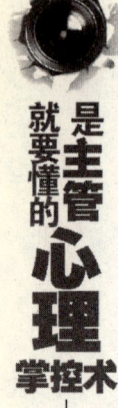

1. 说服之前，首先获取信任 > > > > >

> 在说服他人的时候，最重要的是取得对方的信任。只有对方信任你，才会正确地、友好地理解你的观点和理由。

在社会科学中，信任被认为是一种依赖关系。卢曼给信任定义为："信任是为了简化人与人之间的合作关系。"

在心理学中，信任是社会影响概念中不可或缺的一部分：因为影响或说服一个信任你的人是容易的。

信任是进行说服的基础，没有这个基础，任何说服都不会取得理想的效果。同样一个十分有利于公司发展的方案，如果领导信任你，他就容易接受；相反，如果领导不相信你，那么，他就难以接受。一个正直诚实的人往往容易获得他人的信任。

在说服他人的时候，最重要的是取得对方的信任。只有对方信任你，才会正确地、友好地理解你的观点和理由。社会心理学家们认为，信任是人际沟通的"过滤"。只有对方信任你，才会理解你友好的动机，否则，如果对方不信任你，即使你说服他的动机是友好的，也会经过"不信任"的"过滤器"作用而变成其他的东西。因此说服他人时若能取得他人的信任，是非常重要的。

为了让自己的说服更加有效，适时消除对方的戒备心理，对于整个说服过程的成功与否，往往能起到催化剂的作用，特别是说服的对象持有顽固的见解时，直来直去地阐述自己的观点往往会碰壁，遇到这种情况最好能够采用先消除对方戒备心理，再予以说服的方式。

其实，适时消除对方的戒备心理，与本书前文所述的迂回战术有异曲同工之妙。就是说，把对方的注意力从敏感的问题上引开，绕个弯子，再回到正题上来，这样可以消除对方的戒心，避免陷入僵局。这正如同卡耐基告诫人们的："与人交谈，要让对方接受自己的观点，不要先讨论双方不一致的问题，而要先强调，并且反复强调你们一致的事情，让对方一开始就说'是'、'对的'，而不要让对方一开始就说'不'。"

下面这个历史故事就能很好地说明这个道理：

明武宗时，秦藩请求加封陕边地，而此地战略上十分重要，与国家社稷的关系更是紧密相连，但是皇上受人撺掇，已经同意了，叫大学士们起草一个加封的诏书。梁文康承命起草了这份诏书，他就巧妙地采用正话反说的方法表达了劝阻皇帝、改变封地的意见。

他写道："过去皇太祖曾诏令说：'这块土地不能封给藩王，不是吝啬，而是考虑到它的地广物丰，藩王得到后一定会蓄养兵马，也一定会因富庶而变得骄纵。如果此时有奸人挑拨引诱，就会行为不轨，有害于国家。'现在藩王既然恳请得到这块土地，那么就加封给你吧！但得此地之后，不要在此收聚奸人，不要在此多养士兵马匹，不要听信坏人挑唆，图谋不轨，扰乱边境，危害国家。否则，那时想保全自己的妻子儿女都不可能了。请藩王在此事上慎之又慎，不要疏忽。"果然，明武宗看到诏书后很忧虑，觉得不把此地封给藩王为好。

说服别人，首先要有诚恳的态度。诚恳，诚挚、恳切，其本质是以对方为中心，一切为对方的利益考虑。在中国古代，有的大臣甚至会以"死谏"的方式来说服君主改变态度，这种不惜一死竭力说服君主的精神，可以说是诚恳的极致。对于现代的领导者来说，坦荡胸怀，一定能使他诚恳地面对疑虑者、反对者。这种精神，就是一种最伟大的说服力。

当你作为一个领导，欲将某一困难的工作任务交付同事或下属时，明知可能不为对方接受,甚至还会引起他的非难,但此事又太重要实在非他莫属。要说服他十分困难,你不妨在进入主题之前先说一句:"现在我要向你说这么一句话,虽然明知你会感到不愉快!"先行自责,对方听了以后,便不好意思拒绝或非难你,因为你毕竟是领导。从而下属会接受你的难题,达到间接服人的目的。

2. 尽可能多地掌握说服对象的情况 > > > > >

在生活中需要说服的对象有很多,根据不同的说服对象,采取相应的说服策略,巧妙掌握说服技巧,寻找说服起点,你就是说服高手。

一是针对性。作为一个领导者,实际工作中应针对不同的人来明确任务,确定他们在近期内应实现何种转变,说服他们到底应该做什么及怎么做。

任何具有持久效果的转变都是渐进的,想使你的说服工作一蹴而就只会降低你的说服力,而"别人能,为什么你不能"的态度则会使说服者仅有的一点说服力也荡然无存。因为,一个只会苛求于人而不理解人的人,人们不会认为他是一个好领导。

二是系统性。领导者要说服人们最终具有奉献精神是一项系统工程,这只有基于领导本人已被说服,才能向别人索要一种奉献精神。

三是关联性。实际工作中,除了领导能影响员工外,员工们彼此也在相互影响。每一个人内在而隐秘的服从模式是复杂的,应认识到每一个人的背后都有更多的人,每一个人的头脑都与他接触到的不同的人享有某些共同观念，这种领导可能根本无从知晓的交互影响局面，既可能强化领导的说服力，也可能钝化、弱化领导的说服力。要对说服对象有更多的了解，要创造服从效应，必须要善于利用这种关联效应。

领导者在说服别人时，所面对的被说服者可能有三种类型，即支持者、反对者、中立者。对于这三种可能的态度，在说服时，就必须针对不同的态度来区别对待。

如果说服的主要对象是中立者与反对者，在识别出他们持有哪种态度的同时，还应考虑到这些人的人数，因为说服的工作量及复杂性将因说服对象之数量而同步增长。尤其当这些人构成了可以识别的反对者"群体"或中立者"集团"时，他们内部之间就会因一种连带关系诱导出一种相互服从。一旦反对者公开陈述其立场，并说服其他人也支持他的观点，对这种反对者群体的说服就会变得极其艰难。

所以，对于有待说服的对象，不管是一个人还是一千人，在说服之前都应确定其所持的态度，估计其所持的立场，由此估算出相对于你所要求的目标与他们之间的距离。继而在准备进行说服时需要做好计划，预想到说服工作将可能是一个漫长的过程，从而保持一种充分的耐心。

在生活中需要说服的对象有很多，根据不同的说服对象，采取相应的说服策略，巧妙掌握说服技巧，寻找说服起点，你就是说服高手。

《孙子兵法》有句话很有名，叫做"知己知彼，百战不殆"。在说服人的时候，也要做到"知己知彼"。然而，"知己"容易，要"知彼"，就要下点功夫了。"知彼"的关键是要摸清对方的底牌，也就是说要知道对方想要什么，这才能够投其所好，说服他们。

美国人在与人交往时，尤其是在和对方谈判时，就很注意摸清对方的底牌。美国总统尼克松在一次访问日本的时候，基辛格作为美国国务卿同行。尼克松总统在参观日本京都的二条城时，曾询问日本的导游小姐大政奉是哪一年？那导游小姐一时答不上来，基辛格立即从旁插嘴："1867年。"这点小事说明基辛格在访问日本前已深深了解和研究过日本的情况，阅读了大量有关资料以备不时之需。美国人在和人交谈前总

要把情况了解清楚,不主张贸然行动。所以,他们的成功率较高,尤其是在谈判时。美国商人在任何商业谈判前都先做好周密的准备,广泛收集各种可能派上用场的资料,甚至包括对方的身世、嗜好和性格特点,使自己无论处在何种局面,均能从容不迫地应对。

在说服他人时,如果能够摸清他的底牌,就知道了他的需求,就会站在对方的立场,从关心、爱护他的角度出发,摆明他接受后的种种好处,对方就会愉快地接受劝说。那么我们在调查之中应该注意哪些方面呢?

第一,了解对方的性格。不同性格的人,对接受他人意见的方式和敏感程度是不一样的。如:是性格急躁的人,还是性格稳重的人;是既自负又胸无点墨的人,还是有真才实学又很谦虚的人。掌握了对方的性格,就可以按照他的性格特征,有针对性地说服。

第二,了解对方的长处和兴趣。如有人擅长于文艺,有人擅长于交际,有人喜欢绘画……每个人都喜欢从事和谈论最感兴趣的事物。在说服人的时候,要从对方的长处和兴趣入手。这样首先能和他谈到一起去,打开他的"话匣子",从而顺利开始你的说服;其次,能将他的长处和兴趣作为说服他的一个有利条件,如一个伶牙俐齿、善于交际的人,在分配给他销售任务时可以说:"你在这方面比别人具有难得的禀赋,这是发挥你潜在能力的一个最好机会。"这样谈既有理有据,又能表明领导者对他的信任,还能引起他对新工作的兴趣。

在说服对方时,要运用交际技巧说服对方放弃固执、愚蠢、鲁莽、不智的举动,要把利害关系摆明,令对方心服口。"天下熙熙,皆为利来;天下攘攘,皆为利往。"在说服他人时,你只要直陈利害,把利害关系给他摆明了,"打蛇打七寸",抓住对方切身利益的得失,找出双方的共同点,事情也就成功了。

在某剧场的门前不许卖瓜子、花生之类的小食品,怕的是污染环境,影响市容。可有一位年近六旬的老太太却非要破这个例。用剧场管理员的话说就是:"这老太婆年岁大,嘴皮尖,不好对付,只好睁只眼闭只眼。"

有一天，市里要组织检查卫生，剧场管理员小张要这位老太婆回避一下，说："老太太，快把摊子挪走，今天这里不许卖东西。"

这老太太还是那副倚老卖老的样子："往天许卖，今天又不许卖，世道变了吗？"

"世道没有变，今天检查团要来了。"

"检查团来了就不许卖东西？检查团来了还许不许吃饭？"

"检查团来了，地面上不干净要罚款的。"小张加重了语气。

"地面不干净关我什么事？"小张无言以对，只得把这位老太太往外赶，两个人就吵了起来。

这时候，管理自行车的老马师傅随后走了过来，对这位老太太说道："老嫂子，你这么一大把年纪，没早没晚的，能挣几个钱呀？检查团来了，真要罚你一笔，你还不是吃不了兜着走呀！再说，检查团不会天天来，饭可是要天天吃，生意可是要天天做啊。"老太婆一听，也有道理，边说边笑着把摊子挪走了。

两个人说服，为什么一个人失败了，而另一个却成功了呢？这其中的奥妙，就在于小张只是一味地讲抽象的大道理，却没有说出其中的利害关系。而老马从老太婆的切身利益出发，向她指出了只考虑眼前而不顾长远的不良后果，使她真正认识到了自己固执行为的不明智，于是心服口服地接受了规劝。

从老马的方法中我们看到：成功的说服，是建立在为对方利益着想的基础上。设身处地为对方设想，如果事先没有设想到对方会有哪些反应，就可能会遭遇尴尬的窘境。每一个人都有自己的利益需求，如果在说服别人时能够将和他息息相关的利害关系摆出来，使他明白怎样做对自己有害、怎样做对自己有利，说服他就不会存在什么问题了。

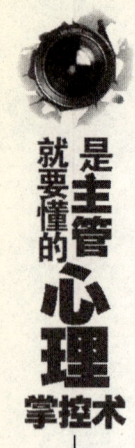

3. 因时而动，选择劝说的合适时机 >>>>>

柏拉图曾说过："修辞与哲学背道而驰，哲学探讨真理，而修辞却教人'花言巧语'，从而赢得辩论的胜利。"说服不是赤膊上阵的对抗，而是斗智斗勇的较量。制定有效的说服策略，能够帮助你交涉成功。

说服别人是需要一定技巧的。其中最重要的是依循一定的步骤，步步为营，稳中求胜。具体方法大致概括如下四条：

一是吸引对方的注意和兴趣。也就是说，务必要吸引劝说对方将注意力集中到自己设定的话题上。利用"这样的事，你觉得怎样？""这对你来说，是绝对有用的……"之类的话转移他的注意力，让他愿意并且有兴趣往下听。

二是明确表达自己的思想。明白、清楚的表达能力是成功说服的首要要素。对方能否轻轻松松倾听自己的想法与计划，取决于领导者如何巧妙运用你的语言技巧。因此，准确、具体地说明自己所想表达的话题，就能够顺利地让对方在脑海里产生鲜明的印象。

三是动之以情。说服前只有准确地揣摩出对方的心理，才能够打动人心。通过你说服对方的内容，了解对方对此话题究竟是否喜好、是否满足，再顺势动之以情或诱之以利，不断刺激他的欲望。一般而言，人的思维和行动都是由意识控制，即使他人和外界如何地建议或强迫，也不见得能使其改变。因此，想要以口才服人的人，必须意识到说服的主角不是自己而是对方。

四是提示具体做法。在前面的准备工作做好之后，就可以告诉对方该如何付诸行动了。你必须让对方明了他应该做什么、做到何种程度最好等。到了这一步，对方往往就会很痛快地按照你说的去做。

柏拉图曾说过："修辞与哲学背道而驰，哲学探讨真理，而修辞却教人'花言巧语'，从而赢得辩论的胜利。"说服不是赤膊上阵的对抗，而是斗智斗勇的较量。你要知道智慧的力量，令人神往，使人倾倒。制定有效的说服策略，能够帮助你交涉成功。

精通说服技巧的人，往往能够用语言这个"动力"牵引交涉的"火车"，沿着预设的轨道平稳而又快速地到达目的地。说服是艺术，能说会道，能言善辩者，能使难成之事心想事成，能在紧要关头化险为夷，能在为人处世时左右逢源，令人尊敬，业绩辉煌。马克·吐温曾说过："同样是说话，同样是阐述自己的思想，有人惹来了一身麻烦，有人却赢得了阵阵掌声，这就是表达的哲学。"

说服他人能否成功，是受多种因素制约的。其中，能否抓准说服的最佳时机，是至关重要的。俗话说，干什么事情都要趁热打铁。趁热打铁，也就是要求办事要掌握火候，掌握时机。

孔子在总结教学经验时说过"不愤不启，不悱不发"的话，意思是说，教导学生，要讲究时机，不到他追求明白而又弄不清楚的焦急时候，不去开导他；不到他想说而说不出来的时候不去启发他。这个道理，推而广之，用在说服他人上，也是一样的。大量的事实证明，抓住了最佳时机，一语值千金，事半功倍；背其时，则一钱不值，事倍功半。正如一个参赛的棒球运动员，虽有良好的技艺、强健的体魄，但是他没有把握住击球的"决定性的瞬间"，或早或迟，棒就落空了。同样，一个人说话的内容不论如何精彩，但如果时机掌握不好，也无法达到说话的目的。因为听者的内心，往往随着时间的变化而变化。所以要对方愿意听你的话或者接受你的观点，就应当选择适当的时机。

说服的最佳时机很古怪，看不见、摸不着，而且随着人的思想和环境的不断变化时而出现时而隐没，往往稍纵即逝，所以说服者不得不精心研究、捕捉。卡耐基认为：时机对说服者来说非常宝贵，但何时才是这"决定性的瞬间"，怎样才能判明并抓住，它并没有一定的规则，主要是看当时的具体情况，凭经验和感觉而定。

秦始皇死后，丞相李斯由于受赵高的诱惑，和赵高一起假造圣旨，害死了公子扶苏，把胡亥推上了王位。胡亥继位后，赵高日益受到宠信，地位也不断升高。但是李斯身为丞相，对赵高的地位构成了威胁，赵高决定除掉李斯，于是，他决定寻找机会。胡亥执政十分荒唐，李斯身为丞相，觉得应该劝谏一下，但是，由于胡亥不理朝政，李斯根本找不到机会。于是，李斯找到赵高，想让他想办法。赵高一口答应了下来。时隔不久，赵高就告诉李斯，说皇上在某某宫，你可以去找到他。李斯谢过赵高，找到了胡亥。胡亥当时正在和嫔妃宫女玩乐，看见李斯来很扫兴，大怒，呵斥他下去。从此，李斯被胡亥彻底冷落。其实，这正是赵高的奸计。他有意在胡亥正玩得开心的时候让李斯去进谏，说一些胡亥不高兴的话，胡亥能不恨李斯吗？

无独有偶，明朝的魏忠贤为了把持朝政，也有意玩这一招。明熹宗朱由校长年不见大臣，除了声色犬马之外，他还有一个特殊的嗜好，就是爱做木工活，他曾经亲自用大木桶、铜缸之类的容器，凿孔、装上机关，做成喷泉，还制成各种精巧的楼台亭阁，还亲自动手上漆彩绘，他常年乐此不疲。权奸魏忠贤便利用了这一点，每当朱由校专心在制作时，他便在一旁不住口地喝彩、夸奖，说什么"老天爷赐给万岁爷如此的聪明，凡人哪能做得到啊？"皇帝听了更是得意，也更专心了。就在这种时刻，魏忠贤便以朝中之事向他启奏，他哪里还会对这些事有兴趣呢？便不耐烦地挥挥手说："我已经知道了，你自己看着办吧，别再麻烦我。"魏忠贤就这样把大权抓在手中。

可见，时机掌握不好，会影响进言效果，也许一件好事会办砸；而掌握了最佳时机，适时地表现出个人的意图，往往会让对方于不知不觉间就被你说服。

在说服人的时候，要特别注意把时机选在对方心情比较平和的时候。因为一些人由于劳累、遇到不顺心或正在把注意力集中在其他事情上时，是没有心情来听你说话的。开口说话之前，应先看看对方的脸色，看了脸色，才决定说什么话。

此外，从心理学观点来看，任何人的身心都可能受到一种所谓的"生物时间"所支配，每当到了黄昏时分，精神就比较脆弱，容易被说服。一般说来，女性较男性更为情绪化，当受了"生物时间"不协调的影响时，也较男性更易于陷入不安和伤感。众所周知，煽动天才、德国纳粹头头希特勒，集会时间每每都选择在黄昏时刻，由此可知他颇为了解人心的倾向。

像这种巧妙利用"生物时间"的变化来攻击对方的做法，在商业谈判上也很有效。譬如我们认为此次商谈困难时，最好就选择傍晚时分，若是开会，则将会议拖延至傍晚等。所以选择这个时候进行交涉或举行会议，是实现自己计划的理想时刻。对成功的希望感到渺茫时，最好将交涉时间选定在傍晚对候。我们在劝说别人，或有求于人的时候，要注意时机，在办公桌上不好说的事，在酒桌上可能就好说一点；当领导不高兴的时候不要进言，可以等他心情好的时候进言。只有这样，才能把握说服的最佳时机，话说了，事也办好了，也不得罪人。

4. 站在下属的立场说服更有效

要说服对方，就要考虑到对方的观点或行为存在的客观理由，亦即要设身处地地为对方想一想，从而使对方对你产生一种"自己人"的感觉。这样，对方就会信任你，会感到你是在为他着想，这样，说服的效果将会事半功倍。

俗话说，设身处地，将心比心，人同此心，心同此理。生活工作中，许多说服工作遇到困难，往往并不是因为我们没有把道理讲清楚，而是由于说服者与被说服者固执地据守本位，不替对方着想。如果换个位置，站在对方的立场开展说服或者沟通工作，对方也许就不会拒绝。领导者在说服下属时，尤其要注意这一点。

领导要改变部下业已公开宣布的立场，首先要做的就是尽量顾全他的面子，使对方不至于背上出尔反尔的包袱。假定领导与下属在一开始没有掌握全部事实的情况下发生了分歧，作为领导，为了劝服下属，他可以这样给下属铺台阶："当然，我完全理解你为什么会这样设想，因为你那时还不知道……"或者说："最初，我也是这样想的，但后来当我了解到更详尽的情况后……"这样为人置梯，可以把被说服者从自我矛盾中解放出来，使他体面地收回先前的立场。

在实际工作中，领导最好采取单独面谈的方式，让下属避开公众的压力，使其反省。这样，部下定会顺着你给出的梯子，走下他固执的高楼，并且还会因为你保全了他的脸面而对你心存感激。

我们时常碰到一些让人百思不得其解的问题：我们提出的观点，自己感觉对双方都有利，可是对方无论如何接受不了；我们提出的解决问题的方案，感觉是两全齐美之策，却一再遭到对方的拒绝。这是为什么？

面对任何问题，我们习惯的做法是站在自己的立场看问题，很少会站在对方的立场想问题。当我们站在自己的立场想问题的时候，我们首先能想到的当然是自己的利益，这是我们首先要保护的。无论如何，我们不会不首先考虑自己的利益而考虑他人的利益，我们不会不考虑自己的处境而考虑他人的难处。

老板常有的想法是：我是老板，首先要考虑我的投资是否受收益；有了受益的情况之下，再考虑自己是否是最大受益者。

员工常有的想法是：我是员工，辛苦为老板干活，一个月忙了二十多天，有时还要加班，就拿那么一点工资，有时还要被拖欠。天天上班，家里的事照顾不到，没有好好去旅游过，一天到晚干活，从来没有哪个向我说声谢谢。老板做一个项目就是几十万，而我一年到头，还拿不到一个他的零头！

业务员的想法：我得把这个工程合同签下来，这个合同金额虽说只有18万，可我能拿到5千元的提成。我这一个月没有做成几个客户的生意，这个客户不能再让他从我这里溜了。这些客户也真是的，挑三拣四，一会儿担心我们的工程质量问题，一会儿担心我们会转包，一会儿担心我们的设计，一会儿担心我们的后期服务。我的嘴都说干了，还是不能放下心来。再说了，质量、设计、后期服务，也不是我说了算的，那是老板的事，他的那帮子工人手艺不行，也没有请到什么好的设计师，后期服务，还不知这公司五年之后还存在不存在呢，那哪是我能保证的呢？

客户的想法：这个业务经理，就是一遍遍请我在合同上签字，我这字签下去了，钱交到他们手上，这个公司来个"人间蒸发"，岂不是鸡

飞蛋打？他们到时交个豆腐渣工程给我，我向谁哭去啊？为了赚我的钱，他们很有可能采购次品材料，还有可能就是，他们会偷工减料，而且是在那些看不见的隐蔽工程的地方做手脚，而那些地方，又正是最重要的部位。这叫我如何能签字？

从这些典型群体的想法中可以看得出，他们都没有设身处地为对方着想，没有换位思考，说话者跟交流的对方之间，就如阴阳相隔的两个世界，大家很难找到"共同语言"；双方之间的交流，就如一个人说汉语，一个人说英语一样，要达到高效率的沟通，有着何等的难度！

相反，如果能多站在对方的立场想问题，就能多一些思考问题的角度，看问题就能变片面为全面；如果能多站在对方的立场看问题，就能多一些思考问题的层次，看问题的深度就能达到多个层次；如果能多站在对方的立场看问题，就能听得进对方的意见，在考虑自己的利益的同时，也能考虑到对方的感受。

老板如果能站在员工的立场想问题，就能在员工辛苦加班一天之后说声谢谢，在发放工资给员工之时说声谢谢一个月的辛苦劳作。

员工如果能站在老板的角度想一想，就能感谢老板给了自己这份工作，就能为老板分担一点公司的压力。

业务员如果能站在顾客的角度想问题，就能发现自身的问题是什么，找到更多的层面为客户解忧，为对方提供更深层的服务。

在沟通中，多站在地方的立场想一想，就能更深入地找到对方的需求，能更深次地发现自身的问题，从而找到更多的共同语言，大大地提高沟通的效率，为自己的说服工作打下坚实可靠的基础。

5. 说在嘴上，就要让下属甜在心里 >>>>>

> 人生在世，要求得以生存与发展，必然有各种各样的正常需要，如果丝毫不考虑对方的合理需要，双方交谈就没有共同的语言，说服就无从谈起了。如果看准了对方的需求，说服就能有的放矢，确有成效。

晓之以理，动之以情，衡之以利，是最常采用的说服方法。晓之以理，就是讲道理。简单的事情，小道理，一两个典型事例，再加上简明、扼要的分析，道理就可以讲清楚。复杂的事情，大道理，涉及多方面的因素，触动一点就牵动全局，必须全方位、多层次、多角度地进行一系列的说服工作，从多方面展开心理攻势，并以严密的逻辑推理，水到渠成地得出结论。这个结论不宜由自己单方面推断出来交给对方，最好以征询意见的口气引导对方同你一起来推理，共同探讨得出结论。

让对方把你的意见、主张，当作自己寻求的答案，自愿接受，自动就范。这样的说服更高明。因为对于经过自己头脑思考发现的真理，人们更坚信不疑。晓之以理，要满怀信心，争取主动，先取攻势。当对方已明确、坚决地表示"不行"、"不干"、"不同意"等等之后，再说服他，就要付出加倍的努力。当然，争取主动仍要运用委婉、商榷的语气，切忌盛气凌人、以势压人。如对方因此而产生逆反心理，再说服他，同样也要付出加倍的努力。

晓之以理，还要结合动之以情，通情才能达理。牧师布道宣传的是唯心主义的宗教，但因以情动人，往往能在催人泪下的同时，不露痕迹

地对听众施加思想影响，使人不知不觉地接受其教义。这就是情感的力量。对于形象思维强于逻辑思维的青少年儿童，对于多数平日没有深刻的理论思维习惯的人，以事比事，将心比心，运用其自身或熟人的经验教训，再加上感情色彩浓厚的语言，去进行绘声绘色的诉说，易令人感到亲切可信，引发情感上的共鸣，从而为接受道理扫清了障碍，铺平了道路。

所谓"衡之以利"就是权衡利弊得失，讲清利害关系。那些实惠观念很强的人，理难服他，情难动他，唯有"衡之以利"是切实有效的一招。且不论对国家、对社会的利害如何，就是只从个人实实在在的得失考虑，他也应趋利避害、以接受你的说服为上策。

对于那些明事理、重情义的人，虽然并不过分讲究实惠，但你仍应设身处地充分考虑对方的切身利害、实际困难。在此基础上进行说服，才称得上是真正的通情达理，也更令人心说诚服。

人生在世，要求得以生存与发展，必然有各种各样的正常需要，如果丝毫不考虑对方的合理需要，双方交谈就没有共同语言，说服就无从谈起了。如果看准了对方的需求，说服就能有的放矢，确有成效。

古人云：感人心者，莫先乎情。领导者的说服工作，在很大程度上，可以说是情感的征服。只有善于运用情感技巧，动之以情，以情感人，才能打动人心。感情是沟通的桥梁，要想说服别人，必须跨越这一座桥，才能到达对方的心理堡垒，征服别人。领导在劝说别人时，应推心置腹，动之以情，讲明利害关系，使对方感到领导的劝告并不抱有任何个人目的，没有丝毫不良企图，而是真心实意地帮助被劝导者，为他的切身利益着想。白居易曾写过这样两句诗："功成理定何神速，速在推心置人腹。"今虽非古，情同此理。

平级之间、上下级之间或多或少都会存在"共同意识"，作为领导，为了有效地说服同事或下属，应该敏锐地把握这种共同意识，以便求同存异，缩短与被劝说对象之间的心理差距，进而达到说服的目的。领导者要说服别人，就要设法缩短和别人之间的心理距离。而共同意识的提出，则能使激烈反对领导的人，也不再和领导者意见相反了，而且会平心静气地听从领导者的劝说，这样，领导者就有了解释自己的观点，进而攻入别人之心的机会。

1915年，美国工业史上规模最大的罢工浪潮在科罗拉多州持续了两年。矿工们要求富勒煤铁公司提高工人工资。

当时该公司由洛克菲勒主持。愤怒的罢工者砸坏机器，拆毁设备，因此导致了军队的干预并发生多起流血事件。就在人们对洛克菲勒充满愤恨的时候，他却将罢工者争取到自己这一边了。他是如何达到目的的呢？

首先，洛克菲勒用了几个星期的时间谋求与罢工者建立友好关系，尔后向罢工工人代表发表了热情洋溢的讲话。他的讲话真可称之为演说杰作。它产生了奇妙的效果，缓和并阻止了向他袭来的仇恨浪潮。在这次讲话之后出现了一批洛克菲勒的崇拜者，部分罢工者只字未提为之而长期斗争的、提高工资的要求，便恢复了生产。他在讲话中运用了感人肺腑的诚恳语言。他说："朋友们，我今天能为在你们面前讲几句话而感到自豪。我已拜访了你们的家庭，见到了你们的妻室儿女，可以这样说，我们现在在这里相聚的不是局外人，而是朋友！""今天是我一生中值得纪念的日子，我为能和这个大公司的工人代表、职员和管理人员第一次在此相会而感到荣幸。请相信，我为此而自豪并永远记住这一天。假如我们相聚在两个星期之前，对你们中的大多数人来说我还是个陌生人。因为那时仅有个别人认识我。在拜访了你们的家庭并已和你们当中的不少人进行交谈后的今天，我可以有把握地说，我们是作为朋友在这里相聚的……"

洛克菲勒在这里运用的说服策略可以说是相当成功的。假如洛克菲勒采取另一种方法，那么结果又会如何呢？如果他据理力争，摆出一大堆力求证明这些矿工的要求是无理的材料，即使他能够驳倒对方，也是一无所获，甚至仇恨和憎恶会越积越深。

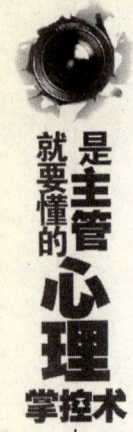

6. 反复说服，但不要灌输观念 >>>>>

> 说服不是机械的灌输而是观点及态度的有机"移植"，它只有在对方内心生根发芽，说服才能取得成功。

从灵活的话题切入。有效的谈话话题是能吸引对方谈话兴趣的话题，这种话题的展开使人感到轻松，自得其乐。也就是说，说服不是机械的灌输而是观点及态度的有机"移植"，它只有在对方内心生根发芽，说服才能取得成功。话题要注意哲理性，具有历史感、幽默感。

每个人的内心都有自己渴望的"评价"，希望别人能了解，并给予赞美。身为领导者，应适时地给予鼓励慰勉，褒扬下属的某些能力，引导他们顺水行舟，更加卖力地工作。

当下属由于非能力因素借口公务繁忙拒绝接受某项工作任务之时，领导为了调动他的积极性和热情从事该项工作，可以这样说："我当然知道你很忙，抽不开身，但这种事情非你去解决才行，我对其他人没有把握，思前想后，觉得你才是最佳人选。"这样一来就使对方无法拒绝，巧妙地使对方的"不"变成"是"。这一劝说技巧主要在于对对方某些固有的优点给予适度的褒奖，以使对方得到心理上的满足，减轻挫败时的心理困扰，使其在较为愉快的情绪中接受你的劝说。

民间有一句话："三人成虎"，意思是说，三个人对你说着同一件事情，哪怕是虚假的，你也会信以为真。

其实，如果你对自己反复诉说一件事情，你最后也会相信这件事。

只要不断地给自己暗示，反复思考、想象，认识便会在不知不觉中被头脑接受，甚至成为自己的信念。

"相信是一种力量"，不管你信的东西是真是假，只要相信就会产生力量。上帝存在不存在不重要，重要的是你信，你相信上天有一双明亮的眼睛在注视着人间的芸芸众生，"举头三尺有神明"，于是，你会心存敬畏，从而远离罪恶。

正如古罗马的大哲学家奥古斯丁所说的那样："信仰是去相信我们所未看见的，而这种信仰的回报，是看见我们所相信的。"

7. 在劝说中充分运用数据，事例＞＞＞＞＞

> 有经验的演讲者除了拿出理论、观点、看法外，一定会拿出一些支持性的事实根据，做到言之有物，让听众找到接收这些信息的参照物。

在条件合适的情况下，提供有力的数据支持，甚至提供书面资料，会使说服变得非常地轻松。所以在说服中尽可能地运用数据、事例绝对是种行之有效的好方法。

要精心组织需要的材料。说服的策略与艺术是不使辩论公开化，但无论如何这里都隐含着辩论，这些障碍只有通过为对方提供丰富而全面的信息才能消除。因此，你必须了解什么是支持你的主张的论据，并且把这些论据有效地加以组织，进行论证，从而有理、有利、有节地表达自己的意见。

所谓"让听众对演讲理性接受"，是指听众通过对演讲者理论的科

学感知而认可。这样的接受方式有点像挑剔的女性购买衣服。当这位顾客看中了某一件衣服之后,便要对这件衣服的质地、款式、大小、做工、品牌、穿着场合、生产厂家进行一一的考核,而且尽可能量化。经过认真的比较、分析之后,决定是否购买。

理性的接受方式就是这样,听众对演讲者提出的观点一一进行对比分析,觉得合理、正确,就认可它,否则,就会抛弃它。

听众的分析过程,往往是将自己已认可的知识与演讲者提出来的看法进行比照。如果二者之间的差距较小,就容易为听众接受。

如果演讲者只能提供空洞的理论、空洞的说教的话,听众就很难从自己的脑袋里联想到相应的参照物,很难找到与之相关联的事实、根据,因而,那些空洞的理论容易失去基础,结果可想而知。

因此,有经验的演讲者除了拿出理论、观点、看法外,一定会拿出一些支持性的事实根据,做到言之有物,让听众找到接收这些信息的参照物。这样的演讲者,用不着听众自己去找那些参照物,演说者已经为听众准备好那些经过精挑细选的参照物了。

有位演讲者,为了说明美国电视中危害青少年身心健康的节目之多,就拿出了一系列具体的数字,他这样说道:

调查表明,从一年级到十二年级的青少年学生,大约有一万多个小时是在听摇滚音乐中度过的,这比他们在校12年度过的全部时间至少1800个小时。有专业的机构做过调查,平均每个观众一年里从电视节目中可看到8700个表示性行为的镜头,暴力场面达19600个。一般学生到高中毕业时,观看电视2万小时,就可以看到1.2万起谋杀。

这位演讲者成功地运用了数字的威力,使听众深切认识到青少年学生受到的毒害之剧烈。

如果这位演讲者去掉这样一些事实或数字式的参照物,听众就很难接受演讲者所主张的青少年受电视毒害的观点。

因此,在演讲中,我们不能只是讲一些空洞的理论、提一些说教式的要求,同时应该为听众提供有力度的"参照物"——事实或数字,只有这样，演讲才有说服力。

再往更深处探讨，演讲的力量来自于哪里？是演说者提出的理论，还是现实中存在的事实？

不少人认为，说理比事实更重要，然而，事实却比理论更有分量，让演讲更有说服力。

丘吉尔任首相之后，首次对英国百姓发表公开演说。他说道：

"我在此首次以首相身份对各位发言，我要对各位说，现在是我们国家、我们民族、我们盟邦，还有自由信念的危急存亡之秋。"

为了说明如何处于危急存亡的关键时刻，唤起民众对投入战争的动员准备，丘吉尔紧接着用了一连串的事实：

"德军已经突破法国的防线；德国的轰炸机、战车和其他装甲车队正在往英国逼近；在这些机动部队后面，希特勒步兵正踢着正步往前迈进。"

在列举一连串事实的基础上，丘吉尔指出要保持对德国高度的警戒：

"若想掩饰此刻的严重情况，那就太愚蠢了"。

丘吉尔拿出来的一连串的事实让过习惯了太平日子的英国人顿时警醒过来。他没有用空洞的说教或口号来召集英国人抵抗德军的进攻，他让事实站出来说话，事实让他的演讲更有力，一下了揪住了英国人的心，即使去上早班的英国人，站在地铁前，也要停下来，听一听国家正在发生什么紧急的情况，首相会采取怎样的措施。如果拿掉这样一些事实，估计没有多少人听丘吉尔在那里类似跳梁小丑一样的喊叫：战争，战争，我要战争！

除此之外，如何引起听众的警觉也是需要特别留心之处。具体来说，可采用如下方法：

首选是自己身边发生的事实。就地取材的事实，既形象又生动，使现场的听众不由自主地投入到演讲中来。

演讲者用购买住房的费用，这样一个身边的事例唤起听众的思考。

选用的事例中,讲远的不如讲近的,讲别人的不如讲亲身经历的。

其次,一连串的事例比孤单的事实更有说服力。多个看上去不相关的事例,被演说者摆放在一起,就形成"社会现象",就会引起听众的关注。

1838年5月16日,美国的安吉莉娜·格里姆凯在费城的演说里就引用了一连串的事实来说明奴隶制的罪恶。她说道:

"作为南方人,我感到今晚我有责任站出来为奴隶制作证。这是我亲眼所见的!我知道它是如何无法形容地令人毛骨悚然。我是在它的羽翼下长大的。多年来,我是目睹了它是如何使人道德沦丧、如何毁灭着人间的快乐。我从来没有见过一个快乐的奴隶。诚然,我见过奴隶戴着镣铐起舞,但他们并不快乐。"

在安吉莉娜·格里姆凯的演讲里,人们的眼见似乎出现了一群又一群的奴隶,他们之中没有一个人快乐地生活在这个充满快乐的世界上。这是一幅多么悲惨的情景。

在演讲里,数字也有着神奇的威力,运用得好,能达到一般的事例达不到的效果。

1972年,来自纽约的女国会议员贝拉·伯朱格发表了一场呼吁给予妇女政治生活中平等地位的演讲,她说道:"几个星期前,我在国会倾听总统向全国发表讲话,在我周围落座的有700多人。我听到总统在说,'这里云集了美国政府的全体成员,有众议员、参议员,还有最高法院的成员和内阁成员。'我环顾四周,在700多名政府要员中,只有17人是女的,在435名众议员中,只有11位是女的,100名参议院员中,只有一个是女的;内阁成员中,没有女的;最高法院中也没有女的。

不能不佩服,国会议员贝拉·伯朱格用身边的事例,用了一连串的数据,像一把锋利无比的匕首,深深地刺向美国的政治生活中男女地位严重不平等的现实。

在运用数字作论据论述观点时,首先要了解事实的真相,否则一切就会成为空话,一旦有听众提出异议,可能会让自己处于尴尬的境地。

同样,引用的事例也要适当,要与所说明的问题相照应,做到门当户头,避免驴唇不对马嘴的尴尬局面产生。

要提醒注意的是,列举事例是为了说明问题,不是点缀,不是卖弄学问,不是故弄玄虚,也不是典故用得越多越好。太多的事例,太多的数据,反而会让听众觉得不知所云,无论数据还是事例,一切要做到"恰到好处"。

8. 有效运用体态语言 > > > > >

> 体态语言在人们的日常交际过程中往往起着不可估量的作用。一位运动员场上的身影,可浓缩一个民族的风采;一位商人从事国际贸易,形体语言可透出其所在国的实力。

体态语言的应用就是身肢对于作用对象的开放形态和封闭形态。所谓开放形态就是做出动作或姿态把对象包纳进来,比如,双臂环张做拥抱状;所谓封闭形态就是做出动作或姿态把对象排除在外,比如,很典型的动作就是双臂怀抱于胸前。我们在说服时,应当采用开放形态的体态语言,尽量促使对象采取开放式的体态,往往会有好的效果。

自然语言是成功说服的媒介,但也不能忽视肢体语言的功能。因为,它是思想的工具,它千变万化,要驾驭它的确需要艺术。爱默生曾说过:"你要相信理解的魅力,它从一个眼神,一抹微笑中散发力量。"

领导者说服别人,总不能一律板着脸、皱着眉,而且,这样子很容易引起被劝说人的反感与抵触情绪，使说服工作陷入僵局。在工作中，上级说服部下时，可以适当点缀些俏皮话、笑话、歇后语，从而取得良好的效果。这种加"作料"的方法，只要使用得当，就能把抽象的道理讲得清楚明白、诙谐风趣，不失为说服技巧中的神来之笔。

体态语言，亦称"人体示意语言"、"身体言语表现"、"态势语"、"动作语言"等。体态语言作为一种传情达意的交际工具，以自我存在的本体为前提，主体的我以"身"为其外在表征。人们常说的"身体力行"，即是一种身体语言。

日常人际交往中体态语言是有一定规律可循的。了解这一点，不仅有助于理解别人的意图，而且能够使自己的表达方式更加丰富，表达效果更加直接，进而使人与人之间更和谐。在交际中常见的体态语言主要有：情态语言、身势语言、空间语言。

情态语言，是指人脸上各部位动作构成的表情语言。如目光语言、微笑语言等。在人际交往中，目光语言、微笑语言都能传递大量信息。人的面部表情是人的内心世界的"荧光屏"。人的复杂心理活动无不从面部显现出来。面部的眉毛、眼睛、嘴巴、鼻子、舌头和面部肌肉的综合运用，可以向对方传递自己丰富的心理活动。

以微笑语言为例，微笑是一种令人愉悦的表情，它可以和有声语言及行动一起互相配合，起到互补作用，在交际中表达深刻的内涵。有魅力的笑能够拨动人的心弦，架起友谊的桥梁。笑与举止应当协调，以姿助笑，以笑促姿，形成完整、统一、和谐的美，使人感受到愉悦、安详、融洽和温暖。

身势语言，亦称动作语言。指人们身体的部位作出表现某种具体含义的动作符号，包括手、肩、臂、腰、腹、背、腿、足等动作。在人际交往中，最常用且较为典型的身势语言为手势语和姿态语。手势语是通过手和手指活动来传递信息，能直观地表现人们的心理状态，它包括握手、招手、摇手、挥手和手指动作等。

手势语可以表达友好、祝贺、欢迎、惜别、不同意、为难等多种语义。比较而言，握手是人际交往中用得最频繁的手势语。姿态语，是指通过坐、立等姿式的变化表达语言信息的"体语"。姿态语可表达自信、乐观、豁达、庄重、矜持、积极向上、感兴趣、尊敬等或与其相反的语义。人的动作与姿态是人的思想感情和文化教养的外在体现。

空间语言，是一种空间范围圈，指的是社会场合中人与人身体之间所保持的距离间隔。空间距离是无声的，但它对人际交往具有潜在的影响和作用，有时甚至决定着人际交往的成败。人们都是用空间语言来表明对他人的态度和与他人的关系的。多数人都能接受的四个空间即：亲密空间、个人空间、礼交空间、公共空间。

体态语言丰富而微妙，是人们心际的显露、情感的外化，好似一个信息发射塔。体态语言在人们的日常交际过程中往往起着不可估量的作用。一位运动员场上的身影，可浓缩一个民族的风采；一位商人从事国际贸易，形体语言可透出其所在国的实力；一位国家领导人，其体态语言里往往能读出那个国家的文明程度。

体态语言是身体语言，是心理语言的外露，心理活动通过语言来传达，由体态语言来表露。体态语言是民族文化形成的印记。一方水土养育一方人，不同人群拥有不同的体态语言。体态语言从另一个层面反映着人的思想境界，反映着人的精神面貌。

民谚道："一个目光表达了1000多句话。"心理学家认为，眼睛是心灵的"窗户"，它能作为武器来运用，使人胆怯、恐惧。常见的瞳孔语言为，在表示反感和仇恨时，瞳孔缩小，还露出刺人的目光。相反，睁大眼睛则表示具有同情心和怀有极大的兴趣，还表明赞同和好感。目光中除了能看出上级与下级，权力与依赖的关系外，还能揭示出更多的东西。

上司说话时，若不看着下属，这可以传达不予对方以重视的意思；上司从上到下看了下属一眼，则是在自我彰显自己的优势和支配，甚至还意味着自负；上司久久不眨眼盯着下属，则是在表示还想知道更多情况；上司友好地、坦率地看着下属，甚至偶而眨眨眼睛，则传达了对下属评价较高或是想鼓励他，甚至准备请求他原谅的意思；上司用锐利的眼光目不转睛地盯着下属，则表明在显示自己的权力和优势；上司只偶尔看下属一眼，并且避开与下属目光相遇、对视，那就表明上司面对这位下属时，缺乏自信心……

体态语言专家们认为，和眼睛一样，嘴的闭合也会泄露真情。在"哈哈"大笑时，意味着放松和大胆；"嘻嘻"的嗤笑，是幸灾乐祸的表现；而"嘿嘿"笑时，则意味着讥讽、阴险或者蔑视，这样笑的人多数为狂妄自大、自视清高的人。

精神学家认为，手势、表情丰富的领导，是容易冲动、特重感情的人；但如果某人手势做得太夸张，那么他就是个敏于对外界作出反应、容易受别人的影响、很苛求的人，是个软弱的领导人。

心理学家认为，有许多体态语言能让下属知晓上司的内心世界，了解他所说的是否就是他的真实想法。

双手合拢，从上往下压，表明上司想使其内心平静下来；双手叉腰，双肘向外，这是古典体态语，象征着命令式，同时也意味着在与人接触中，他是支配者；当上司舒适地向后靠，双手交叉在脑后，双肘向外，这是自负的表现；当上司伸出食指，则表明他是支配者，有进攻性；当上司的双手平静地放在背后时，则表明他具有优越性；当上司拍拍你的肩后部时，表明他真诚地赞许你；如果上司拍拍你的肩前部时，或从上往下拍，则表明上司倨傲而又显示宽容，这些动作表明他是支配者；两个食指并在一起，放在嘴边，其余手指交叉在一起，与两个食指形成了一个锥体，这表明在你讲话前，上司已作好了拒绝的准备；握紧拳头意味着不仅想威胁对方，还要为自己辩护。

一位精神病专家提醒那些抱过高希望者，"要想改变自己的体态语言，这需要很长的时间，因为一个人不可能在太多方面自我控制。"虽如此说，但作为一个企业管理者，有必要从点滴做起，从需要做起，为自己选用或培养恰巧的体态语言，用在不同的情境中，以此来取得事半功倍的效果。

9. 用真实的大道理劝说人 > > > > >

> 当企业真的请错了神需要送神出门时，一定要谨而慎之，找一点"光鲜"或"冠冕堂皇"的理由，让彼此之间面子上都过得去，好聚好散。

找准一个"光鲜"的出口。能够像神一样被请进企业的人才绝非等闲之辈，其不仅在内在层面蕴涵了不同于等闲之辈的能力，而且在外在层面所依附着的影响力价值也不是企业可以小视的。对于职业经理人离职，往往会成为社会（尤其媒体）以及企业内部员工私下议论的热点，这不但关系到企业的声誉，也关系到职业经理人的个人声誉，因为很多职业经理人和企业一样，都是有品牌的。企业若是鲁莽行动，弄不好就会落个"鸟尽弓藏，兔死狗烹"的名声，企业形象受损这么严重的影响暂且不论，企业若是今后再想请神那就难了。所以说当企业真的请错了神需要送神出门时，一定要谨而慎之，找一点"光鲜"或"冠冕堂皇"的理由，让彼此之间面子上都过得去，好聚好散。

从谈话一开始，就要创造一个说"是"的气氛，而不要形成一个"否"的气氛。不形成一个否定气氛，就是不要把对方置于不同意、不愿做的地位，然后再去批驳他、劝说他。

比如说："我晓得你会反对……可是事情已经到这一步了，还能怎样呢？"这样说来，对方仍然难以接受你的看法。在说服他人时，要把对方看作是能够做或同意做的。比如"我知道你是能够把这件事情做得很好，却不愿意去做而已"；又比如："你一定会对这个问题感兴趣的"

等等。商务谈判事实表明，从积极的、主动的角度去启发对方、鼓励对方，就会帮助对方提高自信心，并接受已方的意见。

美国著名学者霍华曾经提出让别人说"是"的 30 条指南，现摘录几条如下，以供读者借鉴参考。

尽量以简单明了的方式说明你的要求。

要照顾对方的情绪。

要以充满信心的态度去说服对方。

找出引起对方注目的话题，并使他继续注目。

让对方感觉到，你非常感谢他的协助。如果对方遇到困难，你就应该努力帮助他解决。

直率地说出自己的希望。

向对方反复说明，他对你的协助的重要性。

切忌以高压的手段强迫对方。

要表现出亲切的态度。

掌握对方的好奇心。

让对方了解你，并非是"取"，而是在"给"。

让对方自由发表意见。

要让对方证明，为什么赞成你是最好的决定。

让对方知道，你只要在他身旁，便觉得很快乐。

第七章

团队激励心理掌控术，如何把一群绵羊变成冲锋战士

所谓士气，指的是行动、承诺、活力、热忱、战斗、主动、积极等心理或精神状态综合的冲力。激发士气，好似一个弹簧所产生的冲力，能够将团队弹向目标。事实上，一个企业组织结构的建立就是用以激发员工的士气。怎样才能激发团队的士气呢？首先，主管必须与部属建立同舟共济的关系。他应该能够去同情、了解、帮助、指导部属。好的主管会树立好的榜样，同时建立"鼓舞精神、振奋士气"的企业文化。激将、鼓励、循循善诱等等。

1. 严格领导才能带出好团队 >>>>>

> 管理学上有句名言："好"老板不如"坏"老板。"坏老板"领导团队的执行力远远胜过"好老板"。而"坏老板"的共性之一则是严厉。

对员工要严格要求，自己要起到带头作用，要严格要求自己，表里如一。要做到这些，首先要对员工进行培训，要让他们真正地明白工作的意义，工作的价值，工作对自己将来有什么重要意义。口服，更要心服，员工真正认同了，他才会发自内心地认真去做，努力去做！在员工真正认识到问题的前提下，辅以建立合理合法的制度，去严格执行。

管理学上有句名言："好"老板不如"坏"老板。这里的"好"和"坏"与我们平常理解定义的最大不同在于：它不是指一个人的品质，而是指一种行事风格，而且大多是"对内不对外"的行事风格！

无数证据表明，"坏老板"领导团队的执行力远远胜过"好老板"。因为"好老板"希望扮演着所谓"人见人爱"的"和稀泥先生"。员工任务没有完成，他认为情有可原；员工犯了原则性错误，他认为不必大惊小怪；订单丢失了，他觉得没什么了不起……"坏老板"的表现却完全相反，甚至有时候会对员工的某个小缺点"锱铢必较"，甚至暴跳如雷，谁会想到这种略显苛刻的要求让人感觉不舒服，却是对员工一生进步最大的帮助。因此，所谓"好老板"往往是妇人之仁，所谓"坏老板"往往是真大丈夫！

不过，"坏老板"和"好老板"之间最大的一个共同点或许就是他们都希望用"自己的风格"（实现的途径和方式均不相同）来塑造一个良好的工作氛围，但结果往往大相径庭："好老板"塑造的组织文化是"弱势文化"，侧重防守；"坏老板"塑造的组织文化是"强势文化"，侧重进攻。依据《哈佛商业评论》中的调查：强势组织文化平均所创造的经营绩效是弱势组织文化的一倍以上。

联想的柳传志一次在CCTV《对话》节目就坦承自己办企业时拍过不少桌子，骂过不少次娘；史玉柱在创建巨人时更是出名的暴脾气；以"砸冰箱"和"不允许员工随地大小便"管理起家、被誉为中国现代企业管理教父的海尔张瑞敏说过"伟人首先是恶人"；甲骨文的拉里·埃里森和戴尔电脑的迈克·戴尔更是IT业的著名"恶人"，拉里·埃里森甚至在企业员工的T 恤衫上直接印上"杀死对手"的挑战性宣言；被喻为全球第一CEO的杰克·韦尔奇更是有个杀伤力奇强的绰号"中子弹杰克"……你可以骂这样的老板简直"坏透了"，但你不得不佩服这些"坏老板"却做出了一家高执行力、高绩效，而且是当代最卓越的企业。

下面是做一个"坏老板"所必须遵守的四大原则：

第一，"坏"得要真诚和真心。如果老板被员工贴上伪君子的标签，那么再怎么"坏"也让员工不服气、不信任。

第二，"坏"前要先"好"。只有你曾经对人"好"过，比如：关怀员工、帮助员工提升能力等，你的"坏"才是对人恨铁不成钢的"坏"，而不是对人嫌弃厌恶的"坏"。

第三，"坏"得有资本。你要"坏"，首先得是某一方面的专家，最好还是资深的。或者具有其他超常能力，比如：知识面广博、判断力敏锐、人格魅力超群等，否则，你压根就没有"坏"的资本。

第四，"坏"之前要掌握足够多的信息。如果你经常"坏"错了人，那你的"坏"只不过是员工茶余饭后谈论的笑话。

现实中，绝大多数老板是介于"好"与"坏"之间，所以，绝大多数的企业都是平庸的企业，而那些失败的企业则往往是由那些"该好时却坏，该坏时却好"的老板所经营的。

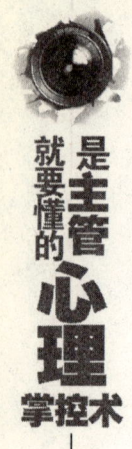

2. 也给下属"露脸"的机会 >>>>>

> 不要低估任何一个人，给他们一个机会，就是为其注入成功的催化剂，这样的话，每个人都会获益。

对人要抱以最高的期望、设置更高的标准。人们经常会在挑战面前奋起，重要的是让他们充满信心地去迎接挑战。所以，给人一个展示才华的机会吧！如果没有机会，他们怎么能展露锋芒呢？同时，不要用工作岗位或者头衔来限制人们的能力。

20多年前，马修·卡拉马里当了一名保安。雇用他的老板很清楚，他的能力远远超出了这个职位的需要；他一步步走到今天，成了特朗普集团的副总裁，还兼着特朗普房地产公司的首席执行官。他是一位忠诚而值得信赖的员工，但是如果没有给他新机会、压担子的话，他这一面的才能可能永远都不会表现出来。

不要低估任何一个人，给他们一个机会，就是为其注入成功的催化剂，这样的话，每个人都会获益。但是也要记住，你不是生活在一个理想的世界里，人无完人，其中一些人是彻头彻尾的恶棍，他们会拼命地整垮你，因此，一定要运用你的直觉，尽力网罗那些最优秀的人，但不要信任他们。要创造出一个良好的工作环境，奖励那些工作出色并忠于你和你的公司的优秀人才。对人高标准、严要求，这样他们就会奋发图强。当他们犯错的时候，不要太严厉，每个人都会犯错的；对于那些想要做得更好的人，永远都要记得要给他们第二次机会。

作为领导，你自己能做的事情是有限的。如果要在生命中成就真正的大事业，必须有人来帮助你。能否雇到最优秀的人才，是决定事业成败的关键。唐纳德说得很对：你必须小心谨慎，保证避开那些最差劲的人、引进最优秀的人才。

近几年，有些企业发展速度很快，公司的组织结构逐渐复杂，也就出现了许多中层干部。管理专家认为，中层干部是企业的核心人才，是承上启下的中坚力量，充分调动他们的积极性，可以带活整个企业的管理工作。

作为领导，在给人机会的前提下，还要创造公平竞争的机会。

首先，对中层干部要实行目标管理，使他们明确自己工作的方向。并且，要为中层干部提供一个公平竞争的机会。笔者曾经在一家公司对中层干部作过问卷调查，原来以为大家可能对报酬太低意见最大，不料在"影响中层干部积极性发挥的因素"这个多项选择题里面，有58.2%的人选择了"对于业绩不佳、平庸无能的中层干部，公司没有进行及时惩戒或罢免"这一项，有43.6%的人认为"干部任用的制度和做法不公正"，有39.5%的人认为"对于贡献突出、业绩卓著的中层干部，公司缺少表彰和奖励"。

曾担任过方正电脑公司总经理的冯沛然认为，一个企业激励机制跟评价体制有关，评价体制跟职责界定有关，职责界定又跟企业流程有关，而流程最终是组织结构问题。企业的组织结构应该是规范和科学的，这样产生的分配机制才是合理和有效的。

GE公司非常重视对中层干部的绩效考核。每年4～5月开年会，最高领导前往GE的12个业务部门现场评审对公司的3000名高级经理（实际上也就是GE的中层管理干部）的考核工作，对最高层的500名主管则进行严格的审查。会议评审从早8点开始，晚上10点结束。业务部的CEO及人力资源部的高级经理参加评审。这种紧张的评审使这些部门的管理者识别出未来的领导者，制定出所有关键岗位的继任计划，决定哪些有潜质的经理送到GE的培训中心接受领导才能的培训。

无数成功公司的任用人才的例子表明，给下属一个公平、合理的发挥机会，对他人、对自己、对企业来说都是一个获得低投入高产出的机会。

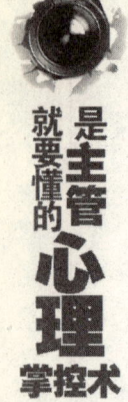

3. 用激将法激出下属的能力 >>>>>

人们在险恶之际，既会不遗余力地奋斗求生，发挥潜在的能量，爆发出异乎寻常的勇气；又会自动放弃平素的偏见和隔阂，团结一致。所以领导如果善于运用激将法，那么就会激发出员工平时所没有的能力和勇气。

《孙子兵法》中的激将法可以说是囊括了带兵之道中的激将策略。如"能而示之不能"、"用而示之不用"、"近而示之远"、"远而示之近"、"卑而骄之"、"怒而挠之"等，在行军打战或商战中都可以得到很好的应用。

诸葛亮用兵是一把好手，他最爱用的办法之一就是立军令状，军令状实际上就是对部下不信任，"空口无凭，立书为证"。不但对马谡，就是刘备的铁杆兄弟张飞、赵云，当他们去打武陵、桂阳时，诸葛亮也要人家先立军令状。更有意思的是诸葛亮在派关羽去华容道时，明明算计清楚了关羽要放曹操，也要关羽先立军令状。诸葛亮最爱用的办法之二是"激将法"，战马超之前要先激张飞，说谁也打不过马超，要请关云长来；打张郃前要激黄忠，说除了张飞谁也敌不过张郃；征孟获时又激赵云、魏延，要他们不听将令，私自出兵。

故事中可以看出来"置之死地而后生"——"危"的激励也是激将法之一妙用。现代心理学研究证明：人们在险恶之际，既会不遗余力地奋斗求生，发挥潜在的能量，爆发出异乎寻常的勇气；又会自动放弃平素的偏见和隔阂，团结一致。这条原则对于解决某些企业管理的重大难题，对于促进企业的再生和发展，同样是一条有效对策。

在商战中，如果想使自己的产品卖出去好价钱，知道对方是个心烦气躁的人，用激将法最容易使人就范。

刘备用激将法也是大有一套，他是以情动人，所以有"刘备摔阿斗，收买人心"之说，哄的关张赵云都为他卖命。而诸葛亮则是对谁都耍心眼儿，一如孟达所说：人言孔明心多。《三国演义》中诸葛亮下江东的目的是要劝说孙权联合抗曹，刘备的生死存亡，在此一举。当他见到孙权之时，孙权给他的印象是："只可激，不可说。"于是他马上决定用激将法的一剂猛药。"说"是以理来贯穿别人的思维部分；"激"是以无理来刺激别人的情感部分。因此孔明成就了一次历史性的大功。孔明三气周公瑾，把个活蹦乱跳漂漂亮亮的周郎给气死了。这也是激将法的妙用。

一个善于发现员工最佳成长期并充分运用员工最佳成长期的管理者是一个智慧型管理者。智者领导都能发现并发掘员工最佳成长时期并给予帮助，使其最终成为企业需要的人才。发现员工最佳成长期的过程实际是发掘员工技能为组织创造最大效益的过程。

4. "无为"式管人策略 > > > > >

> 处理好"为"与"不为"的关系，有所为、有所不为，是领导者应具的领导艺术。只有善于在小事上"无为"，才能在大事上更好地"有为"。抓好大事则会事半功倍，专管小事则可能事倍功半。

无为而治，即顺乎自然以治，是春秋时期闻名思想家老子所创立的道家学派的核心思想，也是我国最早的治国理论。

大凡优秀管理者实施管理策略的时候，无一不是对"人"本身的特点进行充分研究的。对于那些被管理者，一定要给予他们充分的自由和权力，这样在工作的时候才不至于缩手缩脚，事事向上级请示。工作如果放不开，不但个人能力得不到充分发挥而郁闷，而且还会影响工作的整体效率。

但并非每位高层领导都懂得给部属充分放权的道理，他们常常在某些方面管得过多过细，甚至不该管的地方也颐指气使，以致大大挫伤了员工的积极性。

新任销售部门经理李彬有早起的习惯，他每天早上7点钟到单位上班，他以为自己能够做到这一点，其他员工也应该能够做到，于是宣布销售部门以后7点钟上班，而不是8:30。但是第二天早上他按时到达单位时，居然没有一个人在7点钟前到达。李彬站在空荡荡的办公室里，感到很尴尬。后来李彬了解到，这些销售部门的员工下午6:00下班后还要和客户联系业务，经常要加班到很晚，还有许多员工住得离单位很远，让他们早上7:00来上班，根本是不可能的事。李彬说这件事对他触动很大，要想做好管理工作，首先得对人有一个全面的了解才行。当他宣布要求员工早到的决定时，没有一个人站出来反对，大家以沉默表示不满，最后以不执行否决了这项决定。

中国人的性格向来能忍，能忍者身自安。忍着不说，不抗争，没有表现出不满意，但是内心里却在打着自己的主意，"合则留，不合则去"。我们很少采取西方那种"争取"的手段，通过协商去解决问题。除非万不得已才在沉默中爆发，而这时通常也就是要离去的时候了。

人在不同时期不同条件下，所思、所想可能都会不同。但有经验的管理者却能极好地把握人性的特点，能够识人，给予其充分的自由，尽可能发挥其所长。人性化管理最好的状态应该是：管理者无为，而被管理者却能够尽力为公司而为。

在任何一个机构中都存在着领导与被领导的关系。领导者的工作是宏观的、全局性的，主要是制定大政方针、谋划发展战略、把握发展方向，而非什么事都管。处理好"为"与"不为"的关系，有所为有所不为，是领导者应具的领导艺术。只有善于在小事上"无为"，才能在大事上更好地"有为"。抓好大事则会事半功倍，专管小事则可能事倍功半。

将"无为而治"运用于管理工作，就是要求管理者要遵循自然规律，严格按规律办事；要善于因势利导，顺其自然。为当为之事，不为不当为之事。按照老子的思想，管理者可分为四个层次：最高层次的管理者按"道"办事，他虽实施了管理，却使人感觉不到他的存在；第二个层次的管理者按"德"办事，他不谋私利，一心为民办事，能给成员带来实惠，成员爱戴他；第三个层次的管理者依"法"行事，人们畏惧他，但并不真心拥护他；第四个层次的管理者按"欲"行事，他什么都不懂，却什么都想管，人们痛恨他。在老子看来，只有第一个层次的管理者才达到了"无为而治"的最高境界，才能取得最好的管理效果。

5. 小事糊涂，大事认真 > > > > >

> 经营企业就是经营人，经营人的关键在于老板要懂得做人。好老板要学会小事糊涂，大事认真。当然，这种糊涂不是老板真的很糊涂，而是老板需要学会装糊涂。

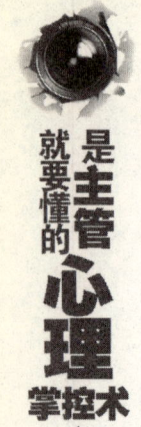

什么样的老板就有什么样的企业。一家企业能不能做强、做大，跟老板的做事风格有很大的关系。

经营企业就是经营人，经营人的关键在于老板要懂得做人。好老板要学会小事糊涂，大事认真。当然，这种糊涂不是老板真的很糊涂，而是老板需要学会装糊涂，要信任员工。老板不能太斤斤计较。你一定要学会睁一只眼闭一只眼。不要老是盯着小细节不放，不该管的事不要管。因为世上没有完美的人和完美的事，人生不如意事十八九，所以老板不要总是抱怨这里不如意，那里不如意。不是说钱花得太多了，就是说事情没办好。这样会严重打击员工工作的积极性。

一家企业老板之所以累，没有别的原因，就是因为他不信任人。自然就没有人愿意为老板分扰解难。最后老板累死，员工玩死，企业等死。好老板要学会欣赏人，肯定人。即使有些小问题，也要多包容，提醒他们下次注意做好。千万不要把问题扩大化，否则，企业里没有员工忠心为您干活。

老板是做最重要的事，最紧要的事，而不是一天到晚在忙些鸡毛蒜皮而毫无效益的事情。一个好老板一定要学会抓大放小。

老板需要根据企业的大小慢慢地放权。小企业老板冲在前面这是对的，因为小企业需要激励，只有老板身先士卒，员工才能全力以赴。然而，当企业发展到一定阶段时，老板就需要学会放权，让位，让有能力的人才上，多给后起之秀表现的机会，而且允许他们犯错误。所以一个好企业，一个好老板，一定要懂得小事糊涂，大事认真，员工有过错，有责任，让他们自己反省，你不要过分追究，甚至需要安慰他们，给员工力量，给员工信心，给员工机会。

经营企业就是经营人，经营人的关键在于老板要懂得做人。好老板要学会小事糊涂，大事认真。

企业老板为什么要大事认真呢？因为企业的人力，物力和财力都是握在老板手中，老板的每一个决策不是让企业越做越大就是让企业越做越小。一个员工出点小差错不可怕，而战略失误比任何事情都更可怕。

企业必须先做正确的事，才能把事情做正确。错误的决策，执行越到位企业损失会越大。所以企业老板做大事一定要认真，没有准确的信息、足够的把握千万别盲目投资、收购、转行、转向。

企业发展的过程也是老板成长的过程，如果一个老板一天到晚只知道抓小事，那么他就没有时间和精力做大事、也没有员工为你卖力。"水至清则无鱼，人至察则无朋"。因此，糊涂的老板并不糊涂，聪明的老板并不聪明啊！好老板一定要学会小事糊涂，大事认真。

糊涂是指人不明事理。但难得糊涂却是一种人生境界。郑板桥的"难得糊涂"，实际上是他一生人生智慧的总结。

难得糊涂，是人屡经世事沧桑之后的成熟和从容。这种糊涂与不明事理的真糊涂不同，它体现的是人生大彻大悟之后的一种宁静的心态，一种大智若愚的胸怀，一种旷若幽谷的修养。可它在激发下属员工的积极性和创造性上，具有不可取代的作用。上司老板保留了"几分糊涂"，也就为下属员工的聪明才智的发挥，提供了几分余地和空间。项羽是因为太聪明才成为孤家寡人，最后落得自刎于乌江的悲惨结局。刘邦正是因为有"几分糊涂"，萧何、张良、韩信、陈平……才有了广阔的舞台。即使自己智力超群，远远超出下属员工一大截，也必须保留"几分糊涂"。

在决策制定过程中，下属员工所提出的意见即使存在偏颇，也要装作不明白，按照下属员工的思路提出问题，引导下属员工进行自我思考，让他们自己修正自己的意见，找出正确的答案来。这样既能让下属员工的价值得到充分的实现，又能保证他们的意志选择与企业发展的目标一致。

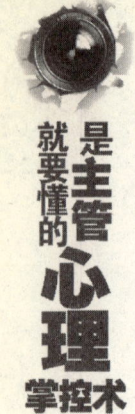

6. 树立榜样，为下属带出好风气 > > > > >

> 榜样让你的眼睛看得更远，它让你的脚步迈的更加有力。认识了榜样，就有一种无穷的力量围绕着你，推动着你你的脚步更加敢于迈向泥泞，你的精神彻底摆脱了迷茫。

榜样的力量是无穷的。榜样人物就像一根擎天大柱，支撑起人们的思维空间，展现一个民族浑厚的内在品质和孜孜不倦的奋发追求，它给了一代代人拼搏进取的动力，它给人以文化层次的熏陶，涤净心灵深处的黑暗，灌注拼搏向前的光明。在榜样的光辉照耀下，我们似乎是很渺小，但是只要我们向他靠拢，就会发现自己在慢慢长大、成熟。那种成熟不仅像那秋阳照出的苹果的红润的色彩，亦有那经过岁月窖藏的陈年老酒的浓香。有了榜样，就有了一种追求，一种动力。它虽然可能让你低着头，但是它却在你的心中燃起了一把火，将要燃烧出你的生命之光。它让你的眼睛看得更远，它让你的脚步迈得更加有力。认识了榜样，就有一种无穷的力量围绕着你，推动着你的脚步更加敢于迈向泥泞，你的精神彻底摆脱了迷茫。

亚科卡就任美国克莱斯勒公司经理时，公司正处于一盘散沙状态。他认为经营管理人员的全部职责就是动员员工来振兴公司。

在公司最困难的日子里，亚科卡主动把自己的年薪由100万美元降到1000美元，这100万美元与1000美元的差距，使亚科卡超乎寻常的牺牲精神在员工面前闪闪发光。

榜样的力量是无穷的，很多员工因此感动得流泪，也都像亚科卡一样，不计报酬，团结一致，自觉为公司勤奋工作。不到半年，克莱斯勒公司就成为拥有亿万资产的跨国公司。

一个公司处在了困境中，老板要挺住，下属也要挺住，只有这样，公司才能走出困境。而当公司处于困境时，老板尤其要身先士卒，做好榜样，带给下属自信与保障。如果老板自己就先乱了阵脚，手足无措，可想而知，你的下属能不打退堂鼓吗？

行为有时比语言更重要，领导的力量，很多往往不是由语言，而是由行为动作体现出来的，聪明的领导者尤其如此。

在企业兴旺发达的时候、往往容易忽视人才的能力和本质。居于领导地位的人，必须在平时注意发现那种面临危机毫不动摇，并能成为解救危机的真正有能力的人才。

曾庆文，一名来自湖北的普普通通、淳朴憨直的员工，初看，还好像有点老实巴交的样子，但就是他，平时工作勤勤恳恳，对于工作中产生的边料，总是最大化加以利用，日积月累，为公司省下一笔不小的费用。

曾庆文和妻子是在2004年一起南下的洛舍，凭着一手木工活进入德韵钢琴，在木工车间当了一名操作工。6年来，他不怕苦不怕累，安于工作，乐于生活，严格要求自己，努力提升自己的操作技能。

2008年，公司开展了"创新、节能、降耗"活动，曾庆文积极参与，在活动中屡显身手，为公司节约材料发挥了自己的聪明才智。曾庆文发现平时在操作时，因车间员工的工资是计件制，用好材料与用差材料相比，差材料出的活慢且烦，于是经常有一些小的边料被丢弃。曾庆文悄悄将这些小边料收集起来，用到自己的工段上，将一块块小木块拼成一张张整齐的底板——这个工作不需要特别的工艺，只需要耐心、细心和起早贪黑多花点时间。就这样，曾庆文坚持了下来，在争取产量不落后的同时，也为公司节省了材料。

有了收获，曾庆文一发而不可收拾，话语不多，继续在工作中发挥

主观能动性,像搜寻"猎物"一样搜寻目标,果然,又被他逮着机会了。外壳部件中有一些小部件,活难做而价钱不高,很多员工都不屑去做这些小部件。为了不影响全套产品的流程,曾庆文"理会"这些小部件,只要边料可利用,哪里需要就用到哪里,再难再烦的活也听不到他的一句抱怨,只是默默把本职工作做好。

用曾庆文的话来说,公司是一个大家庭,不能计较太多,工作总要有人去做。曾庆文不是一颗闪亮的钻石,是一块坚实的奠基石,可谁说奠基石就不重要了呢?公司需要这样的员工,没有过多言语,只有一心一意,立足本职岗位把工作做好做到位。

7. 有压力才有动力,适当给属下加压 >>>>>

> 压力伴随着人的一生,谁都不可能避免。它就像呼吸一样永远存在,只有呼吸停止了,压力才消失。在简单易为的工作情境下,较高的心理压力将产生较佳的成绩;在复杂困难的工作情境下,较低的心理压力将产生较高的成绩。

有一位经验丰富的老船长,当他的货轮卸货后在浩瀚的大海上返航时,突然遭遇到了可怕的风暴。水手们惊慌失措,老船长果断地命令水手们立刻打开货舱,往里面灌水。"船长是不是疯了,往船舱里灌水只会增加船的压力,使船下沉,这不是自寻死路吗?"一个年轻的水手嘟囔。

看着船长严厉的脸色,水手们还是照做了。随着货舱里的水位越升越高，随着船一寸一寸地下沉，依旧猛烈的狂风巨浪对船的威胁却一点一点地减少，货轮渐渐平稳了。

船长望着松了一口气的水手们说："万吨的巨轮很少有被打翻的，被打翻的常常是根基轻的小船。船在负重的时候，是最安全的；空船时，则是最危险的。当然这种负重是要根据船的承载能力界定的，适当的压力可以抵挡暴风骤雨的侵袭，但如果是船不能承受之重，它就会如你们担心的那样，消失在海面。"

老船长就是运用了压力效应，才使得人船俱存。那些得过且过，没有一点压力的人，像风暴中没有载货的船，往往一场人生的狂风巨浪便会把他们打翻。而那些负荷过重的人，却不是被风浪击倒，而是自己沉寂于忙碌的生活。

压力伴随着人的一生，谁都不可能避免。它就像呼吸一样永远存在，只有呼吸停止了，压力才消失。有压力才有动力，人要是活在一个没有压力的环境下，就容易颓废，就很难有进步，如同水没有落差就不会流一样。工农大众感受更多的是身体的疲劳和生存的压力，知识分子感受更多的是精神的创伤和发展的压力。很多研究发现，适度的压力有利于我们保持良好的状态，更加有助于挖掘我们的潜能，从而提高个人与社会的整体效率。心理学家对心理压力、工作难度和作业成绩三者关系有这样的解释：在简单易为的工作情境下，较高的心理压力将产生较佳的成绩；在复杂困难的工作情境下，较低的心理压力将产生较高的成绩。比如运动员每到参加比赛，一定要将自己调整到感到适度的压力，让自己兴奋，进入最佳的竞技状态，如果他不紧张、没压力感，则不利于出成绩。再如考试时，适度的压力能调动我们的大脑，让我们兴奋，考出好的成绩。所以，适度的压力对于促进社会发展、挖掘内在潜力资源，是有正面意义的。

领导者要善于给下属压重担。工作任务永远必须在能力之上，给部下加压、让其负起重担，本身就是一种信任和重托，唤起人的崇高感、使命感和责任心，这样他将全力以赴、一心一意。

第八章

内部危机心理掌控术，
如何有效化解团队间摩擦

一个团队如果过于沉闷，则会使团队成员之间冷漠、互不关心，缺乏创意，从而使团队墨守成规，停滞不前，对革新没有反应，工作效率降低。如果团队有适量的冲突，则会提高团队成员的兴奋度，激发团队成员的工作热情，提高团队凝聚力和竞争力。冲突是另一种形式的沟通，冲突是发泄长久积压的情绪，冲突之后雨过天晴，双方才能重新起跑；冲突是一项教育性的经验，双方可能对对方的职责极其困扰，有更深入的了解与体会。冲突的高效解决可开启新的且可能是长久性的沟通渠道。

1. 成员之间有竞争，整个团队会进步 > > > > >

> 强有力的竞争，可以促使员工发挥高效能的作用。因此，在对下属的管理中，引入竞争的机制，让每个人都有竞争的意念，并能投入到竞争之中，组织的活力就永远不会衰竭。

我们正处在一个充满竞争的时代，管理者必须重新界定自己和企业的地位。无论你的企业是盈利的还是非盈利的，都必须面对高利润企业的高效率竞争，若不及时反省管理原则，随时都有可能惨遭淘汰。

管理者应向部属说明企业竞争力的重要性。强有力的竞争，可以促使员工发挥高效能的作用。因此，在对下属的管理中，引入竞争机制，让每个人都有竞争的意念，并能投入到竞争之中，组织的活力就永远不会衰竭。

心理学实验表明，竞争可以增加一个人50%或更多的创造力。每个人都有上进心、自尊心，耻于落后。竞争是刺激他们上进最有效的方法，自然也是激励员工的最佳手段。没有竞争，就没有活力。没有压力，组织也好、个人也好，都不能发挥出全部的潜能。

美国企业管理专家认为，没有竞争的后果，一是自己决定惟一的标准；二是没有理由追求更高的目标；三是没有失败和被他人淘汰的顾虑。

当前，我们许多企业办事效率不高、效益低下，员工不求进取、懒散松懈，从根本上说，是缺乏竞争的结果。鉴于此，要千方百计将竞争机制引入企业管理中。只有竞争，企业才能生存下去，员工才能士气高昂。

竞争中要注意的问题是竞争的规则要科学、合理，执行规则要公正，要防止不正当竞争，培养团队精神。有些竞争不但不能激励员工，反而挫伤了员工士气。如果优秀者受到揶揄，就是规则出了问题，不足以使人信服。

凡是竞争激烈的地方，经常发生不正当竞争，如：不再对同事工作给予支持，背后互相攻击、互相拆台；封锁消息、技术、资料；在任何事情上都成为水火不容的"我们和你们"；采取损害公司整体利益的方法竞争等等，这些竞争势必破坏团队精神。企业的成功依赖于全体员工的团结、目标一致，而不正当的竞争足以毫不含糊地毁掉一个组织。

为了避免不正当竞争的弊端，首先要进行团队精神塑造，让大家明白竞争的目标是团队的发展，"内耗"不是竞争的目标；其次是创造一个附有奖励的共同目标，只有团结合作才能达到；第三是对竞争的内容、形式进行改革，剔除能产生彼此对抗、直接影响对方利益的竞争项目；第四是创造或找出一个共同的威胁或"敌人"，如另一家同行业的公司，以此淡化、转移员工间的对抗情绪；最后是直接摊牌，立即召见相关人员把问题讲明白，批评彼此暗算、不合作的行为，指出从现在开始，只有合作才能受到奖励，或者批评不正当竞争者，表扬正当竞争者。

不可否认，竞争确有负面的影响，尤其在员工素质较差时，可能会出现一种无序的恶性竞争或不良竞争，影响企业的发展。但竞争的好处是显而易见的，利大于弊，领导者还是大胆地鼓励竞争吧！只有平庸的人才害怕竞争。

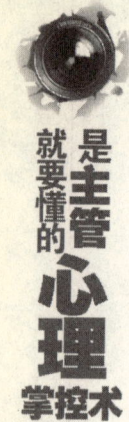

2. 对团队矛盾迅速处理，不留后遗症 > > > > >

一个企业要基业长青，必须紧跟时代变化，一旦遇上企业发展的有利机会，企业领导者就要及时果断地作出决策。当然，在非常时期更要当机立断，否则不但没有机会可抓，还会陷入危机。

从1964年王安推出最新的用电晶体制造的桌上电脑开始，王安电脑公司就开启了它成功的历程。三年后，一个意想不到的机会让王安公司腾飞起来；之后，王安电脑公司以年收入高达30亿美元的成就，达到了它的辉煌时期。然而，正值风光无限的王安公司，却开始走下坡路，最后以申请破产告终。

为何曾经叱咤风云的王安电脑帝国只坚持了短短几年的时间就崩溃了呢？有人经过分析认为原因有很多，最为关键的原因，就是决策的优柔寡断。在IBM等公司开始致力于研发个人电脑时，王安公司却在新产品的研发决策上优柔寡断，没有及时作出坚决的选择。在机遇面前，王安公司没有去把握而是让它悄悄溜走了。没有跟上时代发展的潮流，没有客户期待的新产品，公司滑坡不可避免地发生了。在发展机遇决策的面前，当断不断，必受其乱。

王安电脑帝国给予我们很多启示：一个企业要基业长青，必须紧跟时代变化，一旦遇上企业发展的有利机会，企业领导者就要及时果断地作出决策。当然，在非常时期更要当机立断，否则不但没有机会可抓，还会陷入危机。

其实，危机是一把双刃剑，危与机并存。对企业来说，"祸兮福之所倚，福兮祸之所伏"。所以，企业如何度过危机，关键是看企业领导者如何反应，更重要的是如何去作决策。

成熟的领导应该学会当机立断，转危为安。

浙江一家经营外贸服装的民营企业，受金融危机影响，订单减少、出口萎缩、资金回笼缓慢，企业领导者意识到欧美市场已经不能作为企业的主攻方向，而南美、日韩的服装市场却存在很大商机。他们于是当机立断，放弃欧美市场，将营销战略转向南美、日韩市场。作出了决策，迈出了步伐，这家搞外贸的民营企业在金融危机中巧妙地避开了危险，保存了生机——这就是"当机立断可以转危为安"。

企业领导者及时作出决策、转移市场战略方位可以让企业化危为安。那么在非常时期，领导者英明果断进行降价，也不失为一项营销良策。

微软降价了！雷曼兄弟倒塌引发的金融风暴，让微软果断作出降价决策。众所周知，微软一直奉行全球统一的软件价格，多年来不曾放弃这一理念。所以，在中等消费水平的中国，微软过高的软件价格把很多期望用上正版软件的人拒绝在门外，价格成了微软在中国销售的一个瓶颈。

很多人都没有料想到，在金融危机期间，十多年来一直坚守价格策略的微软居然降价了。尤其是2008年12月，微软把Windows XP的价格从960元直线降低到399元，并且承诺这个降价策略会长期执行。很多人都称这是个"奇迹"。其实，在金融危机期间，全球经济相对低迷，市场紧缩，微软果断作出的降价决策不仅减轻消费者负担，还为自己赢得市场。这不仅是"当机立断，转危为安"，更是当机立断、化危机为商机的明智之举。

其实，在非常时期，很多事情已经不同于常态管理下那么有秩有序。关键时候，企业领导者必须放弃按部就班的模式，果断作出决策，否则就会"一着不慎，满盘皆输"。

3. 解决成员间矛盾要对事不对人 >>>>>

> 好的制度能让坏人干不了坏事；不好的制度，能让好人变坏。领导下属，遇到问题时，怎样做到对事不对人，那就要严格遵循好的制度。

在工作中，领导们如何一碗水端平，做到对事不对人？

一方面，尽量提升人的素养，不要那么容易被"路障"绊倒；更重要的，立即把"路"修好，让它不容易绊倒别人。只要一发现有问题，立即"修路"。这样，就会因为"路"越来越好，而相关问题也就越来越少，进步也就越来越多。

管理进步最快的方法之一就是：每次完善一点点，每天进步一点点，每个人每一次都能因不断修"路"而进步一点点。而这条"路"，就是制度。"修路"理论告诉我们，管理的核心职责是：修路，而不是管人。

"管理就是一种严肃的爱"，按制度办事与讲情面，是不可调和的矛盾。关键看你处理得是否巧妙与恰当。既能坚持制度的严肃性，又不伤人的感情，这才是一个领导的高明之处。

在日常管理工作中，每个员工都有可能出现错误，碰到这种情况时，最好是对事不对人，做到对事无情，对人有情。比如，你的同事，你的下属，有做得不对的地方，你就要从讲原则的角度出发，该批评的就批评，该处罚的就处罚，这样既可以做到一视同仁，也能对其他人起警醒的作用。同时只有对事讲原则，才能不破坏规矩和制度。

按制度办事与讲情面,是不可调和的矛盾。关键看你处理得是否巧妙与恰当。既能坚持制度的严肃性,又不伤人的感情,这才是一个领导的高明之处。

西洛斯·梅考克是美国国际农机商用公司的老板。他是一个坚持原则的人,如果有人违反了公司的制度,他一定毫不犹豫地按章处罚。但这并不意味着他不讲人情,相反,他非常体贴员工的疾苦,能够设身处地地为员工着想。

有一次,一位跟梅考克干了10年的老员工违反了工作制度,酗酒闹事,迟到早退,还因此跟工头大吵了一场。在公司所定的规章制度中,这是最不能容忍的事情,不管是谁违反了这一条,都会被坚决地开除。当工厂的工头把这位老员工闹事的材料报上来后,梅考克迟疑了一下,但仍提笔批写下了"立即开除"四个字。

梅考克毕竟与这位老员工有过患难之交的感情,他本想下班后到这位老员工家去了解一下情况。不料这位老员工接到公司开除的决定后,立刻火冒三丈。他找到梅考克,气呼呼地说:"当年公司债务累累时,我与你患难与共。3个月不拿工资也毫无怨言,而今犯这点错误就把我开除,真是一点情分也不讲!"

听完老员工的叙说,梅考克平静地说:"你是老员工了,公司制度你不是不知道,应该带头遵守……再说,这不是你我两个人的私事,我只能按规矩办事,不能有一点例外。"

梅考克又仔细地询问了老员工闹事的原因,通过交谈了解到,这位老员工的妻子最近去世了,留下两个孩子,一个孩子跌断了一条腿,住进了医院;还有一个孩子因吃不到妈妈的奶水而饿得直哭。老员工是在极度的痛苦中借酒浇愁,结果误了上班。

了解到事情的真相,梅考克为之震惊,"你怎么这么糊涂呢?我们不了解你的情况,对你关心不够啊!"梅考克接着安慰老员工说:"现在你什么都不用想,快点回家去,料理你夫人的后事和照顾好孩子。你不是把我当成你的朋友吗?所以你放心,我不会让你走上绝路的。"说着,

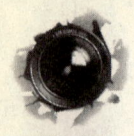

从包里掏出一沓钞票塞到老员工手里。

老员工被老板的慷慨解囊感动得流下了热泪，他哽咽着说："想不到你会这样好。"

梅考克嘱咐老员工："回去安心照顾家吧，不必担心自己的工作。"

听了老板的话，老员工转悲为喜说："你是想撤销开除我的命令吗？"

"你希望我这样做吗？"梅考克亲切地问。

"不！我不希望你为我破坏公司的规矩。"

"对，这才是我的好朋友，你放心地回去吧，我会适当安排的。"

当梅考克在继续执行将他开除的命令，以维持公司纪律的同时，将这位工人安排到自己的一家牧场当了管家。梅考克这样做，不仅解决了这个工人的忧难，使他的生活有了保障，更重要的是他这样做，赢得了公司其他员工的心。大家认为梅考克这样一个关心员工的人，是他们值得为之拼命工作的人。从此，员工们同梅考克一道，为国际农机商用公司的强盛同舟共济，迎来了公司一个又一个辉煌成就。

既能坚持制度的严肃性，又不伤员工的感情，是"管理就是一种严肃的爱"这句名言的最好的诠释。一个企业，对员工的严格要求，是为了帮助大家自觉养成容易成功的习惯。疲沓的工作，涣散的纪律，会像慢性毒品，让你的企业建立在沙滩上，渐渐地倾斜、倒塌。

当许多管理者一味地强调制度的时候，他们往往会忽略人情的重要性。有时候，人情的威力远远大于冷冰冰的制度影响。只有在讲制度的同时，又给员工以关心和爱护，才能真正激发员工，管好企业。

4. 与下属适当的保持距离，远离是非漩涡 > > > >

> 上司与下属之间的距离如果太小，下属的内心会产生对上司的不服气；反之，如果他们之间的差距太大，上司也会产生一种高处不胜寒的孤独，而下属也因长期只能望其项背而时刻面临被淘汰的危机。

军旅生涯使戴高乐建立了一个座右铭："保持一定的距离"。这也深刻地影响了他和顾问、智囊和参谋们的关系。在他十多年的总统岁月里，他的秘书处、办公厅和私人参谋部等顾问和智囊机构，没有什么人的工作年限能超过两年以上。这一规定出于两方面原因：一是在他看来，调动是正常的，而固定是不正常的。这是受部队做法的影响，因为军队是流动的，没有始终固定在一个地方的军队。二是他不想让"这些人"变成他"离不开的人"。戴高乐不容许身边有永远离不开的人，只有调动，才能保持一定距离，而惟有保持一定的距离，才能保证顾问和参谋的思维和决断具有新鲜感和充满朝气，也就可以杜绝年长日久的顾问和参谋们利用总统和政府的名义营私舞弊。

上司与下属的距离在哪——"上司与下属的真正距离在于思想认识，在于上司思考问题时总比下属多想那么几步。"这几步就是正正好的距离。

唐王是个性情中人，嫉恶如仇，好憎分明。可是，自从当上皇上以后，他发现，这样的性格让他很难做事。对下属好了，他们蹬鼻子上脸；对他们不好，就会出现公务消极的现象。这些问题是唐王以前所没

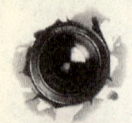

有料想到的。该如何处理和下属的关系呢?

与玄奘叙及,玄奘说:"第一,要善待下属;第二,要和他们保持距离。"唐王说:"圣僧这话是矛盾的。善待他们还要保持距离,这怎么可能呢?"

玄奘说:"只有善待下属,他们才能够为圣上出心出力。这样的例子不胜枚举,比如战国名将吴起,他所统率的军队打起仗来奋勇向前,战无不胜,令敌人闻风丧胆。为什么将士们都乐于为他效命呢?就因为他对下属非常好,爱兵如子,很会收买人心。有一次军中一位士兵生了脓疮而痛苦不堪,吴起看到了,就立刻俯下身去用嘴把脏兮兮的脓血吸干净,又撕下战袍把士兵的伤口仔细包扎好。在场的士兵无不感动得热泪盈眶。"

唐王说:"是啊,士为知己者死。收买人心是最厉害的管理招数,尤其是在中国这样一个历来重视情义的国度中。"玄奘说:"但这之间有个度一定要把握住,那就是对待下属好是好,但又一定不能与他们称兄道弟,距离是一定要保留的。"

唐王问为什么。

玄奘说:"因为圣上是领导,必须要有威信,否则如何管理这个国家。"

唐王说:"那样多苦闷啊,想交朋友就不敢交,不喜欢的人还要对他们好。"

玄奘说:"这是没有办法的事,这是一个领导所要付出的代价。"

唐王说:"那朕能不能既和他们做朋友,又能让他们对朕保持尊敬呢?"

玄奘说:"要是那样当然最好。但是,事情永远没有十全十美的,人的本性就决定了这是不可能的事。"

唐王说:"唉,没当皇上以前天天都想当,可当上了皇上,才知道要想做个称职的皇上这样难啊,而且还要付出那么多。"

玄奘说:"这是没有办法的事。要想像正常人与人一样交往也可以,但前提是，圣上必须不做皇上，而做一个平民百姓。"

唐王叹道："早几天，一个一向只知道叩头拜主的臣子，竟敢在大庭广众之下顶撞自己这个当皇帝的，可见自己在群臣心目中的威望很小，威信很低。以后如何服众？"

玄奘问："圣上打算怎么办呢？"唐王摇头不答。玄奘道："如果仿效历代许多君王上台后的做法，杀一批、贬一批权重之臣排除异己，虽可获得一时平安，但长期下去会造成君臣猜疑，互不信任，文臣不用心，武将不用命，难保自己地位的稳定。而且，历史上有很多朝代，皇帝走马灯似的更换，也不是可以效仿过去铁面君主的做法的形势。"

唐王连连点头。玄奘最后说："威信不是一天两天就可树立起来的，圣上必须在长期的国家管理中，用政绩说话，靠不停地施人以德，逐步树立自己的威信。"

管理者一定要善待下属，但又要与员工保持距离。上有好者，下必甚焉。要想成为一名优秀的领导人，必须做出必要的牺牲。

5. 坚决杜绝"窝里斗" > > > > >

> 减少企业内耗是一项极其复杂的系统工程，需要我们从管理的不同角度和不同层次做大量艰苦而细致的工作。一个企业只要内耗问题解决了，这个企业就会是一个具有凝聚力和向心力的战斗集体。

减少企业内耗是一项极其复杂的系统工程，需要我们从管理的不同角度和不同层次做大量艰苦而细致的工作。

内耗，俗称"窝里斗"，是人类社会存在的一种现象，也是中国人群聚集的地方普遍存在的不良现象。内耗不仅耗掉了许许多多社会资源，也耗掉了我们太多的个人精力，甚至宝贵的生命。减少内耗，我们的路会使顺畅，生活会更美好，未来也会更辉煌。

在现代市场经济条件下，企业作为一个经济组织必须参与激烈的市场竞争。商场如战场，战争年代一盘散沙就会打败仗，任人宰割，建设时期一盘散沙就绝不会有综合竞争力。其实，中国人聪明、勤奋，只要能有效减少内耗，让员工将主要精力放在工作上，企业的竞争力就会大大提高。

"减少内耗？谈何容易！"许多人一谈到这个问题就会强烈反问。不可否认，减少内耗的确是一件艰巨而长期的任务，但它毕竟是可以治理的，事在人为。领导处理这个问题，往往可以从组织结构、考核指标、管理理念、企业文化和制度建设等多方面入手，综合治理，也许会有良好的效果。

首先应该优化组织结构设计，做到权责明确。对企业经营班子实行行政首长负责制，总经理对生产经营活动及完成工作目标情况负全责。副职要积极配合正职搞好工作，相互支持，当副职和正职之间的矛盾闹得不可开交时，无条件免除副职。经营班子的决策责任必须落实到人头。董事会集体决策，由董事个人负责；总经理办公会集体决策，由总经理负责；总经理没有一票肯定权，但有一票否决权等等。从而形成了职责明确、责权分明、避免内耗的组织管理体系。

其次，对企业领导的考核应该突出生产力标准。

企业及其主要领导人的考核以业绩为主，重点是年度目标的完成情况。对完成任务好的企业予以表彰，对不能完成任务者坚决红牌罚下。为什么有许多国有企业不如民营、外资企业？一个重要原因是，民营、外资企业决不会允许把企业搞亏、搞垮的领导人继续任职，也不会让不干事的人继续留在企业。赛格集团在改革中砸掉了铁交椅，通过业绩考评，做到干部能上能下，待遇能高能低，员工能进能出。同时坚持对干部考评、任免没有工作标准以外的其他标准，提倡领导干部之间没有工作关系以外的其他关系，坚决反对各种形式的小团体主义，在全体员工中树立了一心为企业发展做贡献的正气。

以上是从企业管理中摸索出来的准则，但是日常工作中，人们在大的框架内遇到的问题往往是人为的，就是常见的"小人作祟"。

如果在企业内部我们无法消除小人，但可以采取有效措施，将小人的负面作用尽可能降低，让小人为其所为付出代价。

小人的活动大都躲在暗处，优秀领导的做法是，一旦查实就将其曝光。小人的所作所为都有其目的，必须设法不让其目的得逞。例如，小人惯用的一种手法就是告黑状，公司应该明文规定："纪检、监察工作既要打击违法乱纪者，更要坚决支持改革者……匿名信一般不查。对被举报的违纪违法事件，一旦立案，就要一查到底，对查实的违纪违法者要严肃处理，同时也要保护好反映情况者，对被诬陷者要还其清白，依法处理诬告者，坚决不让恶意诬告者的目的得逞。"

总之，减少企业内耗是一项极其复杂的系统工程，需要我们从管理的不同角度和不同层次做大量艰苦而细致的工作。一个企业只要内耗问题解决了，这个企业就会是一个具有凝聚力和向心力的战斗集体。而一个有凝聚力和向心力的企业，就是一个有希望办成"百年老店"的企业。

6. 公司"小圈子"会搅散人心 > > > > >

只要有公司存在，就有小圈子生根发芽的土壤。而小圈子的荣辱兴衰，也能从一个侧面反映出这个公司的某种人事上、管理上、文化上的变更交替。

月有阴晴圆缺，人有悲欢离合。从踏进写字楼的那一刻起，你已经不再是自然人，而是不自觉地扮演起一个不折不扣的社会人的角色。既然是社会人，就要不可避免地面对各种矛盾、困窘的袭扰。职场情义淡薄，就注定你一时无法看破红尘，或喜或忧的情愫为你编织了一张无形的网，叫你无法规避，难以挣脱。焦灼烦躁的心灵无不渴望着找到一个可以停泊的港湾。这个时候，约上公司里几个谈得来的同事出去小聚一时，彼此倾诉内心的苦闷，聆听对方的点拨，能使你疲惫的身心得到片刻的放松，那种释怀的愉悦，便显得弥足珍贵。而这三两成群的小圈子也在一次次的重复交往和吐故纳新中悄然形成了。

　　Helen供职于某咨询公司，在她几年的顾问生涯中，深切体会到了小圈子的客观存在。她们公司由于工作的分工不同，天然形成了两个小圈子：做项目的一伙，出咨询报告的一群。所谓人以群分，物以类聚，这两个小圈子的形成自然有其天然形成的背景。

　　做项目的人以前多来自世界五大咨询公司，有着名校毕业的显赫"身世"，共同语言自然多些。由于团队分工，他们在走南闯北开拓市场、开发客户的合作中，建立了超乎一般同事的友谊，彼此趣味相投，连行为也跟一个模子刻出来的似的：散装英文不离口，思维方式、处世风格非常职业化。以无边现实主义的风格对待公司里的人与事，缺少人情味，显得高高在上，举手投足间有一股倨傲的味道，给客户、同事的印象都是那句话——显得很干练。

　　而像Helen这些从事撰写咨询报告的人来说，跟人家相比，在硬件上显然先矮了一头。没有显赫的名校背景，更缺少曾跻身名企的从业经历。都是靠着"勤能补拙"的刻苦实干而凭空杀入咨询公司。她们深知月薪一万多元的身价对她们来说意味着脱胎换骨，为保住这份在传统行业的人眼中无限艳美的职位，只能奉行以超人的代价换取超人的成绩的工作准则，边学边干。在工作中眼观六路，甚至以近乎于"偷艺"的办法磨砺本领，笃信王侯将相、宁有种乎的无声誓言，守好自己的一亩三分地，也赢得了奉行唯才是举的老板的心。由于都是"苦出身"，相互倒苦水的机会，彼此的志趣爱好自然接近，因此，她们也形成了另一个小圈子。遇到困难群策群力，靠小圈子的合力去征服困难，以取得最佳的业绩。

倘若以名门小姐比喻"项目派"的话，那么，把民间丫头一词送给"报告派"则更为妥帖。

毕竟蛰居在公司这同一个屋檐下，由于很多工作存在着交叉点，更由于平时对对方工作的客观情况和工作难度缺乏了解沟通，以至于每当交叉的工作出现问题时，两派自然是各执一词，互不相让，甚至相互推诿指责，使公司里出现了不和谐的气氛。"项目派"倚老卖老自然没人尿你这一壶，"报告派"不敢得理不饶人也源于自身底儿潮及业务经验上的先天不足。在老板的调和下，一切又重新归于平静，各自做好手头的工作。再说工作压力这么大，谁有心思成天勾心斗角，因此，这类因工作引发的小矛盾也就跟三伏天的雨水一样，来也匆匆，去也匆匆了。

像Helen所在公司这样形成泾渭分明两个小圈子的是少数。很多公司里形成的是人数或多或少的诸多小圈子，而其组成原因也是多种多样。

有的是由来自同一省份的老乡形成的同乡帮，也有的是毕业于同一所院校的校友系，更有的是由于一些工作中的接口较多"日久生情"而形成的。比如说张先生在一家IT公司行政部工作，由于在老板的心目中，销售、市场、研发等部门是公司的一线部门，属于老板的嫡系；而人事、行政、办公室等部门的地位类似于庶出。每当裁员风声趋紧的时候，这个部门的员工最容易得到老板的"眷顾"。都处于共同境遇，使这几个部门的难兄难弟自然走得近些，久而久之，也形成了一个小圈子。他们定期外出聚会，在餐馆里尽情发泄对用人如器的老板的牢骚，共享从各个方面打探来的小道消息。在纷纭复杂的公司环境中相互关照，渐渐成了无话不谈的铁哥们。

毋庸置疑的是，小圈子有时候也容易成为办公室流言的发源地，不

和谐因素的大卖场。更有甚者,由于对职业化理解程度的差异,不同的小圈子中的个别人还会相互攻击贬损,一时间弄得公司内部谣言四起,人心惶惶。这不仅对公司的企业文化建设不利,而且对每一个人的成长也造成了负面影响。因此,正视它的存在并加以正确引导,使之形成一个个风格各异但却能产生向心力的团队,更是考验一个企业管理者管理艺术高下的一块试金石。

7. 危机"冷处理",化解麻烦原来如此简单 >>>>>

> 与热处理一样,冷处理也是精明的管理者经常运用的一种高超的管理艺术。冷处理的要旨不是不处理,而是视情而用、视情而变、择机而动、适可而止。在时机不成熟的情况下,采取暂且"冷冻"、"搁置"的手段往往可以达到意想不到的效果。

在工作中如何采取冷处理呢?

首先,可以巧妙运用沉默。

俗话说,沉默是金。狭义的沉默就是"徐庶进曹营——一言不发",即缄口不语。广义的沉默是冷处理艺术中最常见的手段,主要是综合运用目光、神态、表情、动作来或明或暗地表达自己的思想感情。在管理活动中,沉默具有丰富的内涵与特殊的价值。沉默运用得当,可以避免冲突升级。管理者与下属在具体工作中难免产生不同看法,甚至出现某些激烈冲突。如果管理者主观武断地批评下属,火气旺盛的下属就可能当面顶撞、反唇相讥。如果你言辞尖刻地予以驳斥,就可能招致下属更大的逆反心理。一旦产生更激烈的争吵,你必然因面子丢失殆尽而下不了台。在这种情况下,管理者应该保持必要的沉默。这不仅可以避免矛盾激化、保全自身面子,而且也能显示出管理者的豁达大度。当下属之间发生激烈的矛盾冲突时,管理者不适宜明确表态。如果一方误认为管理者偏袒另一方,那么他即使理亏也不肯轻易认输。如果保持沉默并伴以严厉的目光、严肃的神情,就能产生一种自然而然的威慑作用。双方一旦警醒、冷静下来,就有助于缓和彼此的矛盾冲突。此外,沉默还可以用来进行暗示性表态。在特定的背景下,不置可否的模糊语言就是一种明确的表态。有时候,下属提出的意见正中管理者下怀。但出于全面平衡关系的考虑,管理者又不能明确表示支持。

其次,灵活运用搁置手段。

在管理活动中进行冷处理时,管理者常常采取搁置这样一种重要的管理技巧。对工作实践中出现的许多问题,有时不宜采取直接的处理措施。运用时空的自然跨度与情境的发展变化,就比较容易促使这类问题的自行解决。搁置不是优柔寡断,更不是无力控制。它是管理者统揽全局、科学运作的高超策略,集中体现了管理者的谋断能力。搁置的实质并不是简单地回避矛盾,而是为了更有效地解决矛盾。为了实现管理者的每一个预定目标,必须实事求是、灵活多变地运用搁置艺术。

再次,要机智假装糊涂。

由糊涂变聪明难,由聪明变糊涂更难。特殊时刻的糊涂有时并不是真糊涂,而是真智慧。这种糊涂是聪明的一种高境界,是冷处理艺术中的巧妙手段。管理者的难得糊涂不是不闻不问、麻木不仁,而是大智若愚、宽容大度。管理者应当懂得一点糊涂学,不断提高自身的管理艺术。管理者要学会在特殊情况下装糊涂,从而促使自己管理的团体具有更强的亲和力。

最后,要心胸宽广。

人各有长,亦各有短。管理者一定要重人所长、容人所短,切莫眼里揉不得沙子。时时处处洞若观火,势必造成人人自危的局面。因此,

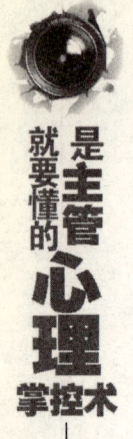

太过精明的管理者往往成为孤家寡人。对于那些无关大局的非原则性错误，管理者最好睁一只眼闭一只眼。这种糊涂其实是一种大智慧，是管理者应当具备的高超的处世技巧与用人手段。这种技巧与手段并不是一朝一夕就能学会的，而应当在管理工作实践中反复揣摩、长期培养、丰厚积淀、逐步形成。

8. 碰到"小报告"专业户怎么办 > > > > >

下属"揭人短"、"打小报告"是很多人的嫉妒心理作祟，如果作为上司去和这样的下属硬拼，那就正中他的下怀，聪明而且正确的做法是先要冷静剖析事件形成的原因，再分析下属和上司的性格，以静制动，最后再找机会主动出击，分别找下属和上司作一次沟通。

喜好嫉妒的人，与其说从自己的事物中寻找快乐，不如说是喜欢从别人的事物上寻找痛苦。

爱打小报告的下属喜欢打听别人的秘密，有点风吹草动便草木皆兵，防范心理极强。有点小事爱添枝加叶，描绘得有声有色。若一段时间搜寻不到告密的"素材"，就要兴风作浪，搬弄是非，炒新闻，向领导交差。当下属经常跑到自己的上司那里打小报告，作为下属的直接领导该怎么办呢？

长乐曾在一家石油公司工作，那是他毕业之后工作的第一家单位。在这家公司他很快就成了部门骨干，领导也十分器重他，单位里有什么重要工作都由他来做，一年后便升任了副科长。

他的手下只有一名下属，刚从其他部门调来，自从当上副科长后，他的日子就没那么好过了。新来的下属天天与领导套近乎，没事的时候，就往领导办公室跑，东拉西扯地与领导说个没完没了，而且还时常帮领导做一些私事，他做这些，就是为了赢得领导的好感。领导对他也格外看重，而且对他十分信任，他说的话，领导都很重视。

可令他不解的是，这个新来的下属还处处与他作对，让他百思不得其解，他们无冤无仇，干吗和他过不去呢？一天，他完成手头的任务后想找领导汇报，就去领导办公室，可当他走到办公室门外时，就听到那个新来的下属在说他的坏话："刘科长人还是不错的，可是他的工作太粗心了，业务也不精……"

其实，这位下属业务根本就不行，可是没想到还背地里打小报告。那天他没有进去，听完了转身回到自己的办公室，气就不打一处来。更可气的是，自从那次被打完小报告以后，领导对他的态度就不如以前了，部门很多工作都交给那个下属去做。渐渐地，单位里很多人都知道了这个下属的为人，都对他十分不满，可是又惹不起他。领导非常信任他，并处处维护他，所以他过得很是得意。

当时长乐刚才毕业仅仅两年时间，对公司的这种"江湖游戏"还不甚明了，加上年轻气盛，所以一怒之下他选择了走人。

长乐离开那家单位不久后，听说他所在的部门人事变动，又来了一位新领导，这个新领导很有魄力，上任以后，大刀阔斧地进行改革。在科室重组时，按照单位的规定，如果哪个科室都不要的人，只能下岗。由于这名下属平时爱打别人的小报告，说别人的闲话，一点人缘都没有，所以哪个科室都不要他，最后，他的命运只能是自己离开。

其实回过头来再看这件事，其实应该冷静分析后再化解危机。这种人通常先发制人，以动制静，并且还善于找"后台"来撑腰。这个"后台"就是支持他的某些领导，他懂得怎样得到领导的重视，他搜集小道消息或情报并传递给领导，让领导能更清楚地了解公司内的实际情况。

所以，如果作为上司去和这样的下属硬拼，那就正中他的下怀，聪明而且正确的做法是先要冷静剖析事件形成的原因，再分析下属和上司的性格，以静制动，最后再找机会主动出击，分别找下属和上司作一次沟通。

另外，作为上司应该尽量营造一种宽松和谐的工作氛围，出现这样的事件作为下属的直接管理者应该主动从自己身上找原因，平时给下属广开言路的机会，加强上下级间的沟通。

9. 面面俱到，做决策要照顾大局 > > > > >

管理是个写"V"字的过程，落笔向下是坟墓，向上提笔是胜利。管理工作是一项需要多动脑子的工作，在考虑问题时需要面面俱到，切不可只看到事情的一个方面就轻易下决定。应一切以企业的发展、员工的合理利用为目标，考虑周全了，才能做出比较完善的决定。

任何事物的发展都是相互依存、相互对立的矛盾运动的过程。领导就是把握领导者、被领导者在一定领导环境下矛盾运动的规律，推动组织不断发展的过程。领导所面对的许许多多的相互依存又相互对立的两个方面，既不能非此即彼地简单取舍，又不能置之不理，而必须根据组织的发展、环境的变化审时度势，在两者之间把握平衡，从而推动组织的发展。可以说，平衡是领导艺术的一个重要方面。

领导要在集权与分权上取得平衡。

领导是影响引导他人行为、实现组织目标的过程，权力是领导者让他人按照自己的意志去做的能力，没有权力就难以进行领导。领导者拥有必要的奖赏性权力、强制性权力、知识性权力、参照性权力等，才能有效影响被领导者的行为，实现组织目标，推动组织发展。否则，领导者如果职务性权力不大，个人性权力又比较弱小，那么就很难影响他人，就无法有效地实施领导，就会影响组织的生存发展。因此，领导者必须集中掌握足够的用于奖赏的资源，能有效利用强制性手段、较强的信息知识资源以及较高的威信来提升自己的领导力，而集权是其必要的手段和途径，即领导者必须适当集权。但在一个组织内部，权力过分集中在主要领导者手中，尽管便于主要领导有力地实施领导，但本级副职领导、下级不同层级的领导以及被领导者没有权力或权力过少，就无法在其职权范围内发挥其应有的作用，难以完成主要领导或上级领导分配给自己的工作任务，最终影响单位目标任务的完成。相反，如果权力过于分散，本级副职领导或下级不同层级的领导权力过大，尽管有利于充分发挥他们的领导作用，却有可能导致各行其是，而主要领导又会由于权力过少，难以对他们产生应有的影响，难以协调整合不同领导、下属的行为，组织将会无序失控，组织整体目标也难以实现。从这个意义上讲，组织要生存发展，必须有强有力的领导，必须集权；同时，要调动各方积极性、发挥各方作用，就必须分权。因此，领导者必须善于处理集权与分权的关系，只有平衡集权与分权，让各方都有权行使自己的职责，又不至于因为无人无权从中控制和协调而导致组织行为无序失控，组织才能健康有序地发展。

　　管理是个写"V"字的过程，落笔向下是坟墓，向上提笔是胜利。管理工作是一项需要多动脑子的工作，在考虑问题时需要面面俱到，切不可只看到事情的一个方面就轻易下决定。应一切以企业的发展、员工的合理利用为目标，考虑周全了，才能做出比较完善的决定。

　　现代企业的经营运作，管理是核心内容，尤其是一些大企业。在多层的纵向管理和多部门的横向管理中，人员的复杂性和机构繁琐性，往

往成为影响工作的主要因素。在这方面，中小企业更灵活，但受到规模、技术、品牌等因素的制约，中小企业往往难以突破"分一杯羹"的瓶颈。因此，在经营发展中，建立合理的管理模式成为企业获得利润之外的首要任务。

目前，不少中小企业缺乏一种稳定的管理模式，这和企业的传统模式、规模大小、经营范围、企业文化以及领导人自身的水平有关，管理工作没有固定的标准，往往是"头痛医头，脚痛医脚"，因此，建立一种平衡的管理模式是不无裨益的。平衡管理模式是指在企业运作过程中，组织与环境之间、组织系统要素之间相互联系、协调发展，权利与责任相互制约，人际关系与企业制度和谐稳定，组织结构与整体性完全统一，利益与风险达到最佳结合点的双赢的管理模式。

第九章

赏罚有道心理掌控术，奖与惩都要有明确道理

古人有言曰："文武之道，一张一弛"，这句话说的是中国古代贤明的君主周文王、周武王治理国家的一个方略。当今社会，与几千年前的周文王、周武王时代相比，不知前进了多少倍，发达了多少倍，但"一张一弛"的工作方式、生活方式却不过时。所以对于一个领导者来说，应该学习这父子俩的经验，在具体的管理之中让下属有劳有逸、劳逸结合，使工作、生活有节奏地进行。

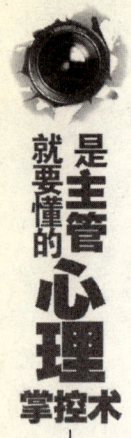

1. 物质奖励是直接且简单的管人方法 > > > > >

> 对于一个企业员工来说,他参加工作的目的首先不是去为了其他的什么目的,更多的时候他是为了养家糊口,所以要发挥下属工作的积极性,首先要给予必要的物质奖励。

在现代企业管理工作中,对于员工给予一定的物质奖励尤其重要。企业的管理者为什么要对员工进行物质奖励?很明显,企业对员工的奖励是以约束员工按照组织经济绩效最大化的原则目的的,最终还是为了企业的长远发展。这也就启示我们,企业对员工进行奖励是有目的性、有针对性的,最终是希望员工能以企业组织所设想的方式行事。企业的奖励政策与企业规章制度构成了一个渠道,员工在这个渠道内去通达企业组织目标以及员工个人目标。因此我们可以说奖励的目的在于激发员工的干劲,最终服务企业的效绩。在这里强调约束一词。

瑞蚨祥是一家北京的老字号,瑞蚨祥创始人叫孟鸿升。由于瑞蚨祥百年以来始终坚持"至诚至上、货真价实、言不二价、童叟无欺"的经营宗旨,长期以来赢得了消费者的信赖,瑞蚨祥也成为一个享誉海内外的中华老字号。瑞蚨祥的成功自然是与老板的经营分不开,但是孟鸿升善于应用物质奖励来鼓励员工也是一个重要的原因。孟鸿升运用物质利益激发手下人的工作积极性,方式主要有两种:一是红利均沾,二是入股合伙制。对于没有资本的员工,采取年底分红的方式;对于有本钱的员工,采取入股合伙的方式。

对有功劳者，孟鸿升特设一种类似于现在股票的东西，每年从赢利中抽出一份特别红利，专门奖给对瑞蚨祥有贡献的人。这种股份是永久性的，一直可以拿到本人去世。有一次，瑞蚨祥对面的一排商店失火，火势迅速蔓延，眼看就要扑向瑞蚨祥门前的两块金字招牌。但是其中有一个叫吴思的伙计毫不犹豫地用一桶冷水将全身淋湿，迅速冲进火场，抢出招牌，头发、眉毛都让火烧掉了。孟鸿升闻讯，立即当众宣布给吴思一份这样的功劳股。这个事件对于其他的伙计们鼓励很大，从此以后，伙计们对于瑞蚨祥的事业更加兢兢业业。

企业的管理者都应该注意到物质奖励的重要性，但是给与下属不合理的物质奖励不但不会有助于工作而且还会对于工作具有反作用，甚至于使工作更糟。这也是企业的管理者应该警惕的。为什么呢？

原因就在于奖励变成了另外一种形式的惩罚。看看企业的奖励计划吧，奖励的金额变得越来越低，奖励的标准变得越来越高，奖励就已经成为了一种惩罚。这个时候企业内部最容易形成对组织毫无意义的非正式组织，员工会用自己的形式来进行对抗和保护，例如降低产量和减少业务成交量。奖励的作用是激励，而不应当成为一种惩罚，因此在进行奖励计划设计时一定要注意这种转变。

明确一个观点：任何矛盾的产生都是源于利益的冲突。利益是驱动人们采取某些行为方式的一种力量，因此利益的分配、再分配等就将引起团队中的关系变得复杂。

曾经有这样一个案例：一个销售企业管理者为了使得部门内有一种竞争环境，就决定在部门内实行竞争管理模式，每个月对销售量最高的那个销售人员进行额外的奖励。过去在部门内，由于没有这种竞争模式，因此大家是一个整体，也乐于互相帮助。

但是采取了奖励措施后，当有人向团队内的其他人进行求助的时候，很多人会以种种理由躲避。这种关系复杂到什么程度？大家都知道如果客户给销售人员打电话，就基本意味着合同基本可以签订下来了。但是由于奖励变成竞争，大家都不会转告当事的销售人员，某个客户打

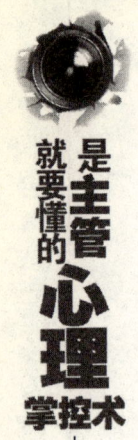

电话找他。由此而引发的公司客户流失,企业形象受损等情况十分严重。更有甚者,有的销售人员去偷取其他人员的客户资料,甚至在客户面前诋毁自己公司的销售人员。这些都是由于奖励造成了一种竞争,而竞争最后又演变成了一种矛盾,这种奖励措施收到了很坏的效果。

所以在实施物质奖励的同时要掌握好方法,不要让竞争陷入恶性循环。

2. 精神奖励有时比物质奖励更有效 >>>>>

> 物质奖励是满足员工的物质需要,精神奖励是给员工以精神上的动力,以满足其心理动因的需要。两者相比,有时候后者发挥的作用往往更大,二者能结合起来,必能相得益彰,发挥神奇的作用。

在员工眼里,究竟哪种奖励最得人心?对于企业管理者而言,用什么方式奖励员工能达到老板要求的最佳效果?这一直是萦绕在管理者心头的一个斯芬克斯之谜。

对于一个优秀的企业管理者来说,当然发奖金也是年末公司必做的事情,但是光谈钱也没很大意义,仅仅靠金钱上的鼓励并不能真正起到鼓舞人心的作用,也无法完美地体现公司的企业文化,只有达到物质奖励和精神鼓励的平衡,员工才会完全信服、全心全意地为之努力效劳。不少公司都非常注重在公司创造一种类似于家庭的氛围,例如不少公司都有一个传统节日叫做"员工家庭日",这是一个让同事之间联络感情、也让员工家属更加理解他们工作的绝好平台。在每年的这个日子里,企业的管理者都会邀请员工的家人或朋友前来一起搞联欢。平时大家工作很忙，8小时都在努力工作，彼此沟通和交流的机会不多，联欢会就能促进友谊和情感；让大家的家属和朋友也参与进来，使他们同样可以感受到集体的其乐融融，以后对工作也会更加理解更加支持。

　　在企业组织里，如何调动员工的积极性，如何给予员工以精神奖励有很多方法的。首先要做的是经常表扬下属员工，满足他们的自尊心。尤其是需要经常对其当众表扬，或者单独面对面对员工口头称赞。背后对员工称赞由别人传到被表扬的员工耳中，这也是一个有效的方法。

　　另外在与员工的接触之中要注意一些细节，通过微笑，点头，目光注视进行肢体性赞许。通过赞许性拍掌进行肢体表扬。伸大拇指进行肢体表扬。记住员工的电子邮件，发送电子邮件给员工进行书面表扬。单独写信给员工进行书面表扬。通过内部刊物对员工进行表扬。通过企业内部公示牌进行表扬。通过张贴表扬信进行表扬。利用文件的形式进行表扬。利用有影响力的报刊杂志刊登进行表扬。利用电视广告，广播，电脑广告进行宣传性表扬。总之无论是口头表扬还是书面表扬，表扬内容一定要具体，讲究技巧。不然表扬的效果不会很明显，而且会让被表扬的员工觉得你这位老板很虚伪。

　　美国的JAVE公司是硅谷的一家著名高科技公司，在这方面为我们树立了一个好的榜样。

　　为了充分调动员工的积极性，除了采取了各种物质性的奖励办法也有精神的，两者相结合，从而使员工将自己的切身利益与整个公司的荣辱联系在一起，最大的发挥员工的积极性。该公司有时还会作出一些出人意料的决定，以增加公司的疑聚力。有一个员工的业务名片上有一些蓝着色镀金边的盾牌，这是他25年工龄荣誉徽章复制图样，同时上边还印着烫金的压缩字：国际商用机器公司，25年的忠诚。这就巧妙地告诉你，公司感激你25年的努力工作，员工拿着这张名片，可以同认识他的每一个朋友分享这一荣誉。JAVE公司有个惯例，就是为工作成绩列入前100名的销售人员举行隆重的庆祝活动，而排在前10的销售

人员还会荣获金圈奖。

为了表示这项活动的重要性，选择举办联欢会的地点也很讲究，例如到具有异国情调的夏威夷举行。有一个著名电视制片人参加了该俱乐部1986年金圈奖颁奖活动，他说由于公司的重视，他们组织的这个活动具有很高的水平。当然，对于那些有幸获得金圈奖的人来说，就更有荣耀感。有几个金圈奖获得者在他们过去的工作中多次获得这种奖项，因而，在颁奖活动期间，分几次放映有关他们本人及家庭的纪录影片，每人约占5分钟，影片质量与制片厂的质量不相上下。颁奖活动的所有动人情景难以用语言描绘，特别应指出的是，公司的高层领导自始至终参加，更激起人们的热情。

对于公司来说，这件事做起来并不难，但是它在员工的心目标中激起的感情波澜是巨大的，由此可见，JAVE公司在给与员工精神鼓励方面显然是一个老手。

3. 好主管既是严父又是慈母 >>>>>

古人说"强家无悍虏，慈母多败子"。企业管理者对于下属，应是慈母的手紧握钟馗的利剑，平日里关怀备至，但当犯错误时却不可因噎废食，有时候需要严加惩治，学会恩威并施，宽严相济。

作为一个企业管理者来说，在企业中学会要扮演母亲在家庭中所做的，春风化雨般地关怀下属，具备慈母的手，慈母的心，是每一个经营者都应该有的。对于自己的部属和员工，要维护和关爱。因为，他们是你的同路人，你们有着共同的目标，他们在某种程度上说甚至是你的依靠。而且，也只有如此，才能团结他们，达到目标。

所以作为一个企业管理者，要关心下属的生活，了解下属生活中存在的困难，尽可能为下属提供帮助。用心听取下属的建议。前面已经讲过倾听的作用，企业管理者用心去听下属的建议，对于合理的建议努力实现，这样能驱使下属更积极努力地工作。

但是，企业管理者又不应该只是一个母亲，他必须要学会做一个父亲。在对下属进行关爱的同时，对于他们的错误，却不可姑息，在必要的时候还要采用铁腕治军的严厉手段。这种严厉基于人类的基本特性而来，韩非子曾经说过"慈母多败子"。有些人不需要别人的监督和责骂，就能自觉自发地做好工作，不出差错。但是大多数的人都是好逸恶劳，喜欢挑轻松的工作，拣便宜的事情，只有别人在后头随时督促，给他压力，才会谨慎做事。对于这种人，就只能是严加管教，千万不可姑息。当下属失职的时候，不能放在一边，视而不见，否则只会姑息养奸，继续纵容下属犯错。对于下属的失职，要给予严厉的训示，让他认识到错误给企业带来的危害，这样才能保证以后不再犯。

实际上，企业管理者的这种将母亲的爱和父亲的严厉结合在一起，既给下属好处，关心他，同时又对下属严格要求，规范下属的行为，使得整个团队齐心协力，共同前进。

三星公司是是一家世界知名的公司，他们靠生产电子产品起家的，手机是该公司的重要产品。一次，公司的一家分厂的产品出了问题，这家工厂的产品是销售到欧洲的，总公司不断收到来自欧洲的投诉。后来经过调查，发现原来是这种手机的包装上出了些问题，并不影响内在质量，分厂立即更换了包装，解决了问题。

可是三星集团董事长李健熙仍然将这位经理叫到公司的董事会议上。在会议上，李健熙对其进行了严厉的批评，要求全公司以此为戒。经理在三星公司干了几十年，第一次在众人面前受到如此严厉的批评，难堪尴尬之余，禁不住痛哭失声。李健熙的盛怒让其他董事都感觉得太

过分了，并使其他的公司负责人感到很恐惧。

会后，这位经理开始考虑着辞职准备提前退休。可是李健熙亲自走过来，盛情邀请他一块儿去喝酒，这位经理自然是恭敬不如从命，两人走进一家酒吧。李健熙向他说道："我一点也没有忘记你为公司作的贡献，今天的事情也是出于无奈。会后，害怕你为这事伤心，特地请你喝酒，向你赔礼道歉。"

接着李健熙又说了一些安慰的话，经理极端不平衡的心态开始缓和一些。喝完酒，李健熙派秘书陪着这位经理回家。刚进家门，他的妻子迎了上来对丈夫说："我很高兴你是受总公司重视的人！"

经理听了感觉非常奇怪，难道妻子也来讽刺自己。这时，妻子拿来一束鲜花和一封贺卡说："今天是我们结婚二十周年的纪念日子。"在韩国，员工拼命为公司干活，像妻子的生日以及结婚纪念日这样的事情，通常都是不足为道的事。原来，三星公司的人事机关对职员的生日、结婚纪念日这样的事情都有记录，每当遇到这样的日子，公司都会为员工准备一些鲜花礼品。只不过今年有些特别，这束鲜花是李健熙特意订购的，并附上了一张他亲手写的贺卡，勉励这位经理继续为公司竭尽全力。

李健熙为了总公司的利益，他不能有丝毫的宽贷，但考虑到这位经理是老员工，而且在生产经营上确实是一把好手，为了不彻底打击他，又采用这样的方式表达一定的歉意。李健熙经常使用这样的方式，并收到很好的效果。

4. 做主管要懂得软硬得当 > > > > >

> 作为一个企业管理者，要与下属有良好的人际关系，首先必须树立自己的威信，该硬的时候要硬，该软的时候要软，要树立自己作为一个领导的威信。

如果你是一个企业的管理者，制订了工作方案之后，你还要想方设法地把它贯彻下去，而不是单单让你的计划胎死腹中，你一定不愿让它成为没有现实意义的海市蜃楼。那么，你必然把你的方案传达到下属去，并让他们付诸实施。如何使你的下属言听计从呢？有经验的领导会用独有的魅力去引导去激发下属接受任务和完成任务，他的魅力来自哪里？来自下属对于他的信任。

作为一个企业管理者，你拥有自己的公司和自己的员工，你首先应该明白，从人格角度和自然人角度，你和你的员工之间是平等的，没有高低贵贱之分，从这个意义上说，你是毫无特权可言。甚至你手中"赏罚"的权力，都必须是在员工认可的前提下，说到底是靠不住的。所以不但作为老板的你对企业员工有炒鱿鱼的权利，员工也可以抛弃你另谋高就，当员工炒你的"鱿鱼"时，你会发现一切的"赏罚"都会变得毫无用处。那么，你用什么来体现自己的老板意图呢？很多老板都会不约而同地告诉我们同一个答案：自然还是作为一个老板的威信。

1543年满载乘客西班牙客船"英格丽"号，走向了驶往美洲的道路。但是不幸的是在一天夜里，它撞到了冰山上在侧舷上撞了个大窟窿，迅速下沉。顿时，人们惊慌失措地拥向甲板，眼看大事不妙。这

时,船长惠灵顿镇静地站在指挥台上说:"大家安静,为了我们的安全离开,大家要听从我的命令!把救生艇放下去,妇女先走,其他乘客跟上,船员断后,必须把所有人救出去!"船长威严的声音,稳定了人们的情绪,当大副报告"再有20分钟船将沉没海底"时,他说微微地笑了一下,并再一次命令:"时间足够,大家要有秩序,如果哪个男人敢抢在女人的前面,老子一枪崩了他。"于是,没有一个男人抢在女人前面,一切都进行得井然有序。很显然,在生死关头,人们是不大会服从船长的"权力"的,而正是船长通过高尚的人格所树立的威信使局面得以控制,因为在他要抢救的60人中,竟把他自己排除在外!他自己一个手势没做,一句话没说,随船沉入了大海。这就是"权力"所无法比拟的威信的力量。

威信是一种客观存在的社会心理现象,是一种使人甘愿接受对方影响的心理因素。任何一个老板,都以树立威信为自己的行为目标。威信使员工对老板产生一种发自内心的由衷的归宿和服从感,就如同儿子服从父亲的感觉一样。诸多的例子表明,当一个组织的行政领袖和精神领袖重合的时候,那么这个组织的战斗力将得到最大的发挥。当二者不同的时候,组织中的普通人员更倾向于行政领袖,优秀人员更倾向于精神领袖。相对于权力,威信是一种软实力。从某种程度上说,权力是既定的、外在的、带有强制性的;而威信则是来自下属的一种自觉倾向。你可以强制下属承认你的权力,但却无法强制下属承认你的威信。那么,领导该如何增加威信呢?

一是以"德"立威。古人说:"凡举大事者,必以人为本;凡择贤良者,必以德为先"。所谓"德",作为领导首先要有服众的品德,才能在下属中立足。

二是以"才"增威。如果说领导者的"德"是决定领导者威信的根本原因,那么领导者的"才"则可以影响威信的高低。领导既懂自然科学、又懂社会科学;既懂政治、又懂经济;既懂法律,又懂网络;既懂领导科学,又懂领导艺术;既有丰富的实践经验,又有驾驭市场经济的能力。

三是以"廉"生威。古人云："公生明，廉生威"。廉洁是领导干部安身立命之本。作为领导，应该切实地管好自己的嘴，管好自己的手，管好自己的腿，管好自己的亲属，管好自己身边的人。

四是以"公"助威。领导只有有公正之心才能以集体为重，只有有公正之心才能管理下属。这里所说的"公"，是指在领导实践活动中，一定要敢讲真话，不讲假话，做到公开、公平、公正、公道。

五是以"诚"取威。诚，就是诚实、守信，此乃对领导干部最基本的要求。"人无信不立"。

六是以"情"育威。一个成功的领导者，80%的因素来自情感智商，只有20%的因素来自智力方面的影响。"感人之心，莫过于情"。领导威信的确立，的确离不开感情的力量。一个现代领导，还应有一点人情味，这是一种品德、涵养乃至境界。

七是以"干"树威。勤奋是成功之本，实干是成事之基。人生有两求，一是向外求，一是向内求，向外求是有限的，向内求是无限的。领导的能力，不是靠向外求求出来的，而是靠实干干出来的。

八是以"创"升威。创，就是开拓创新，与时俱进。创新的前提，是思维观念要更新。恩格斯说："思维是世界花园中最美丽的一朵鲜花"。领导在筹谋未来时，多思考一些带前瞻性、战略性、全局性的问题，既要看自家，又要看别人家；既要看现在，又要看未来。这样才能不断增强竞争力。

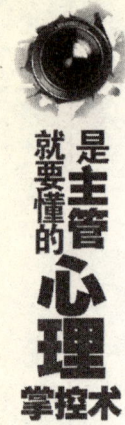

5. 关键时刻要抓个"坏典型" >>>>>

四川武侯祠中有一段归纳诸葛亮功绩的一段话"不审势即宽严皆误,后来治蜀要深思",诸葛亮能够成功接收刘璋留下的烂摊子,就在于他的当严必严的作风。所以作为后人我们不妨学习诸葛亮这种当严必严的作风。

孟子说"人性善",但是正如后人所批评的,孟子的这个判断不太符合实际,属于书生之见。其实有人一个复杂的动物,有时候他甚至复杂到神秘的地步,很难说他到底是性善还是性恶,但是面对着机巧奸诈,尔虞我诈的这个社会环境,似乎荀子的性恶论更有市场。

"治乱世。用重典;治乱军,用严刑。"孔子诛少正卯,虽然不合情理,但却因这一刀而使得权臣畏惧,市井安然;孔明于挥泪斩马谡之时说:"昔孙武所以能制胜天下者,用法明也,今四方纷争,兵交方始。若废法何以讨贼,不明正军律何以服众?"这就是平乱与治乱的权术,是杀鸡儆猴的妙用,"杀鸡儆猴"的意义就在此。在企业的管理之中,作为一个企业管理者,人们经常会遇到种种复杂的情况。有时候,下属犯的错误非常严重,你必须执行某种形式的惩罚。当你必须用到惩罚时,你就用,不要犹豫。拖得越久,对你和应该受惩罚的人来说,日子就更难过,也越容易使别人误解你的惩罚不公平。

在意见纷纭、工作受到许多阻挠的时候,为使步骤划一,法令贯彻执行,非以严厉手段对付不可,此之所谓"不以霹雳手段,怎显菩萨心肠"的解释。

姜太公帮助周文王灭了商纣，周朝立基之后，要罗致一批人才为国家效力。但是姜太公治理齐国的路子并不是一帆风顺，在齐国有一位贤人狂橘，很为地方上人士推崇。姜太公慕名，想请他出来做事，拜访了三次，都吃闭门羹。

姜太公忽然把他杀了，周公旦想救也来不及，问姜太公："狂橘是一位贤人，不求富贵显达，自己掘井而饮，耕田而食，正所谓隐者无累于世，为什么把他杀了？"

姜太公说："四海之内，莫非王土，率土之滨，莫非王臣。在天下大定之时，人人应为国家出力。只有两个立场，不是拥护就是反对，绝不容有犹豫或中立思想存在，以狂橘这种不合作态度，如果人人学他样，那还有什么可用之民、可纳之饷呢？所以把他杀了，目的在于以儆效尤！"从此以后再也没有人敢于与周朝作对了。

当然了，作为一个企业管理者在必要的时候运用怀柔政策还是很有必要的。但是企业管理者们惩罚时，通常要附带某种形式的纠正行动，假若你惩罚的目的只为防患于未然，那你应谨记主要的防止未来因素，而不必太过严厉。尤其是对一个团体的纪律已经败坏，就更加需要杀一儆百了。假若你的团体纪律已在走下坡路，那你该怎么办？首先你应该使自己成为一个高标准的模范。你别指望你自己做不到，而能要求属下维持高标准的纪律。然后再找出问题集中全力进行整顿。如果有的下属的做法实在不可容忍，在这时候你就需要下决心惩罚那些再不遵守公司规定的人。你可以采取罚薪或其他方式，到必要时你也应不惜开除人。这全看你的意思，但要注意绝对公平合理。

6. 以身作则，令出必行 > > > > >

> 李嘉诚曾经说到，企业领导人的一言一行，一举一动，无不被员工看在眼里，对员工的行为施加影响。领导要求员工做到的，领导必须首先做到，领导禁止员工去做的，领导也必须首先禁止。

作为企业的管理者，明确自己的角色定位，必须能够正确地理解自我。做事先做人应当是管理者永世不忘的座右铭。由于管理者既是制度的制定者和推行者，也是制度的执行者和培训者。这就使得我们管理人员在要求下属的同时更应该严格要求自己，要以身作则。

正如古人所说的，"其身正，不令而行；其身不正，虽令不从。"一个领导者只有严格地要求自己，起好带头表率作用，才能服众。只有自己能够做到的事情，才能要求别人也去做到。一个连自己都管理不好的人，有什么资格去对他人说三道四呢？作为主管，要想把自己的决策贯彻始终，必须身体力行。想要部属做到的，自己先做到。这样的管理者，才是值得下属尊重的管理者，也才是最有威望的管理者。

当日本《东京日报》面临危机的时候，为了重整旗鼓，作为新上任的老板，小野泰森就采取了一种以身作则的做法，成功渡过了危机，使公司重新焕发了生机。

当时上世纪的七八十年代，全世界一片萧条，在这种情况之下，新老板小野泰森上任之后，厉行节俭，看到地上有几张没有用过的白纸，于是，他把财务部长叫来，当着他的面把这些纸片捡了起来，重新利用。小野泰森这种行为使得部下对于勤俭节约有了新的认识。大家都想着，连经理都这么节俭，自己今后一定要注意。小野泰森还语重心长地告诉大家：如果不注意节俭小的浪费，那么积累起来就会变成大的浪费，无论任何公司都是经不起这样的浪费。小野泰森的这个经历告诉我们首先老板要起好带头作用。让部下从刚一开始参加工作，就养成敬业的好习惯。

当然，我们说企业的管理者要以身作则，并不是说你要整天扮着主管的面孔，不苟言笑，并不是让人做一个不识情趣的木偶，也不是说你每天要为检点自己的行为而谨小慎微，作为一个企业管理者的你可以通过你的个人特点，如专长或个人魅力等等来影响下属，这样下属就能信赖你、依赖你。

7. 把握好"整肃"的度 >>>>>

> 一般情况下，上司在向下属发出指示时，如果不是让对方机械地服从，而能让他的思想和体力都能对这项任务发挥作用，那么他是不会拒绝的。所以，在对员工进行工作疏导时，一定要把握好"整肃"的度。

人非圣贤，孰能无过？就一些年轻员工来讲，由于其工作经验缺乏，加之性格上毛躁莽撞，所以常会犯一些错误。作为一名聪明的管理者而言，应该如何在犯错这个环节上对员工进行激励呢？我们先来看一个实例：

一家广告公司的策划人员在进行市场调查时将数据弄错，最终导致一整套策划方案搁浅。当时，这名员工站在主管的面前已经是面红耳赤一言不发。主管看着他，递给他一根烟说："刚工作的时候我也十分毛躁，总是不能静下心来去完成每件工作，所以犯错的次数比你还多数倍。可是我没有灰心丧气。为什么？因为我知道我还年轻。当然，这并不是我为自己的犯错找借口，而是要告诉自己已然失败了就要重新振作起来。错误可以犯，但是不能重复犯。吃一堑，长一智，在未来的工作中要时刻谨记这次教训，保持这种状态就能成长与成熟。"然后，这名主管拍了拍他的肩膀让他出去了。在那次的事件中，主管承担了全部责任。事后，这名员工对他感激万分，同时工作状态也较以往有了显著的提高，结果半年内这名小伙子被提为了策划经理，成为了公司内最年轻的基层干部。

这个案例告诉我们，在员工犯错时，我们应该更多地给予安慰与激励，而不是一味地责骂与嘲笑。当然，值得注意的是，不是每次都应采用这种方法，对于屡次犯同一错误的员工就应当给予适当的训斥与惩罚，敦促其改掉身上的不良习性。

其实，对于一个上司来说，最有损于自己威信的事莫过于下属不服从调遣了。这也是令人尴尬的事情。碰到这种情况，有的上司总是把责任全推给下属：这些人太难管，太自以为是，没给点颜色让他们瞧瞧。也许这些都有一定的道理，但是仔细一想，更主要的原因还是在于你自己。任何下属都不会对上司怀有深仇大恨，也不会毫无根据地拒绝上司的命令。关键就要看你如何用口头语言和身体语言下指令了。

一般来说，人们都愿按自己的思想行事。而机械地听命于他人，人们一般很难接受。我们在生活中都有过这样的经历：当你请求帮助时，你向对方说："你帮我做这件事，且应该这样做。"在这种情况下，对方即使答应你，也不会心甘情愿的，因为它带有明显的强迫性质。但你如果对他说：这件事你帮我想想办法。这时对方就会很愿意帮你了，因为他不是机械地接受你的请求，而是按照他自己的"思想"为你提供帮助。

在所有的身体语言中,最不引人注目却又最具威力的指示信号之一就是手势。上司在向下属传达指示时,往往会辅之以手势,而不同的手势会表达不同的效果。一般来说,手势有三种情况:一是掌心向上。这种手势不带任何强制性、威胁性,却对现代社会民主意识较强的人来说,具有极大的感召力;二是掌心向下。这是一种强制性的指示信号,会让人们产生抵触情绪,但是作为下属,一般也能接受,因为你的身份、地位赋予了你对这一手势的使用权;三是握紧手掌并伸出食指。这是一种威胁性的手势,不仅带有强制性,还具有威胁性。据说,警察最喜欢用这种手势。交通警察向司机这样一伸手,司机就会乖乖地将车开到路边等候训问,因为他从交警的手势中已经明白,不予理会后果会更加严重。不过,交警和司机的关系总是不能融洽,仿佛一对"冤家对头"。作为上司,如果要想使你的指示被下属心悦诚服地接受,最好多用第一种手势;如果你不想和下属成为"冤家对头",那么,最好不要使用第三种手势。

8. 整治问题员工就是对团队最好的告诫 > > > > >

作为管理者,应该有责任、有义务去深入探讨这些"问题员工"所存在问题的深刻根源,从而及时做出"诊断",开出"药方",实施方向正确、效果良好的管理模式,并要学会通过抓典型,来达到彻底整治的目的。

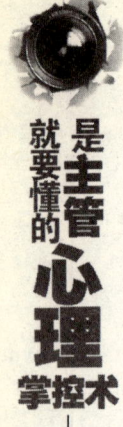

很多企业都有不同程度的"问题"员工存在,这些员工分布在团队的各个层面,虽然数量不多,但对于团队管理者来说,也足够"闹心"的了,他们的存在,令管理者"如鲠在喉",不得不拿出更多的时间来"对付"这些"问题"员工:要么是"专政",即将这些难缠的"问题"员工或工作"禁闭"或"淘汰出局";要么就是"委曲求全"、"网开一面",即对这些"问题"员工睁一只眼闭一只眼,甚至有时"太岁头上动土"也姑且忍让。

但以上的两种管理方式都不是理想而有效的管理方法,作为管理者,应该有责任、有义务去深入探讨这些"问题员工"所存在问题的深刻根源,从而及时做出"诊断",开出"药方",实施方向正确、手段和效果良好的管理模式。具体的问题类型与治疗药方如下:

心理失衡型

症状:即由于对身边与自己类似的事或物的比较而产生心理的不平衡,表现出心理失常的现象。比如,有的业务员在看到原来同一级别的同事成为了自己的上司后,心中就存在不平衡心理,因此,在工作中经常不给予配合或"捣乱",要么就是散布一些上司在某些方面不如自己的"贬损"言论等,从而成为上司眼中的"问题员工"。

药方:嫉妒之心,人皆有之。对于此类的"问题"员工,一定要能够放下架子,先做"哥们",从而让失衡的下属找到平衡的感觉。绝不能在其面前以领导自居。只有对其"先交朋友,后做上级",经常在公开场合对其恰如其分地给予表扬或"提及",尤其是其不在现场时,能够传到其耳朵里效果会更好,通过这种"敬"与"疏"的方式,有时要比直接采取"堵"即调离或"杀掉"的方式,更让人心服口服,更让人感到可亲与可敬。

习惯使然型

症状:即由于个性因素造成的自身"问题"。比如,有些员工由于自身原有的习惯,平时工作作风懒散、拖拉、玩世不恭等,也是"问题"员工形成的一个主要原因。

药方:对于有恶习,但在业务上有一套的"问题"员工,作为管理者，就必须发扬"传帮带"的作风，使其远离陋习，从而使其保持与团队的合拍与步调一致。而其主要采用的有效手段，便是动用"家法"，即制度与规范约束。

倚老卖老型

症状：有的下级业务员由于做市场的时间较长，因此，在销售业绩非常优秀后，就开始沾沾自喜，对谁都不屑一顾，加之企业领导对其的偏爱，便不把上司放在眼里，从而也成为"问题"员工了。

药方：对于此类员工，需要慎重而为之，因为此类"问题"员工，由于"城府"往往较深，有时甚至会"牵一发而动全身"，因此，需要采取一定的策略与技巧。首先，要懂得先扬后抑，即经常要通过看似表扬，实则"话中有话"的方式，给予其身份提醒；其次，通过加压驱动的方式，"拔高"其销售指标，努力让其做得更好，给其更大的挑战空间，给予更多的提升机会。最后，给其提供更大的"展示"平台，满足其表现欲。当然，对于敢挑战制度与规定的"业务老油子"，绝不能放任自流，听之任之，而应勇敢地拿起制度的"鞭子"，狠狠地给予惩戒。

压力过大型

症状：由于工作目标制定过高，或下达的指标超出自己的实际承受能力而造成自己心理负担过大，因而工作起来忧心忡忡，烦躁焦虑，思想消极，让人感觉有"问题"。

药方：对下属的期望值越高，下属的压力往往也就越大。比如，在日常销售管理当中，有时销售目标制定得过高，会导致物极必反的效果，从而让业务员产生逆反心理，而给管理者带来诸多"难题"，比如，"软抵抗"、消极怠工、"破罐子破摔"等。作为好的管理者，不仅会"加压"，而且还一定要能够适时给下属"解压"，其方式有二点，一是授业，即传授给下属完成目标的方法、技巧、策略，提供必要的支持，从而让其更好地达成目标，借此给其缓解压力。其二是解惑，即根据其心理症结，解除其心理的困惑，让其得到精神与智慧上的支持，以此来鼓舞下属信心，缓解其内在的紧迫感与压力。

第十章

点石成金心理掌控术，
人尽其才的超级配置策略

一般以为，有才华的人很厉害；其实不然，真正厉害的是善于使用人才的人。刘备没有什么其他的大本事，但是非常善于用人，刘备的祖宗刘邦在这点上做得最好。他只是一个亭长，但他知人善用，韩信、萧何、张良都发挥了他们最大的作用。反观诸葛亮，作为一个国家和军队的实际统帅，他不能做到这一点；相反他事必躬亲，整天都累个半死。

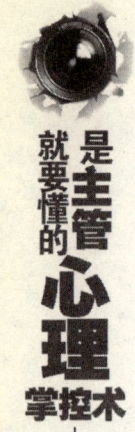

1. 别迷信"空降兵"，却视而不见身边的金子 >>>>>

> 人们往往对自己身边的优秀人才视而不见，只是一味地好高骛远，崇拜引进的人才，认为只有他们才有真才实学。特别是做领导的人，一定要善于发现身边的人才，知人善任，切忌舍近求远，放跑了本来就在自己身边的人才。

企业不重视人才，不善用人才，损失最大的不是个人，而是企业。因为个人如果不受重用，无法施展才华，完全可以退出，以求"独善其身"，利用企业的一切便利条件，充实自己，积累学识、经验，伺机而动，时刻准备另谋高就。而企业却像花高价买了一台多功能大彩电，只会看几个频道的电视节目，浪费了电视机的其他许多功能一样，花费不少，却未能尽其用，其结果必然是企业花费了大量财力和物力，到头来只是为别人作嫁衣。

所以作为领导者，要善于发现人才，更要善于使用人才。善用人才，除了要使人才各得其所，还要对人才有所宽容，有所扶持，有所鼓励。一句话，要爱护人才。

对人才要严格要求，但不等于苛求人才。任何人初来乍到，都是两眼一摸黑，谁能事事处置得当？领导者给新手安排工作，应当有所交待，要扶上马，还要送一程。如果新手偶尔做错一件事，就一棍子将其永远打入冷宫,不复重用,哪里还会有人才?领导者应从爱护人才的角度出发,加以批评、纠正,不可一味苛求。有些有才者不拘小节,甚至狂放不羁,领导者更当以宽厚之心待之,并要对其多加引导。

最后需要指出的是,尽管上门求职的人不少,然而细究起来,真正可用的人才毕竟还是少数。企业的领导者对于人才要真心爱惜,千万不能以"你这样的人,人才市场上一抓一大把"的态度待之,否则真正的人才也会以同样的态度回敬:"此处不留爷,自有留爷处"。久而久之,最后受损失的还是企业。

管理者要在竞争中发现潜人才。通过竞争,让潜在人才脱颖而出。要重视实践锻炼。积极探索多种方式和多种途径,有计划、有组织地引导和安排他们在实践中经风雨、见世面,开辟多种渠道,让他们在矛盾集中、环境艰苦的地方接受磨炼,放手让他们在实践磨炼中显示自身的潜在才能。要辩证地看待他们在实践中暴露出来的问题,看主流、看本质、看潜质、看发展,不能求全责备;尊重特点,包容个性,不能用固定的模子来衡量;容人之短,用人所长,允许失误,为他们能力的发挥创造宽松的环境。下面是一个关于"潜人才"因压抑而转为他用的典型事例。

有个叫田饶的人,在鲁哀公身边做事已经好几年了,可是鲁哀公并不了解田饶的远大志向,对待田饶总是较冷淡。因此,田饶的才智得不到施展,他决意离开鲁哀公到别国去。

一天,田饶对鲁哀公说:"我打算离开您,像鸿雁那样远走高飞。"

鲁哀公不明白田饶的意思,问道:"你在这里不是很好吗?为什么要走呢?"

田饶说:"大王,您经常见到的那雄鸡!你看它头上戴着大红的鸡冠,非常文雅;它双脚长有锋利的爪子,十分英武;它面对敌人时毫不畏惧敢斗敢拼,格外勇敢;它看见食物时总是'咯咯'叫着招呼同伴们一起来享用,特别仁义;它还忠于职守,早起报时从不误事,极其守信。尽管雄鸡有着这么多长处,可是大王还是漫不经心地吩咐把它煮了

吃掉。这是什么原因呢?"

"这是因为雄鸡经常在您身边,您每天见惯了它,习以为常,它的光彩在大王眼里便黯然失色,大王感觉不到它的那些杰出的优点与才能。而那鸿雁,从千里之外飞来,落在大王的水池边,它啄吃大王池中的鱼鳖;落在大王的田园里,毁坏大王的庄稼。鸿雁尽管没有雄鸡的那些长处,可是大王依然很器重鸿雁。这又是为什么呢?"

"因为鸿雁是从遥远的地方来的,大王对它怀有一种神奇感,它的一切作为,大王都认为是非常伟大的。所以,请大王让我也像鸿雁一样远走高飞吧。"

鲁哀公挽留不得,眼看着田饶离开鲁国前往燕国去了。

燕王让田饶做了相国,田饶从此有了机会施展自己治国安邦的本领。三年以后,田饶把燕国治理得井井有条,国内富足安定,边境平安没有盗贼。田饶名声大振,燕王也十分得意。

鲁哀公知道了这些情况后,万分感叹,对当年没能留下田饶真是后悔莫及。为此,他一个人独居3个月,深刻反省;又降低自己的衣食标准,以示自责。

鲁哀公发自内心地慨叹道:"以前由于不能知人善任,才使得田饶离我而去,以至于造成了今天的悔恨。真希望田饶能再回到我身边,可是,我知道已经很难了。"

鲁哀公为什么会后悔?悔就悔在田饶在他身边的时候没有给田饶提供施展才能的机会,悔就悔在田饶在他身边的时候没有给田饶很好的定位。虽然后来他独居三个月,深刻反省;又降低自己的衣食标准,以示自责,可是这又有什么作用呢?悔之晚也!但是,他为我们后人做了一件有用的事情,那就是:他给了我们借鉴,要珍惜自己身边的人才啊!

2. 对下属勤加爱护，培养新职员 > > > > >

> 员工是企业发展的原动力，爱护扶助员工就是对企业根基的维护，但在发展过程中促进血液的新陈代谢更是企业的重中之重。培养新职员的敬业精神，传承老职员的职业经验是企业在激烈的市场竞争中立于不败之地的保障。

"让新手入模子"是企业管理的重要内容。对新职员的态度体现了一个企业的文化建设水平。领导者应如何对待新职员？老职员怎样对待新职员？这些都一个企业要精心处理好的重要问题。

领导者对新职员要关心与提携。企业领导关心提携新职员，主要在于做好两方面工作：其一，领导者身体力行、做好表率，这是使新职员能迅速融入团队的需要。领导者的关怀能产生积极的力量，使新职员能够训练有素，迅速跟上企业前进的节拍，为企业效力，同时也体现了领导者的人格魅力和以人为本的思想。领导者的关怀能赢得新职员的由衷爱戴与感激，也为构建良好上下级关系奠定了坚实的基础。其二，领导者要树立一种协助关心新职员的企业文化。要注重对内部职员最到位的思想动员，强化"助弱扶新"的思想意识，并使之成为一种自觉的行为，这也就扫除了新老职员间排斥与离间的根源，构建了和谐友好的团队关系，成为企业发展的力量源泉。

老职员对新职员要帮助。老职员真诚地帮助新职员，这不仅是顺应企业管理的要求，也是个人发展所必需。正如埃·伯德所言："聪明人

都明白这样一个真理——帮助自己的惟一方法就是去帮助别人。"新职员凭借自身努力，经过一段时间的磨合之后最终会步入轨道，甚至变成"行家里手"。而老职员的帮助只是在一定程度上缩短了新手磨合的时间，却无法改变其发展趋势。如果老职员没有对新手予以真诚的帮助，那么当新手水平超出老职员或者与之"平起平坐"之时，再回顾以往情景，难免不对老职员心存芥蒂，甚至可能会"以牙还牙"。这对老职员而言，"种因得果"便是在所难免。

松下公司是世界50大公司之一，作为世界性大企业，它的电器产品遍布世界各地，使它世界闻名的优点就在于，松下公司善于培养人才、善于用人、敢于用人的做法，使它获得了空前的成功。

松下电器长期以来人才培育的实施方针之一就是实习，目的是通过体验培养实力。任何丰富的知识，任何高深的学问，若是将之收藏在脑子里，就不能发挥其真实的力量。松下幸之助认为，好比盐的咸度，如果只用语言表达，是无法令人知道其真实咸度的，除非叫人亲自去品尝，实际地去体验，否则，不能说这个人已经知道盐的咸度。实习和这个道理一样。

借用医学上的一个术语来说，松下电器的经营活动相当于临床医学，而不是基础医学。在这个意义上说，从事经营活动的人都必须是有实际工作经验的"临床医生"。

对待新职员，松下公司的做法是组织他们到生产销售第一线去"临床"实习，积累了实际经验，才能在以后的工作中获得成功。松下电器公司每年都要招收一批新职员。这些职员到公司后，第一件事就是到生产销售的第一线去实习，或在工厂当工人，或在商店当售货员。当然，这种做法是在公司大规模发展起来之后形成的。在松下电器，从事研究和设计的技术人员，都是亲手从事最简单、最平凡的诸如拧螺丝一类的工作。制定销售计划的人，也都是每日每时工作在柜台旁，对销售情况了如指掌的人。

总之，新人培训的使命实现，不仅在常规说教之间，而是要内延和外伸到新员工入职后与新环境发展的接触的各个环节，注意好每个小细节，体现更人性的关怀，能够帮助建立员工对新工作的归属感和积极性，为成就卓越表现做好前期工作。具体来说，企业在对新员工进行培训时，应该科学地设计训练课程。

3. 没有十全十美的员工，但有善用其长的主管 > > > > >

> 人各有所长，用人要择才任势，使天资、秉性、特长不同的人在不同的岗位各得其所。正如清人顾嗣协诗中所道："骏马能历险，犁田不如牛。坚车能载重，渡河不如舟。舍长以取短，智高难为谋。生材贵适用，慎勿多苛求。"在现实的社会竞争中，领导者要做到"不求完人，容人之短，但用人之长"。

在用人方面，不应计其短，而须单看其长。清末著名红顶商人胡雪岩就向来认为，一个人若有一技之长，即使其他的小毛病不断，也有用的必要，也可以结为朋友，并为己所用。因为人不可能是十全十美的，如果用求全责备的态度来要求每个人，那么未免过于苛刻，在现实中也不容易实现。同时胡雪岩更看重的一点是，这个人是否有决心、有毅力。有决心，有毅力，就是长处，就可以视为人才。人只要有恒心、意志，就没有改不掉的毛病。而要做到能够用人之长就必须对于身边每个人的性格脾气，都了然于心；对于身边每个人的才干，都清楚明白。只要做到这些，在选用人员时，你心中才会有十分的把握。胡雪岩就做到

了，他改造赌徒刘不才的事例已广为传颂。

刘不才原来是一个嗜赌如命的赌棍。他每天不务正业，经常通宵达旦地豪赌，父母遗留下的殷实家产，也被他的骰子丢没了。胡雪岩对他并没有深恶痛绝，在收服他之前，就已经拿定主意让他充当一名特殊的"清客"角色，专门培养他和社会上层的达官阔少们打交道。在胡雪岩的不断督促下，刘不才不仅改掉了许多恶习，而且不负所望，运用自己坚实的应酬技巧，为胡雪岩赢得了很多朋友，也为胡雪岩的事业发展打下了坚实基础。

每个人的长处和才能各属特定类型，有的擅长分析，有的擅长综合，有的擅长技术，有的擅长管理，有的精通财务，有的善于交际。特定类型的才能应与特定的工作性质相适应，工作对人的要求不同，才能与职务应该相称。给予他的职务应最能刺激他发挥自己的优势。职务以其所能和工作所需结合而授，叫"职以能授"，这样，既不勉为其难，也不无可事事。扬其所能，其工作自然积极，管理效能也必然提高。

"人非圣贤，孰能无过"，因此，要用人之长就必须能容人之短。当我们欣赏胡雪岩一生在商场创下的无数业绩时，不能不注意到他手中的济济人才，而这些能干的人才之中，许多都是别人眼中的"败家子"。胡氏的高明在于他能"用人之长，容人之短，不求完人，但求能人"，这一点是值得我们深思的。

国际著名管理专家杜拉克说过："倘要所用的人没有短处，其结果至多只是一个平平凡凡的现职"，所谓"样样都可以"，其实必然是一无高处。有高山必有深谷，谁也不可能十项全能，才干越高的人，其缺点往往越明显。

作为企业领导，我们不能因为一个人的小缺点而舍弃他的大的优点，这也是一些君主或领导者之所以失去贤士的原因。人本来就难做到十全十美，应当权衡优劣，容其所短，但用其所长。

4. 打破常规思维，敢于运用偏才怪才 > > > > >

> 在多数情况下，企业职工队伍中出现许多性格古怪的人：或自尊心太强，或点子太多，或清高而不合群，或爱奇思异想，或爱提不同意见，或热衷于发明创造……对这些"怪才"，若对他们进行科学选用，往往会有惊人之举，会收到许多意想不到的效果。

历史上此方面的经验教训数不胜数，而最早系统总结"打破常规，灵活用人"理论的就要数战国末期的李斯了。战国时期，许多贵族大臣曾经建议当时的秦王、后来的秦始皇嬴政把所有外国人才全部驱逐出境，免得他们当奸细。同样属于"外国"来的李斯赶快写了著名的《谏逐客疏》，向秦王说明必须善于重用外国人才的道理，使秦王没有做傻事。在成语中，形容善于使用外来人才的最常用的成语是"楚材晋用"，而实际上，在这方面做得最好、获利最多的是秦国而不是晋国。如果不是大胆使用外国人才，秦国就不可能有商鞅变法，不可能修建都江堰，不可能重用李斯，也就不可能统一天下。

打破常规的用人之道是每一个领导者需要精心学习与思考的，以下是具体的几点举措内容。

让低职者高就

这是开发人才的一种成功做法。意思是让低职者高就，目的是压担子促成长。我们的传统做法是量才使用、人事相宜、什么等级的人就安排什么等级的事。让 B 级人做 A 级事这种做法既不同于人才高消费，

又有别于人才超负荷，比较科学，恰到好处，既使员工感到有轻微的压力，但又不至于感到压力过大，工作职位稍有挑战性，有助于激励员工奋发进取。

业绩最佳时立即调整

这是一种打破常规的做法。人才成长是有规律的，人的才能增长是有周期性的，通常一个人在一个岗位上工作的时间以三至四年为宜。前三年是优点相加，后三年就是缺点相加。因此，经历也是一种财富，与其给庸才不如给人才。适时地调整那些优秀人才的岗位和职位，对于他们不断提高、继续成长大有益处，这是造就复合型人才的有效方法之一。

评选优秀的比例必须达到70%以上

长期以来，无论是机关、事业还是企业单位，每逢总结评奖的时候，优秀的比例一般都在30%以内，实施公务员制度以来每年年度考核中定为优秀的人数一直控制在5%以内。这种做法似乎成了社会的惯例，得到了广泛的认同。就在这样一种社会背景之下，我们发现确有少数单位反其道而行之，他们每年年终评为优秀的人数始终保持在70%以上。经过深入了解后发现，他们的立论依据是：应当以多数人的行为为正常行为，把70%以上的员工都评为优秀，有利于激励多数鞭笞少数。

实行走动管理

这是西方当前比较流行的一种管理新方法。克林顿较为擅长此法。他经常是采取突然袭击的办法走进白宫的各部办公室，有时别人开会他也偷偷地溜进去旁听。走动管理有两大好处：一、可以掌握幕僚们的一手材料；二、可以增强下属们的责任感和自豪感。

在当前，领导者中较普遍的存在着两种错误的人才观，在现实生活中表现得比较突出，需要解放思想予以破除：一是凭借地域观念来使用人才。我们说要大胆使用外国人才、吸引外国专家，但有些领导干部地域观念过于浓重。譬如，我是甲县人，我就只重用甲县的人才，非甲县的人才不但不用，还要想方设法给他们穿点小鞋。在这种情况下，不要说重用外国人才、外省人才，就连重用外市、外县人才都做不到。这种做法，显而易见，后患无穷。

二是机械地以文凭来判断人才。目前省内一些单位招录人才、特别是公务员，动不动就要"全日制本科以上学历"、"研究生"等等。实际上，一个因为家庭贫困急于跳出农门、应届考上一个专科大学就去读的学生，和一个复读了好多届才考上"全日制本科"院校的学生；一个起点低但刻苦自学拿到国家自考文凭的学生，和一个虽然进了"全日制"大学却四年逍遥没有读多少书的学生；一个虽然没有"全日制本科"却有着丰富的人生阅历和工作经验的人，和一个只知寒窗苦读的"全日制本科"学生，他们的才智高低、能力多寡，又岂是凭借一纸文凭就能做简单判断的？我们一定要破除机械的以文凭论人才的思维。

5. 用人不疑，疑人不用 >>>>>

> 上司和下属之间很容易产生误解，形成隔阂。一个聪明的领导，常常能以其巧妙的处理，显示自己用人不疑的气度，从而使部下更加忠心地效力于自己。

在"用人不疑，用人不疑"的驭臣之术方面，东汉的开国皇帝刘秀做了一个好榜样。

东汉初期的大将冯异是一位权高位重、功高震主的开国功臣，刘秀建立东汉以后派他率大军镇守西北，以摒护京畿地区。冯异对自己久握兵权，远离朝廷，感到不安，担心被刘秀猜忌，于是一再上书，请求回

到洛阳。刘秀对冯异的确也不大放心,可西北地区却又离不开冯异。为了解除冯异的顾虑,刘秀便把宋嵩告发他的密信送给冯异。这一招的确高明,既可解释对冯异深信不疑,又暗示了朝廷早有戒备。恩威并用,使冯异连忙上书自表忠心。刘秀这才回书道"将军之于我,从公义上讲是君臣,从私恩上讲如父子,我还会对你猜忌吗?你又何必担心呢?"

说是不疑,其实还是疑的,有哪一个君主会对臣下真的信任不疑呢?尤其像冯异这样位高权重的大臣,更是国君怀疑的重点人物,他们对告密信的处理,只是做出一种状态,表示不疑罢了,而真正的目的,还是给大臣一个暗示:我已经注视着你了,你不要轻举妄动。既是拉拢,又是震慑,一箭双雕,手腕可谓高明。

无论管理与经营,凡是不可信任者,都不能用;凡是可用的,就不能怀疑。"疑人不用、用人不疑",历来被人们视为用人的信条。只有信任,才能让你的下属独立自主地行使职权;你的下属只有有了独立自主的地位,方可充分发挥其各种才能;只有信任,才能赢得人才忠心不渝地献身事业。而有时不得不采取的"用人也疑"、"疑人亦用"的策略,目的却也是与"疑人不用、用人不疑"一致的,有着殊途同归的意义。"疑人不用、用人不疑"是用人的原则,"用人也疑"、"疑人亦用"是用人的策略,其目的就是为了更好地监督、爱护人才,不断地提升人才的素质,保证人才发挥出更大的能量。

在践行"用人不疑、用人不疑"之道时,我们应该时刻认识到:信任是最好的润滑剂。信任有才能的下属,通过有效授权使其大展其志,最后的效果肯定是"双赢"。

用人要坚持诚信任用的原则,做到用人不疑、疑人不用、信者必用、用者必信。让他们充分行使职权,大胆委托工作,对他们敢于放权力、压担子,充分发挥他们的潜力。

放手使用、用而不疑,是胡雪岩用人的一个重要原则。除了那些关系生意前途的重大决策外,在一些具体的生意事务的动作上,胡雪岩总是让手下人去干,决不随意干预。

有一年，胡庆余堂负责进货的"阿二"（助理）到东北采购药材。他回来后，药号"阿大"（经理）见人参质次价高，就埋怨他不会办事。阿二以边境有战事之故据理力争，两人一直吵到胡雪岩处。胡雪岩细察详情后，留他们吃饭，并特别向阿二敬酒，感谢他万里奔波，在困难时期采购到大量紧俏药品。饭后，胡雪岩吩咐阿大："古人云，将在外，军令有所不受。商事如同战事，应当用人不疑。以后凡采购的价格、数量和质量，就由阿二负责，我们就叫阿二为'进货阿大'。"从此两位阿大各司其职，把生意做得红红火火。

"用人不疑，疑人不用"的典型故事，应该来自于三国，最出色的表现者是刘备，他"弘毅宽厚，知人善任"，从不怀疑忠心耿耿的部下，刘、关、张、赵、诸葛几乎一起谱写了天下亘古传奇。因而，刘备的家业号称是亲情凝聚的典范。关羽，可以放弃一切厚禄，过五关、斩六将，历尽苦难回到刘备的穷困旗下；张飞，可以腥风血雨先打下一块小地盘，等着刘备来做主当家；赵云，可以冒生命危险，抢救刘备的儿子，维护刘备的家人完整；诸葛亮，受刘备临终重托，"鞠躬尽瘁、死而后已"。刘备管理的基石就是信任感重于亲族。

6. 换个角度用人，短处也能变作长处 > > > > >

一位专门从事人力资本研究的学者说过这样的话："发现并运用一个人的优点，你只能得 60 分；如果你想得 80 分的话，就必须容忍一个人的缺点，发现并合理利用这个人的缺点和不足。"这话既有新意，又富哲理，它告诉我们：换个角度，短处也能变成长处。

领导的重要职责之一是用人。用人的高超之处，不仅仅在于善于用人之长，更在于巧用人之短，因为"金无足赤，人无完人"。领导怎样才能做到善于用人之短呢？

扬长避短是用人的基本方略。然而，在现实生活中，人的长处和短处并不是绝对的，没有静止不变的长，也没有一成不变的短。在不同的情景和条件下，长与短都会向自己的对立面转化，长的可以变短，短的可以变长。这种长与短互换的规律，是长短辩证关系中最容易被人忽视的一部分。用人的关键并不在于用这个人而不用那个人，而在于怎样使自己的每个下属都能在最适当的位置上发挥最大的潜能。因此，一个开明的管理者应学会容忍下属的缺点，同时积极发掘他们的优点，尝试用长处弥补短处，使每个人都能发挥专长。有人性格倔强，固执己见，但他同时颇有主见，不会随波逐流、轻易附和别人的意见；有人办事缓慢，手里不出活，但他同时往往办事有条有理，踏实细致；有人性格不合群，经常我行我素，但他同时可能有诸多发明创造，甚至硕果累累。管理者的高明之处，就在于短中见长，善用其短。

现代企业中善用人短的企业家也大有人在。

听说我国南方有这样一位厂长，他让爱吹毛求疵的人去当产品质量管理员；让谨小慎微的人去当安全生产监督员；让一些斤斤计较的人去参加财务管理；让爱道听途说传播小道消息的人去当信息员；让性情急躁争强好胜的人去当青年突击队长……结果，这个工厂变消极因素为积极因素，大家各司其职，各尽其力，工厂效益成倍增长。

金无足赤，人无完人。任何人有其长处，就必有其短处。人的长处固然值得发扬，而从人的短处中挖掘出长处，由善用人长发展到善用人短，这是用人的最高境界。长短互换的规律告诉我们，任何时候对任何一个人都不要僵化地看待，不要静止地看待一个人的长处和短处，要积极地创造使短处变长处的条件，同时也要防止长处变短处的情况发生。

此外，领导要做到把善用人之长与善用人之短相统筹起来。善于使用别人的短处，这首先是一种态度，再是一种能力，是一种方法，需要积极地去通过提高自身素质来实现"使用别人的短处"，达到人的"短处"得到"长用"的目的。

7. 让团队成员形成"互补效应" > > > > >

> 在企业的管理中，管理者要体现自己的领导力，在员工心里占有位置，树立自己的威信，使命令得到有条不紊的执行，一个重要条件就是整合内部人才资源，合理搭配各种工作人员，使之在专业、智能、素质、年龄等各方面相互补充，组成一种最佳结构。

在现代社会里，许多工作需要许多知识、技能的联合攻关，不是一个人或一种人就能胜任的。事实证明，如果各种人员搭配得好，行为默契，就会产生最佳效能，产生新的力量，这种力量和它的一个个力量的总和有本质的区别。如果搭配不好，就会互相扯皮，互相抵消，造成一种力量的内耗。

每一个人都有自己的性格、脾气和心理特征，每一个人又都有自己的爱好和特长，每一个人还有自己的经历和经验。怎样才能使这些人和睦相处，同舟共济而不发生内耗？惟一的办法就是用互补原则去协调他们，用一些人的长处去弥补另一些人的短处。互补原则体现在用人的多个方面，如"专业互补"，"知识互补"，"个性互补"，"年龄互补"，长短相配，以长济短，形成多种具有互补效应的人才结构，才能调动人们的积极性和创造性。

没有一个人是全才,如果管理者渴望驱遣全才,那么将会无人可用。所以管理者就要充分挖掘每个人的潜力,知道每个人的长处和短处,然后再分别加以运用。其实在用人大师的心里,没有一个人会是废人,正如武功高手,不需名贵宝剑,摘花飞叶即可伤人,关键看如何使用他们。

所以,一个成功的管理者应该全面了解员工,包括他们的技能和心理特征,然后优化组合,为我所用。

那么,如何消除企业人才组合的负效果,而产生正效应呢?

首先正视人才所存在的个体差异。人无完人,有的人长于谋,有的人长于断,有的人长于专业技术,有的人长于社交;有的人勤于思考,有的人勤于实干……

总之,一个人不可能样样都行,即使是"通才"型的人才,也只不过是精通的专业比别人多一些而已,因此,某一行业的人才与另一行业的人才互换,很可能都会成为工作上的累赘。因而,在企业人才结合中,针对人才个体所存在的种种差异,实现知识优势、能力优势的互补,因才制宜,以长补短,相互协作,以形成大于人才个体能力总和的合力,从而产生良好的组织效应。

刘曼和易菲是一对工作上的好朋友,这是她们在工作的过程中发现双方可以能力互补后,建立起的不同一般的同事关系。她们两个人供职于深圳的深蓝广告设计公司,刘曼负责文案策划,易菲负责图片设计制作。刚开始的时候,她们各自负责不同客户的广告设计,不久设计总监就发现她们设计作品的思维和风格明显地有缺陷。易菲在绘图能力和电脑操作能力方面比较突出,但是创意方面略显平常;而刘曼刚好相反,创意和整体策划都不错,但在绘图方面的表现力始终不尽如人意。最初她们各自设计的图稿修改了很多次也不能让客户满意,后来设计总监无意中在对两个人的设计进行比较后发现两者居然有互补的倾向。于是,试着让刘曼和易菲对同一个客户资料相互沟通,并且合作完成同个产品的设计方案。两个人在统一了大体方向后,由刘曼负责整个广告方面的文案和策划，由易菲进行绘图方式的表达，这样设计出来的作品结合了两个人的优势，创意独特，让人耳目一新，客户几乎没改动就通过了。从此以后，她们之间就形成了一种特别的工作关系。在不断地合作过程中默契度越来越好，两个人因为出色的工作表现成了公司的知名设计组合，同时也为公司赢得了越来越多的客户。

一个企业的成功固然决定于人才个体的素质，更依赖于合理的人才组合，只有通过人才优化组合，才能保证人才整体结构合理化，从而保证企业经营组织的最佳效能。

8. 挖掘员工潜能，培养有潜质的下属 > > > > >

> 对于一个企业组织来说，要保持企业的创新与发展，员工的潜能发挥占有重要地位。在企业管理中，若措施得当，则人的潜力开发是无穷的，为企业带来的良性效益亦是无穷的。

IBM就实行了非同一般的激励制度，对于那些优秀的创新者不仅是一种有效的报酬，也是强有力的促进剂，更是一种最经济的创新投资手段。他最大的目的就是利用员工的创新精神，来加以诱导，从而辅助和开发其最大潜能。IBM为当代的企业奖励制度树立了典范。

IBM公司作为世界上最大的计算机制造公司，该公司为激励员工的创新欲望，促进创新成功的进程，在公司内部设立了一系列的别出心裁的激励创新人员的制度。该制度规定：对有创新成功经历者，不仅授予"IBM会员资格"，而且对于获得这种资格的人，还给予提供5年时

间的有效期和必要的物质支持,从而使其有足够的时间和资金进行创新活动。

员工的能力包括了两个层次,一是表象能力,二是潜在能力,表象能力就是一个人现有的专业技术职能和行政管理职能,而潜在能力则包括一些尚未表现出来的能力,这就是人的潜能。这些能力的开发需要以下几个因素:

1. 需要自身具有强烈的吐故纳新的愿望;
2. 需要对外来因素具有一定的整合能力;
3. 需要经过一定的环境影响和外力的诱导发掘出来。

关于人的能力的科学研究,目前国际上已取得了累累硕果。其中由创始人 Joe Luft 和 Harry Ingham 联合提出,并从这两个名字中截取而成从而命名的"乔哈里窗"就是一个常被用来研究人的潜能的工具。他们把人的内心世界比作一个窗子,它有四格:公开区、隐藏区、盲区、求知区。对于一个组织中的每个人来说,他目前具有的知识层面只有公开区和隐藏区,公开区是企业或组织中,人人具备的"你知我知"并充分发挥出来的领域,而隐藏区则是"我知你不知",自己具有的能力还没有充分发挥出来的那部分领域,盲区是"你知我不知"的背知领域(或者说是他知领域),求知区则是我不知你不知的全新领域。处理好这四个区的开发关系,对提高个人的整体素质有着极大的益处。

基于上面的分析,培养下属的方法一般包含如下几方面内容:

1. 先心意,后智能

实际上,只有解决了心意问题,才可能真正解决行为技能问题。

这里的心意问题包括两个主体,首先是管理者本身,我们确实有培养下属的愿望吗?其次才是下属。有些下属因各种原因不愿意与管理者配合,在接受公司与上司培养方面持消极、懒散态度,这种情况确实存在,需要具体情况具体分析并解决之。管理者的心意问题解决之后,才可以考虑到下属的心意问题。而解决下属的心意问题,其关键要点,只有一个字,即"诚"。如果我们管理者在与下属接触过程中都能做到开

"诚"布"公"，那么公事如培养下属之类，就不在话下。

2. 培养下属的内容，即KASH

K代表知识，A代表态度，S代表技能，H代表习惯。K知识可以分享，A态度可以启发，S技能可以训练，H需要慢慢雕琢塑就。

管理者一定要切记：培养下属时绝不能仅仅培养是劳动、工作技能，即SKILL。因为这样给下属的感觉可能是"又他娘的拿老子当驴呢"，于是态度消极，不配合，导致培养效果大大降低，这叫吃力不讨好。

总之，所需要做的就是在组织内要营造成一种尊重下属、尊重员工的氛围。如果做不到这一点，总裁就需要外力进行修心开智，否则就一定会陷入"不浚源而求流之远，不固本而期木之长"的陷阱，如此则企业之危可日见矣。

9. 用压力逼出人才，运用"鲶鱼效应" > > > > >

"鲶鱼效应"的实质是引入新鲜因素，打破平衡，挑起竞争，激发活力。用压力把人才给逼出来，从而营造出活泼积极、生机勃勃的繁荣氛围来，通过保持活力来获得优势，最终成为竞争中的胜出者。

据说，挪威人捕沙丁鱼，抵港时如果鱼仍然活着，卖价就会高出许多，所以渔民们千方百计想让鱼活着返港。但种种努力都归失败，只有一艘船却总能带着活沙丁鱼回到港内。直到这艘船的船长死后，人们才发现了秘密：鱼槽里放进了一条鲶鱼。原来鲶鱼放进槽里以后，由于环境陌生，自然会四处游动，到处挑起事端。而大量沙丁鱼发现多了一

"异己分子"，自然也会紧张起来，加速游动，这样一来，一条条活蹦乱跳的沙丁鱼就顺利地被运回了渔港。后来，人们把这种现象称之为"鲶鱼效应"。"鲶鱼效应"的实质是引入新鲜因素，打破平衡，挑起竞争，激发活力。

鲶鱼效应对于"渔夫"来说，在于激励手段的应用。在企业管理中，管理者要实现管理的目标，同样需要引入鲶鱼型人才，以此来改变企业相对一潭死水的状况。鲶鱼型人才是企业管理必需的。鲶鱼型人才是出于获得生存空间的需要出现的，而并非是一开始就有如此的良好动机。对于鲶鱼型人才来说，自我实现始终是最根本的。

鲶鱼效应对于"沙丁鱼"来说，在于缺乏忧患意识。沙丁鱼型员工的忧患意识太少，一味地想追求稳定，但现实的生存状况是不允许沙丁鱼有片刻的安宁。"沙丁鱼"如果不想窒息而亡，就应该也必须活跃起来，积极寻找新的出路。以上几个方面都是探讨鲶鱼效应时必须考虑的问题。

鲶鱼效应的根本就是一个管理方法的问题，而应用鲶鱼效应的关键就在于如何应用好鲶鱼型人才。如何对鲶鱼型人才或组织进行有效的利用和管理是管理者必须探讨的问题。由于鲶鱼型人才的特殊性，管理者不可能用相同的方式来管理鲶鱼型人才，已有的管理方式可能有相当部分已经过时。因此，鲶鱼效应对管理者提出了新的要求，不仅要求管理者掌握管理的常识，而且还要求管理者在自身素质和修养方面有一番作为，这样才能够让鲶鱼型人才心服口服，才能够保证组织目标得以实现。因此，如今的企业管理在强调科学化的同时，应更加人性化，以保证管理目标的实现。

作为公司的最高领导层，当公司缺乏活力时，如何去改变这一状况，比较流行的做法是，从外部引进鲶鱼——空降兵，这在短期内确实能起到一定的效果，但若长期从外部引进高职位人才会使得内部员工失去晋升的机会，导致员工的忠诚度降低，流动率升高，"治一经，损一经"，不利于公司稳定发展。从经验来看，几条内部"鲶鱼"（绩效管理系统、构建竞争性团队、发现并提升潜在明星）很重要，值得各企业认真去发掘。

第十一章

有效授权心理掌控术，优秀主管的权限

授权对于经理人来说，不是"能不能"的问题，而是"会不会"的问题。授权绝不是简单地把工作指派给员工，授权是一门艺术，一门成功经理人必须掌握的艺术。其经理人成功授权的关键因素包括授权的时机与控制、上下级的信任与沟通等。通过运用行之有效的授权之道，经理人可以创造一个良好的授权环境，使员工全身心地投入工作。

1. "一言堂"的领导方式早已过时 > > > > >

> 随着顶峰地位带来的权力欲的膨胀,一言堂、乾坤独断在大小各种企业中出现就是很自然的事了。无论是历史上还是现实中,凡喜欢独断专行的人常常都得不到下属和群众的拥护,成就不了大事,尤其在关键事件中"必败无疑"。

无论一个组织、一个团队,抑或是一个企业还是一个国家,作为领导人,当权力达到顶峰后,极易犯独断专行的错误。因为所处的顶峰位置和权力欲的膨胀,一言堂,搞独裁就是很自然的事了。

凡喜欢独断专行的人常有三点结果,一是没有不犯错误的,二是能成就大事者不多,三是往往得不到下属和群众的拥护。独断专行表面上看是企业领导者的强大,实际上是弱智无能的体现。因为弱者的一个显著特征,就是心胸不宽,见识不广,眼高手低,腹中空空,不听别人意见和建议,听不得不同声音。凡是那些胸怀大志,善于干大事,广纳贤才的人,都不愿意独断专行,而总希望与人广交朋友,广纳良言,尤其懂得处处关心和爱护下属,不断征求别人的意见,尽可能把事情做得完美,营造宽松和谐的与人合作处世氛围。这是古往今来卓越领袖人物一种普遍的特性。在国内企业尤其民营企业中,扛着所谓"强权领导力"旗帜的老总不在少数,他们实施的其实就是独裁性领导。

原巨人公司老板史玉柱检讨自己失败的教训时就表示,原来公司董事会是空的,决策就是由自己一个人说了算,并告诫别人,决策权过度集中危险很大。

企业高级竞争阶段的进入,是个人英雄主义消亡的开始,是协作时代的到来。如何让自己的个人主义和独断专行不要伤害你融入的团队,伤害你为之愿意付出一切的团队,是我们企业人在迎接新的竞争时代时刻要反省的大事。

作为企业领导人,应确保摆正自己的位置,确定自己的职责。既然在一个团队组织或企业中是大多数人的事业,就需要尊重多数人的意愿,集中多数人的建议,依靠多数人的智慧,与多数人合作,引导多数人淋漓尽致地发挥各自的积极性,才能把属于多数人的事业干好。仅靠一个人,或仅靠极少数人独断专行地去做事,是不能出色地干好大多数人的事业的。

因此,如果一个企业的领导者,长期独断专行,不愿意听取别人的意见和建议,不愿意接近下属或基层,重大决策就得不到充分的论证,就吸收不到符合实际的鲜活的经验,就会造成短视,痛失有用之才,痛失良好的发展机遇,你也就谈不上会有什么重大的成就感。

2. 学会授权是领导力的升级版 ＞＞＞＞＞

> 授权是基于一种充分信赖基础上的领导方法,要想在竞争中获得优势,老板们必须学会解放思想,主动授权于值得信赖的人才。

授权是一种有效的领导方法。然而,一些中小民营企业的老板却不清楚如何正确使用。时常听他们大发感慨:随着企业业务量的增长,团

队越来越膨胀,需要应付的差事越来越多,因此越来越感到精力不济、力不从心。随着竞争的加剧,越来越意识到专业化操盘手的重要性,这是业务的持续增长和公司的良性发展的保障。但是,大多数民企老板不懂得授权是基于一种充分信赖的心态,即对自己、对他人信赖。因此令他们感到最头痛的不是选择职业经理人的问题,而是聘用了职业经理人后授权的信任问题!因为对缺乏信赖的人,一般不会采取授权的领导方式,而是将权柄牢牢抓在自己手中。

为了解决授权的信任危机,或授权后的信任问题,关键的一点是要使中小民营企业的老板们知道:授权必须有效!所谓"有效"在于授权者有正确的策略,既相信被授权者的品格与能力,又相信自己能够处理授权带来的所有问题和任何意外。

选用职业经理人,甚至包括提拔企业内的高级管理者,都要以信任为第一要素。选聘人才的时候,首先不应该考虑的是这个人与自己的关系疏远问题。关系近则优先考虑,关系远则靠边排队,这种思维定势,是不正确的。

虽然用人时考虑信任问题无可厚非,因为信任他人的前提是对自己的信赖。但同时又不能将信任作为唯一要素,在信任关系建立后,应考虑到对企业影响甚大的职业操守、工作态度、工作能力等问题,否则只会对企业发展造成负面影响,从而根本达不到聘用职业经理人的目的。授权是为了选拔人才、培养人才,大胆使用专业管理者是为了增加创新成果的可能性。

有不少民营企业为了摆脱家庭式管理,也聘用职业经理人。但引进职业经理人后,官职可以给,银子可以给,就是审批权却丝毫不给,属于典型的"给官给钱不给权"。大部分企业在选择职业经理人时,首先想到的是:既然企业花了很高的代价引进职业经理人,所引进的人才就应该是其职业背景越资深越好,操盘能力越强越好。然而殊不知,大脚不能穿小鞋,小脚不可穿大鞋,否则会造成脚累,也是对鞋的一种很大浪费。对于职业经理人而言,与职位相对应的审批权、决断权是其开展工作的最基本需要，只有官位但没有实权的职业经理人在实践中不可能发挥作用。

这里要明白聘用职业经理人的目的。一般来说企业聘用职业经理人的目的是为了企业的长足发展。因此要丢弃聘用职业经理人只为请个短期培训师傅为目的的思想。否则，聘用职业经理人则形同请咨询公司，只期望能从职业经理人那里得到一些新的点子或策略，并没有长期合作的想法。由于聘用职业经理人的成本要远比请咨询来得低，因此有的企业就假借聘请职业经理人之名行开拓眼界之实。殊不知现在的企业竞争已经到了系统竞争阶段，单靠从师傅那里学来的一招两式甚至是偷学来的残招半式根本无助于企业的发展。

此外，民营企业要做到有效授权，要解决信任以外的授权危机。否则，无效授权会浪费资源和时间，甚至可能产生风险，形成危机。

有效授权不等于放权、让权，并不是说将权力授给其他人后，授权者可以撒手不管或者对局面失去控制与把握，如若那样，则不是有效授权，而是盲目放权。盲目放权可能给企业带来混乱。因此需要在授权的同时，有严格的监督机制，以检视权力运作情况，从而使授权更加有效。

有效授权也不同于委派，委派是以命令和说服为主，只是委派任务和目标，对方的责任不强，也缺乏主动性。有效授权的核心是授予对方责任和主动权，让被授权者有创造的空间，能采用自己的方法去完成目标。

英特尔十分注意对员工进行授权。在他们看来，授权者和被授权者必须共享信息。因为只有委派进行得很有效时，它才会起到较强的杠杆作用，而较弱的杠杆效果则产生于主管只死守所有工作而不懂得分配工作。总裁葛鲁夫认为，主管把自己喜欢的工作分配出去，可以更加得心应手地对这些分配出去的任务进行监督，并确保它们被按计划执行。

在英特尔的日常管理中，处处都体现了授权所带来的好处。葛鲁夫将这一点形象地比喻为：一个经理应当持有项目原材料方面的存货，这些存货应当由你需要但不是马上完成的东西组成。实践证明，要是没有这些存货，经理们就会无所事事，从而在百无聊赖之际去干涉下属的工作。这样的结果是可怕的，员工们的积极性和创造性将会受到重创。所以，葛鲁夫认为：对于一个经理或是主管来说，保证适度放权，并花一定的时间去计划咨询或协调员工之间的关系，并在适当的时候加以督导，那么下属就会及时地去调整工作状况，这种局面非常有利于公司的高效运作。

授权是一个双向过程，是有效地将一部分工作转交给他人，需要双方互相信赖与沟通。通过有效授权，授权者将庞大的企业目标轻松地分解到不同人身上，同时将责任过渡给更多的人共同承担，让团队每一个职员更加有目标、更加负责任、更加投入、更有创造性地工作，产生"四两拨千斤"的巨大效益和"九牛爬坡，个个出力"的协作精神。

近几年来，全球企业正在经历一场转折，即以前的家族式企业中一人独裁的集中控制方式，逐渐被分权和授权的方式所取代。随着企业规模的迅速扩大和全球化战略的实行，公司的管理者统管一切的方式不仅在方法上是行不通的，而且对于公司的成长来说也是有害的。适当的授权能使下属更加积极地参与到企业的运作和管理上来，从而有利于增强企业的竞争力。例如，松下电器的创始人松下幸之助的话就很颇耐人寻味："授权可以让未来规模更大的企业仍然保持小企业的活力；同时也可以为公司培养出发展所必需的大批出色的经营管理人才。"有了这些人才，企业的发展才会如虎添翼，进而取得更大的成功。

3. 权力下放，给下属以奋斗的空间 > > > > >

> 在竞争激烈的环境中，为了提高效率和控制大局，上级只保留处理例外和非常规事件的决定权，例行的和常规的权力由部下分享。这样，通过权力下放，可以激发下属的积极性与创新性，同时也扩大了下属奋斗的空间。

管理的秘诀在于合理地授权

所谓授权，就是指为帮助下属完成任务，领导者将所持权力的一部分和与其相应的责任授予下属。使领导能够做领导的事，下属能够做下属的事，这就是授权所应达到的目的。

合理地授权可以使领导者摆脱能够由下属完成的日常任务，自己专心处理重大决策问题，这还有助于培养下属的工作能力，有利于提高士气。授权是否合理是区分领导者才能高低的重要标志，正如韩非子所说的"下君尽已之能，中君尽人之力，上君尽人之智"。领导者要成为"上君"，就必须对下属进行合理地授权。成功的企业管理者大都深谙授权之道。

詹森维尔公司是一个美国式家族企业，规模不大，但自从1985年下放权力以来，企业发展相当迅速。其CEO斯达尔的体会是："权力要下放才行。一把抓的控制方式是一种错误，最好的控制来自人们的自制。"

斯达尔下放权力的主要手段是由现场工作人员来制订预算。刚开始

时，整个预算过程是在公司财务人员的指导下完成的。后来，现场工作人员学会了预算，财务人员就只是把把关了。在自行制定的预算指导下，工作人员自己设计生产线。需要添置新设备时，他们会在报告上附上一份自己完成的资金流量分析，以证实设备添置的可行性。

为了让每一位员工更有权力，斯达尔撤销了人事部门，成立了"终身学习人才开发部"，支持每一位员工为自己的梦想而奋斗。每年向员工发放学习津贴，对学有成效的员工，公司还发给奖学金。自从实行权力下放以来，公司的经营形势十分好，销售额每年递增15%，比调资幅度高出整整一倍。

建立一个与有效授权相配套的授权机制，营造一个与有效授权相适应的授权氛围，是企业管理者进行有效授权并留住人才的一种追求境界。有效授权，给员工足够的空间去想象，可以充分发掘员工的潜能，激发员工自我负责的精神，从而实现授权的意义和企业的目标。通过有效授权，培育良好的授权氛围，使每一个员工都能感到自己能够独立判断，对自己的工作负责。

甲骨文公司通过给各层级的员工必要的自主权，让他们对自己的岗位承担责任。如，一位整合产品部经理在22岁时就有足够的权责去影响公司的总业务收入（一般公司要等到35岁甚至40岁左右才拥有这种影响力）。他不仅可以去决策，去掌握客户，进行产品发布，以及管理研发人员，而且还可以进行一切和他有关的各种事务流程。

甲骨文公司只是为每个员工提供一个可以施展才华的空间，在这个空间里所有的一切，都需要员工自己去创造，需要他们自己对自己的工作负责。当然，这样做的前提是：一定要有负责任的上级管理者可以确保员工不会有越权行为。在这种基础上，甲骨文公司从管理体制上给了员工上进的空间，从制度上吸引和留住优秀员工。

因此，要想取得有效授权的果实，留住企业的优秀员工，就必须先给予员工良好的授权氛围。通过建立起完善的内部授权机制，搭建起良好的授权氛围。只有做到有效授权才有可能实现营造员工自由发展的个人空间。也可以这样说，空间是有效授权的追求。

合理授权是好事，但不是易事

授权并非一蹴可成，不能说一句"这件事交给你"就以为完成了授权。授权一事需要授权者和被授权者双方密切的合作，彼此态度诚恳，相互沟通了解。

在授权的时候，授权者必须有心理准备，明确授予下属完成任务所享有的权力和责任，使他完全理解自己的任务、权力和责任。做到这些后，就要让接任者依他自己的方式处理事情，不要随意干涉，并且随时给予扶持。合理地授权并非对下属放任自流、撒手不管。授权者要保留监督的权利，在受权者出现不可原谅的错误时，随时取消他的受权资格。

合理的授权，有利于调动下属在工作中的积极性、主动性和创造性，激发下属的工作情绪，发挥其才干，使上级领导的思想意图为群体成员所接受。善于授权的企业经理能够创造一种"领导气候"，使下属在此"气候"中自愿从事富有挑战意义的工作。授权可以发现人才，利用人才，锻炼人才，使企业的工作出现一个朝气蓬勃、生龙活虎的局面。

有了这样一个朝气蓬勃的局面后，领导者须谨记：领导者权力运营的最佳手段是抑制而不是放纵自己的权力，且职位越高越应如此；管理者是带领下属完成目标的人，不是通过个人能力实现目标的人；管理者是最大限度挖掘和调动下属积极性的人。疑人不用用人不疑，既然已经授权给了下属，就要相信自己的眼光，相信他能把工作做好。

一个成功的领导者可以定义为：最大限度地利用其下属的能力，并全力支持而不是干涉下属。权力的适当下移，会使权力重心更接近基层，更容易激发下属人员的工作热情。大量的实践证明，领导者抑制自己干涉的冲动反而更容易使下属完成任务，同时这也是区分庸才和帅才的重要标志之一。

在希尔顿的旅馆王国之中，许多高级职员都是从基层逐步提拔上来的。由于他们都有丰富的经验，所以经营管理非常出色。希尔顿对于提升的每一个人都十分信任，放手让他们在各自的工作中发挥聪明才智，大胆负责地工作。如果他们之中有人犯了错误，他常常单独把他们叫到办公室，先鼓励安慰一番，告诉他们工作中都难免会出错的。然后，他再帮他们客观地分析出错误的原因，并一同研究解决问题的办法。

希尔顿之所以对下属犯错误采取宽容的态度，是因为他懂得只要企业的高层领导，特别是总经理和董事会的决策是正确的，员工犯些小错误是不会影响大局的。如果一味地指责，反而会打击一部分人的工作积极性，从根本上动摇企业的根基。希尔顿的处世原则，是使手下的全部管理人员都对他信赖、忠诚，对工作就兢业业，认真负责。

正是由于希尔顿对下属的信任、尊重和宽容，使得公司上下充满了和谐的气氛，创造了一种轻松愉快的工作环境，从而才使得希尔顿获得了经营管理中的两大法宝——团队精神和微笑。而正是这两大法宝，才铸成了希尔顿事业的辉煌。

4. 用人不疑是授权基本前提 > > > >

信任是授权的前提，更是整个工作过程得以正常运作的基本原则。信任不仅来自于管理者对员工的充分信任，而且归于一个双向信任的良好氛围。只有双向信任才能保证授权得以持续进行下去。

授权本身就是一种信任员工的外在表现，同时只有充分信任员工，才能进行有效授权。著名管理专家柯维曾精辟地说：授权并信任才是有效的授权之道。

在实际工作中，一方面，员工希望获得上司的信任，被授予更多权力；另一方面，获得授权的员工，只有在被完全信任的情况下，才能拥有自主决策的权力，并能有效行使被授予的职权。

美国著名杂志《福布斯》，老总布鲁斯·福布斯对雷·耶夫纳非常信任，他在对其授权时说："一切由你全权处理，不过，事后要向我汇报工作结果"。雷·耶夫纳在完全被信任的基础上，进行大刀阔斧地改革，最后使《LAI周报》重振雄风。正是这种福布斯风格——相信你，给你绝对自由，不要任何限制，只要你的想法独特新颖，想怎么干就怎么干——造就了今日的福布斯。

可以说，"值得信任"是信任的前提，信任是授权的前提。信任不仅来自于管理者对员工的充分信任，而且归于一个双向信任的良好氛围。只有双向信任才能保证授权得以持续进行下去。授权并信任，可以激发员工做好本质工作，可大大超越要求完成授权的任务。

通过信任可以打动员工的心，从而留住员工。因此信任是有效授权的基石。用人不疑，疑人不用。即要充分信任下属，放手让他工作，不信任就不要用，用之必信。对能力比自己强的人，不要嫉妒、不要怕"功高盖主"。

所谓用人不疑不是指对任何人的能力、人品都不存疑虑。而是说，其一，既把工作交付于人，就不应该再抱怀疑的态度，而应给以完全的信任，放手让人去干；其二，由于主观的、客观的、各种各样的原因，导致某人工作的失误，但对此人的信赖不能就此终止，还应给予他全权责任。

要做到用人不疑，就一定要抵挡住诽谤的袭击。作为一个管理者，你必须能够抵御他人的谣言和诽谤，不予相信，以使大家在心理上、感情上、行动上建立交融与共的亲密关系。

俗话说：堡垒最容易从内部攻破，多疑之人难成大事。

中国古时的秦武王命将军甘茂攻打韩国的宜阳，甘茂在息壤时对秦武王说："宜阳是大城，加上途中有若干险阻之地，距离又在千里之外，攻打起来恐怕很费事。我真的很担心，在我攻打的过程中，会有人借此机会来诽谤我。"为了让武王明白他的忧虑，他讲了一个曾参杀人的故事给武王听。

甘茂说："从前，有个与孔子的弟子曾参同名同姓的人杀了人。听的人以讹传讹，就去报告了曾参的母亲。曾母相信儿子的德行，所以丝毫不为所动，但是，一连有三个人报告同一件事，母亲必须考虑，为了避免连累而潜逃了。"

甘茂接着说："我的品行不及曾参，大王对我的信任也不及曾母对曾参，而且，怀疑我的人也不止一个，所以，我很担心大王不知不觉地就相信了别人对我的谗言。"

武王听了甘茂说的话后，斩钉截铁地安慰道："我是不会听信谗言的，我愿意承担你的誓言。"

甘茂于是便放心地进军宜阳。开战后，用了5个月的时间，尚未成功，就像甘茂所担忧的那样，有人开始谣言中伤他了，武王也很快听信了，召回甘茂。甘茂质问武王："大王难道忘了在息壤的承诺了吗？"

武王这才恍然大悟，马上改变态度，动员全部军队支持甘茂。最后，甘茂终于攻下了宜阳。

武王能够很快地纠正自己的错误，还是值得称道的。试想，如果武王不改变态度，那么甘茂为攻入宜阳所做的一切努力都会付之东流，武王再想攻占宜阳恐怕就没有那么容易了。

信任是人与人之间一种最可贵的感情，用人就要信任人，就要尊重他的人格，这样才能发挥其积极性、主动性、创造性，才能成事。

5. 掌握有效授权的技巧 > > > > >

> 建设良性的企业文化、构建合理的内部管理体制、具备非常理性客观的"得""失"评判水平和胸怀是掌握有效授权的三个核心步骤，也是最终实现双赢效应的三个安全保障。

解决信任以外的授权危机，达到有效授权，首先要建设良性的企业文化。企业不管大小，都应该有自己独具特色的文化。而良性的企业文化是企业团队成长的土壤。在民营企业里，若能建立并逐步完善企业文化，则会使企业的员工真正融入其中。新员工在选择企业时，能够融入企业文化的，会自然和企业内部通行的行为规则保持一致的步伐；不能融入企业文化的就会自然地退出或被淘汰，此时即使有部分浑水摸鱼者也会成为不能被团队所接受的异类，而沦为人人喊打的过街老鼠。这种良性的企业文化会自然地帮助老板提升信任系数。

其次，构建合理的内部管理体制。在企业内从高层、中层、到基层的组织结构、决策程序、岗位分工与描述、人员职责定位、工作流程、绩效考核（包括工作分析、KPI设定、考核组织、考核办法及实施、奖惩机制等）等"软件"都是内部管理体制的组成部分。合理的内部管理体制是保证企业良性运转的基础。对于不同职位、不同级别的经理人，都有与其职位所对应的职责权限。总之，制度是根据需要由企业制定的，有了合理、完善的制度，就为跑、冒、滴、漏情况的发生提供了有法可依的保障，制度的执行又有考核体系的保障，考核体系后又有奖惩

体系的保障。这样,在一个完善的内部管理体制下面,自然会省去老板只凭感觉来判断能否信任的麻烦,而且也增加了许多科学合理的评价成分。

最后,也是最关键的一点就是中小企业的老板要具备非常理性、客观的"得"与"失"评判水平和胸怀。也就是说企业老板具有一种宽广的胸怀和先谋定而后动的眼光至关重要。企业老板在用人方面也同样存在着大智慧者算大账,小智慧者算小账的区别。假如企业以高薪聘请了总经理,一段时间内使企业的营业额有了提升,达到或超额完成了老板的预期目标。此时即使职业经理人犯了一些错误或给企业造成了一定程度的损失,但只要职业经理人所犯的错误不是原则性的,企业老板就要继续以一种包容的胸怀去积极支持职业经理人的工作。这样做可以实实在在稳定职业经理的人心。

作为一名管理者,掌握好授权技巧,对于工作的开展是非常重要的,如果管理者能够在完成任务同时又能享受其中的乐趣那是最好不过的。授权给与你一起工作的人常常有助于完成任务和享受工作。这里面主要包括两个主要方面。

首先是,将什么事情授权。

1. 你没时间做的事

当你计划一周或一天时,现实地预计每项你必须做的任务将要花费的时间。如果正常来说预计是半小时,就加到一小时,留出合理的工作步伐、打断和花在收集资料上的时间。如果发现你不能按时完成每一件事,就选择其他人能完成的任务委派出去。

2. 别人能做得更好的事

有时,管理者会抓住一项任务不放,尽管他人可能会做得更好或更快,这种对控制的需要通常于我们不利,因为我们最后可能得不到最好的产品。将任务转交他人并非承认自己能力或智慧不足。相反,在了解和利用自己的强项时,这就会表现出你犀利的洞察力。

3. 他人为了积累专业经验而必须做的事。

当然，通常你会比下属或助理干得更快更好。但为了让下属或助理提高专业水平，可能要将工作交由他们去做。而且，随着你不断晋升你将享受到伴随将任务委交他人而来的自由感。认识这点，尽管你一直做着一项具体工作（而且做得相当不错），抽出时间教会别人，长期来看，这是值得的。

其次是，如何授权才好。

1. 详述你期望的结果

这样会避免你在任务结束时收到一个你不想要的结果。别以为他人与你的想法会一样。将你的想法写成文字是个好提议；与你有权委派的人互相交换备忘录是确保达成共识的一条途径。

要定立明确的限期。然而，不要说："到……时候这件事要完成。"试试说："你能在什么时候完成呢？"这让受委派人感到拥有与任务有关的权力和选择。

如果受委派人定的限期确不够快，你可以提出："可不可以快点完成？"让受委派人继续有权选择。然而这样的询问取得的期限也可能比你定的更早。

2. 提供权力、途径和支持

委派的不单是任务，还有执行任务的权力。告诉其他人，受委派者有权在这个项目上代表你，并要求他人给予合作和信息。

3. 评估结果，而非过程

不同的方法可以达到同一目标。他人的思路与你的不同，并不等于是错的。小心别控制他人采用的方法，而是评估结果，看看是否符合你定的目标。这不是说看到错误不能提供辅助或信息，只是别因为太快介入而搅乱了学习的过程。

4. 确保你随时准备跟进

你仍然拥有最终的权力和对该项目最终的审核权。无论你委派的是简单还是复杂的任务，若你没有对完成了的项目给予最后肯定，就会浪费所有人的时间和努力。不作最后跟进表示对你委派他人的任务态度冷

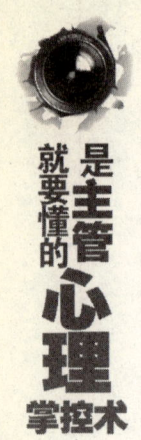

漠。这会降低你的信誉并增加他人不将你的要求认真对待的机会。你的跟进方法可以简单如一个"备忘本"。采取何种方法并不重要，最重要的是有效。

6. 正式权力与非正式权力相结合 > > > > >

权力结构可分为正式权力和非正式权力，二者在有效授权过程中的作用都是不可或缺的。然而由于传统的原因，前者的重视程度往往远大于后者。其实，在现实社会中正式权力都是有限的，而非正式权威则是无限的，非正式权力的影响对领导的有效性和权威性起着决定性作用。

正式权力又称职位权力，是组织赋予领导者的岗位权力，它以服从为前提，具有明显的强制性。这种权力是由领导者在组织中所处的职位所决定的，其具体可包括：决策权、组织权、指挥权、人事权、奖惩权等。这类权力与领导者个人因素无关。

非正式权力是领导干部自身素质形成的一种自然性影响力，它既没有正式的规定，没有上下授予形式，也没有正式权力那种形式的命令与服从的约束力，但其影响力却比正式权力影响力广泛、持久得多。在它的作用下，被影响者心理和行为更多的是转变为顺从和依赖关系。

非正式权力影响是由领导者的品德修养、知识水平、生活态度、情感魅力以及自己的工作实绩和表率作用等素质和行为所形成。它的特点在于它的自然性，它比正式权力影响具有更大的力量。现实生活的大量事实向人们昭示，领导者影响力中起重大作用的是非正式权力，其影响力、感召力、吸引力是非常巨大的。"其身正，不令而行；其身不正，虽令不从"，就深刻说明领导者非正式权力影响对领导的有效性和权威性起着决定性作用。

在中国，领导力长期以来被等同于正式权力和权威。现在，这种情况正悄然改变，中国企业领导人正在面临如何在不运用正式权力权威的情况下，进行有效领导和良性影响。日趋激烈的竞争使得团队合作的工作方式成为企业激发人们的聪明才智，释放他们的创造潜力，从而增强企业竞争优势的重要源泉。因此，企业领导人纷纷重塑自己的领导方式，以适应这种合作型、平民化的管理文化的需求。

研华股份有限公司董事长刘克振有时会直接给分公司的销售人员打电话，就产品推广等话题进行直接探讨。接到他电话的员工表示："董事长的电话让我感到亲切，我当然愿将自己的想法告诉他。这种直接对话的做法让大家很受鼓舞。"

和人们印象中刻板、严厉的日本老板形象不同，佳能中国总裁兼CEO足达洋六是一个非常放松、开放的老板。他随时都会发出"我喜欢你这个人，我喜欢你所做的工作"的信号，让员工感觉到"我不是一部工作机器，而是一个有感情的人"。这种感染力产生了强烈的共鸣，激发了员工在压力之下快乐地工作。

实际上，领导人利用正式的领导职务所赋予的权力，依靠命令和控制手段，通过硬性要求和强制指令来领导，其效果往往与初衷背道而驰。相反，如果领导人把自己当作被领导者的导师、合作伙伴甚至朋友，运用包容、人格魅力、专长、人际关系技巧和沟通等非正式权力的因素，通过"传帮带"等非正式权威的领导方式，往往会收到意想不到的好效果。

运用非正式权威的领导方式，不仅适用于领导下属。领导（力）的基本内涵是：指引方向，施与影响，进行激励，承担责任。这些内涵告诉我们，你不仅可以领导下属，还可以领导上司、平级甚至公司外部的

顾客、供应商等利益相关者。

比如，"领导"上司，需要对上司施加影响时，就要考虑：是否要根据上司的工作习惯采用适当的方法？怎样明确自己的期望？如何同上司充分交流？如何在充分调研的基础上，主动针对工作中存在的问题提出不同的解决方案？

要有效地运用非正式权力的各种领导方式，需要结合公司的实际情况，厘清在本公司运用领导力的主要方面和重要对象。在不同的条件下，针对不同的对象，所采取的领导方式就要有所区别。

张三、李四是某高校的两位领导，张三多年来分管后勤工作，李四多年来分管科研工作。由于年龄关系，前不久两个人都退休了。还是原来的两个人，但在生活中我们却看到了老百姓对他们的不同态度。张三由于长期以来没有专长，唯一的爱好是善于钻营，在位时和下属的关系就不怎么好，退休后就连一个楼里住的邻居都不怎么理他。李四就不同了，尽管担任了多年的行政职务，但他的专业一直没丢，退休后正好腾出更多的时间来把自己做行政工作时没有时间钻研的东西继续做下去。同时，本地很多科研院所也来邀请他，今天搞项目鉴定，明天搞学术研讨，虽然退休了，但比退休时还要忙，院里的同事也很尊重他。对李四来说，在位或者不在位，对他几乎没有太大的影响。

上述现象在我们的生活中已经见得太多了，但很少有人会去思考这个现象背后的深层原因。其实，管理学中领导者权力来源理论可以对这个现象进行科学解释，同时能使我们得到很多启发。

现代领导理论认为，领导者的权力来源于以下五个方面：

一是法定权力。这一权力来自于你所处的职位，职位越高，法定权力越大。

二是惩罚权力。领导者对下属的一种物质或精神上的处罚权力，是由法定权力派生出来的一种权力。

三是奖赏权力。领导者对下属进行物质或精神奖励的权力，包括表扬、多发奖金、提升等。是由法定权力派生出来的另一种权力。

四是专长权力。由于领导者在某一专业领域所具有的特长而获得的一种权力,这种权力与个人的专业技术水平和能力有关,与职位高低无关。

最后是个人影响权力。领导者因为个人的品德、风度、气质等个人魅力而获得一种权力,与职位高低也没有关系。

在以上五个方面的权力来源中,第一道第三种权力是根据你所在的职位高低而获得的,称之为正式权力,由此获得权威我们把它叫做正式权威。最后两种权力主要是基于个人原因获得的,与组织关系不大,因此可称为非正式权力。

事实上,在任何一个单位,正式权力都是有限的,因为,职位本身是有限的。但是非正式权力是无限的,特别是个人专长权力,主要依赖于个人的专业水平,因此非正式权力的获得更多地只能靠自己。

由此可以看出,要想做好一个领导,仅仅从正式权威方面去努力是远远不够的。对普通人来讲,比如政府机关,一般人如果混到处级干部可能就到顶了,要再有能往上爬的只能是凤毛麟角。但专业方面的能力和个人的影响权力却可以不受职位的影响不断扩大。在日常生活中,相当一部分管理者恰恰忽略了这一基本理论,一旦进入仕途便误入歧途,等到明白时已经晚了。

7. 谨慎持重、选好授权对象 > > > > >

把权力授给谁,这是管理者首先要考虑到的问题。应当明白,下属也是各怀其志,不可勉强的。领导者勉强授权,一般很难取得成效。这就需要管理者选好授权对象,把权力授予愿意接受的人。

事有轻重缓急，舍本而逐末，自然就不得要领了。管理是什么？管理就是抓事情的轻重缓急，亦即要领。在任何单位的工作中，不仅有着各项重大任务，而且有许多事务性工作。有些事情非常紧急，迫在眉睫，必须当机立断，及时去办；有些事情忽然来到，不办不行，必须妥善安排；有些事情必须上下结合，共同去办。

在如何分清轻重缓急、对症下药方面，有一个很有趣的故事可供大家参考：

有一天动物园的管理员们发现袋鼠从笼子里跑出来了，于是开会讨论，一致认为是笼子的高度过低。所以他们决定将笼子的高度由原来的十米加高到二十米。结果第二天他们发现袋鼠还是跑到外来，所以他们又决定再将高度加高到三十米。没想到隔天居然又看到袋鼠全跑到外面，于是管理员们大为紧张，决定一不做二不休，将笼子的高度加高到一百米。看着动物园的工作人员在忙碌着加高笼子，长颈鹿和几只袋鼠们闲聊说："你们看，这些人会不会再继续加高你们的笼子？""很难说……"袋鼠说，"如果他们再继续忘记关门的话！"

虽然这是一个笑话，但从中我们可以想到，做事情如果抓不到重点，舍本逐末，势必将如缘木求鱼一般，最终不得要领，徒劳无功。

作为管理者，不可能也没有能力去总揽各项事务。授权也是一样，必须按照缓急程度把工作交由下属去办。

权力授给谁，管理者首先要考虑这个问题。而且，在做出决定之前，你必须考虑很多的因素，这里着重讲的是授权对象愿不愿意接受领导者授予的权力。下级对领导者授予的权力，并非都会欣然接受。应当明白，下属也是人各有志，不可勉强。领导者勉强授权，很难取得成效。这就需要管理者把权力授予愿意接受权力的人。

管理者应注意授权对象的承接力和如何把握适合的时间策略，如果你想要授权有效和体现出成果，必须要经过精挑细选，被选中的员工应具备以下素质：有职业道德，善于灵活机智地完成任务，有自我开创能力及协调与合作精神，善于思考的头脑，而且要懂得一定的传帮带技术。

选择一个正确的授权对象是授权的关键一步，领导者应该将权力授予那些品德好、有能力的人。这就要求领导者在授权之前要对被授权对象进行细致的考察，包括被授权员工的特点、强项、弱势等在内都应该了如指掌。

选准对象，方能授权。孔明北伐，街亭失守，过不在马谡，而在于孔明弃魏延而用马谡为先锋，是授权者选择对象不当所致。

在选择授权对象时一定要坚持德才兼备的原则。既要考察授权对象的政治素质，又要考察授权对象的实际才能。有德无才难担重任，有才无德贻误事业，两者不可偏废。选定授权对象后，应注意根据其能力大小和个性特征适当授权。对于能力相对较强的人，宜多授一些权力，这样既可将事办好，又能培养锻炼人；对于能力相对较弱的人，不宜一下子授予重权，以免出现大的失误；对于性格明显外倾性的人宜授权让他解决人际关系及部门之间沟通协调的事情；对于性格明显内倾性的人宜授权他分析和研究某些具体问题；对于粘液质和抑郁质的人宜授权让他们处理带有持久性、细致性、严谨性的工作。

授权与人就是安排合适的人做合适的事情，事情做好了功劳都属于他，出了问题，授权对象就是惟一的需要对事情负完全责任的人。要注意的是，在选择授权对象的时候，授权对象一定要有惟一性，否则大家都有尚方宝剑，情况将会变得糟糕，出了问题找不到负责的人。

8. 授权适当、把握好尺度 >>>>>

授权计划是有效授权的起始点。有效授权意味着要有计划、有步骤地给员工分配权力和责任，使员工做到权限清晰、职责明确。要进行有目的的有效授权，就必须制定一个合理的授权计划。

计划对于授权至关重要。计划是有效授权的保证。只有合适授权计划，员工才能更好理解授权的目的和企业的目标，并全身心投入到工作中。

比如，北美最大的天然气资源公司美国阿莫科公司就是通过授权经营而取得成功的例子。阿莫科公司通过授权计划，首先工厂会给项目经理正式的授权书，给予他们行政管理权、财务权、技术处理权。其次项目经理依次对下面的分项经理予以授权。在此基础上，分项目经理会给每一个项目成员具体的岗位描述，界定权力和职责。通过计划授权的实施，使员工的权利和义务得到清楚界定，并得以平衡，从而取得团体运作的最大效益。

可见，有效授权有必要有一个合理的授权计划作为后盾，为授权而设立计划是有效授权得以实施的保证。如果授权无计划，授权难免会失败。因为没有计划的授权，会使员工茫然不知所措。事实证明，没有计划的授权就像没有计划的人生，没有方向，最后只能随波逐流。

可见，被授权的员工在完成任务的过程中，领导者必须在计划范围之内给予员工一定的授权，包括资源、经费、人员以及了解信息等方面。但是领导者要清楚，当你把权力授予下属时，并不意味着任务完成的成败与你无关，领导者永远都是最终的责任者。

领导者要分清并不是什么事情都可以授权给下属的，不可授权的事情一定不能让别人去代劳。比如，绩效考核、人事调整、制定预算以及一些机密的工作等。

除此之外，领导者在授权过程中一定要有分寸，千万不要"弃权"。领导者所拥有的决策权、人事权、指挥权、监督权，在任何时候都不能放弃。否则领导者将被"架空"，领导活动失去控制。

明朝皇帝朱由检把大权交给了奸臣魏忠贤，每当魏忠贤问他事时，他总是说："你看着办吧，怎么办都行！"结果导致了魏忠贤遍设锦衣卫，肆无忌惮地乱杀忠臣贤将，造成了大批冤狱。

在处理管理者对下级进行授权的环节中一定要把握好适度原则，切不可有任何如下情形发生。

1. 琐碎小事让下级负责。

管理者授予下属的权力一定要是实权，且必须具有重要性。授权是为了完成某项重要的工作，并非什么小事都让下级代办。所以在工作中必须防止上下级之间由于关系过好，上级的私事小事经常让下属负责，这样导致了下级变成秘书，在下级滋生了"大事没我，小事归我"的怀疑心理，对工作失去积极性。

2. 授予权限不当。

"度能授权"是管理者必须掌握的一个重要技巧，权力的授予必须有一个度的范围，权力超过了这个度，会导致量变到质变的转化，造成工作中的瞎指挥现象，进程杂乱无章，失去控制，对原本自己不熟悉的事情也指手画脚，乱出主意，导致专业人员的困惑。权力如果没有达到这个度，那又等于没有被授予，上级因为没有适当授权，导致自己忙里忙外，工作太多，而下属则被排斥在工作之外，看别人在工作而自己在旁观，导致积极性受挫。

3. 权力随意收回。

在授予下属权力之前，一定要深思熟虑，合理安排，切忌由于考虑不周，随意收回权力。权力的授予，是上级对下级的一种信任，应当充分相信下属的能力，放手让他全权处理该任务中的各项问题。平时如果不注意培养下属的工作能力，一旦有突发任务，让下属贸然顶上，发现其经验能力不足后马上将其撤下，结果是对上级本身能力的一种否定，也是对下属自信心的打击，这是授权中必须非常谨慎处理的问题之一。

4. 权限界定不清。

许多领导因为事务缠身，对授权过程不重视，授权的全过程就是一句话："这件事交给你处理了。"其实，这是一种不负责任的授权方式，说了等于没有说。当下属遇到稍大的事情，超越了平时的权力范围，便会不知所措，又不敢再问上级，经常到事情结束后，结果跟上级想要的结果大相径庭，又被上级责备遇事不问，以致如此结局。其实，这样的事情在现实中经常发生，原因不是下属的能力有问题，而是上级在授权的时候没有将权力的边界界定清楚。一个工作任务和目标都不明确的授权，也就失去了存在的意义。

5. 害怕承担责任与竞争。

失败是走向成功必须付出的学费，畏惧失败的人将永远无法体会成功的喜悦。许多管理者在授权的时候经常考虑到如果下属出错后，自己要承担责任而不愿意授权，或者害怕下属在出色完成任务后功高盖主反夺其位。认为下属承担的责任越大，所做工作越多，取得的成就就越可能超越自己，而且在企业中的声望就会扩大，造成对自己的威胁，因而往往不愿意将权力授予下属。

权力的授予是一门综合性很强的艺术，授权过程中涉及各方面的内容也比较多，管理者把握了授权的本质要点，便可以按照自己的意愿，从容安排授权。当然，要成功运用好授权的技巧，除了了解授权的内容特点及注意事项，还必须有良好的监督反馈机制。

9. 防止授权泛滥、权力失控 > > > > >

> 管理者给下属授权，必须明确哪些权力可以下授，哪些权力不能下授。在保证工作正常运转的情况下，必须预防授权泛滥、权力失控的现象发生。管理者的权力保留多少，要根据不同任务的性质、不同环境和形势以及不同的下属而定。

一般情况下，管理者应保留以下几种权力：事关区域、部门、单位的重大决策权；直接下属和关键部门的人事任免权；监督和协调下属工作的权力；直接下属的奖惩权等。这些权力属于职能责任者工作范围内的权力，不能授出。除此之外的其他权力，可根据不同情况灵活掌握。

从实际工作上衡量，凡是分散管理者精力的事务工作，上下都得支配或可分担的边际权力，以及因人因事而产生的机动权力等都可以考虑下授。但要注意事情的"本末"、"轻重"和"缓急"程度，具体拟定授权方法。

任何企业或组织都有自身的发展目标，这些目标的实现绝不是管理者个人所能完成的。管理者只有将组织的总目标进行必要的分解，由组织内部的各个管理层次及部门的所属成员，各分担一部分，并相应地赋予他们一定的责任和权力，才能使下属齐心协力，共同奋斗，努力实现组织的总目标。那么，管理者应该按照何种方法进行授权，才可以避免授权的盲目性和授权失当的现象发生呢？

1. 充分授权法

管理者在充分授权时，应允许下级决定行动的方案，将完成任务所必须的人、财、物等权力完全交给下属，并且允许他们自己创造条件，克服困难，完成任务。充分授权能够极大地发挥下属的积极性、主动性和创造性，并能减轻主管不必要的工作负担。

2. 不充分授权法

凡是在具体工作不符合充分授权的条件下，管理者应采用不充分授权的方法。在实行不充分授权时，应当要求下属就重要性较高的工作，在进行深入细致的调查研究的基础上，提出解决问题的全部可能的方案，或提出一整套完整的行动计划，经过上级的选择审核后，批准执行这种方案，并将执行中的部分权力授予下属。

采用不充分授权时，上级和下属双方应当在方案执行之前，就有关事项达成明确的规定，以此统一认识，保证授权的有效性和反馈性。

3. 弹性授权法

管理者面对复杂的工作任务或对下属的能力、水平无充分把握，或环境条件多变时，宜采用弹性授权法。在运用这种方法时，要掌握授权的范围和时间，并依据实际需要对授给下属的权力予以变动。例如，实行单项授权，即把解决某一特定问题的权力授予某人，随着问题的解决，权力即予以收回。或者实行定时授权，即在一定时期内将权力授给某人，到期后，权力即刻收回。

4. 制约授权法

管理者管理幅度大，任务繁重，无足够的精力实施充分授权，即可采用制约授权的方法。制约授权是在授权之后，下属个人之间或组织之间的相互制约的一种授权方式。它是管理者将某项任务的职权，分解成两个若干部分并分别授权，使他们之间相互制约、互相钳制的作用，以有效地防止工作中出现疏漏。

5. 逐渐授权法

管理者要做到能动授权，就要在授权前对下级进行严格考核，全面了解下级成员的德才和能力等情况。但是当管理者对下属的能力、特点等不完全了解，或者对完成某项工作所需的权力无先例可参考时，就应采取见机行事、逐步授权的方法。如先用"勘理"、"代理"职务等非授权形式，使用一段时间，以便对下级进行深入考察。当下属适合授权的条件时，领导者才授予他们必要的权力。这种稳妥的授权方法，并非要权责脱节，而是要最终使用两者吻合和达到权责相称。

其实，按照何种方法授权，取决于当时的综合情况和工作的急缓程度，这需要管理者因时因地地考虑。但无论何种情况，管理者授权出去后，同样要对授权承担最终责任。

第十二章

代际差异心理掌控术，和"80后"新员工打成一片

中国有句名言叫"长江后浪推前浪，一代新人换旧人"，说的是时代的革新，需要新的时代领军人物。毛泽东以"江山代有才人出，各领风骚数百年"隐喻时势政治的变迁。当今时代，"80后"将逐渐替代"60后"、"70后"成为企业的中流砥柱。"80后"大量进入企业，需要管理者适时做出适当的调整，因此需要我们研究"80后"，做好管理人才的准备。

1. 当主管遭遇"生猛员工" >>>>>

> 恐怕大多数的 HR 经理人都遇到过这样的情况:"80 后"这"生猛"的一代来了,职场中原来的安稳日子如今不好过了。这些新新人类哼着含糊不清的歌曲,摆出桀骜不驯的姿态,怀着美好伟大的理想,在职场中横冲直撞。

"80 后"的话题虽然已不是一个新鲜的话题,但毋庸置疑,这是一个热门话题,也是一个当前需要重点解决的课题。目前,社会上对"80 后"的评价可谓是褒贬不一。之所以出现这种情况,一方面与社会上的"80 后"本身存在的问题密不可分,另一方面也与我们评价"标尺"的"刻度"有关,毕竟"刻度"是否客观、标准,最终关系到评价结果是否公平、公正。实话说,"80 后"是最具有自己独到的见解和时尚气息的一个群体。

概括说来,在实际上在工作中,我们的确遇到了"80 后"的管理困境,其主要体现在这几大方面:

一、"80 后"员工藐视权威和制度。有时他们会在工作中无意识地去触碰一些制度的高压线,这无疑给公司的制度执行和传统制度管理方式带来挑战。

二、独立性差。"80 后"员工有时喜欢独立,但这种独立是在团体范围内所产生的独立,而若是切实将其置于陌生的环境下,他们的那种独立处理问题和独立生存的能力缺陷,将会一览无余地表现出来,这将会给企业的市场开拓以及人才的培养工作制造不小的障碍。

三、没有责任心，缺乏忠诚度，这一点表现得最为明显的就是在工作选择上。"80后"员工选择工作基本上不会去考虑什么职业生涯的有序和规范的问题，只信奉一句话"我选择，我喜欢"。但可怕的是，这种喜欢却经常性地发生改变，这肯定会给企业人才队伍的稳定性带来不小的麻烦。

"80后"员工之所以形成管理难题，主要还是来源于其成长的社会环境和家庭环境，这两方面环境的存在铸就了"80后"个性，为企业的人力资源管理实践创造了一个新的管理难题。

"80后"这群员工的流动性比较大，他们多是刚走出校门的新人，对自身的价值认识不清，容易心浮气躁、受外界的干扰与诱惑大。同时，不同行业的收入差距较大，这也造成他们不断产生新想法、做出新选择，所以会跳槽频繁。

对很多部门主管来说，繁忙的日常工作之外，还要考虑如何去管理"80后"，着实增添了很多麻烦，似乎远不如找"同类"更有效率。

下面的经历是人力部门主管对"80后"人才招聘的一些看法：

公司招收了三个男孩来做实习生，原本初步定实习时间是一个月。起初的效果非常良好。有了几个年轻新人的加入，大家午餐时间的闲聊都更新了主题：如今最当红的歌星、最流行的装扮，以及其他各种最新资讯源源不断地涌来。办公室的气氛顿时改变了，空气似乎都清新了，每个人都仿佛年轻了几岁。

然而，问题总是会到来的。月底业务的总结和下月的规划需要立即做出来，整个部门都忙得不可开交。本来还庆幸多亏有三个实习生，可以分担一点琐碎的简单工作，因为第二天就要用，于是派他们几个人整理资料。

但没想到，到了下午4点多，三个人突然集体消失了。原来他们晚上有同学聚会，都提前离开了。最后这事不得不动用公司人力资源部的力量，紧急找了几个兼职人员连夜帮忙，才算解决了。尽管这三个"80

后"青春气息逼人，但显然不能再用他们了。

还有这个案例，是企业管理人员在对待"80后"时常遇到的问题：

张某原来是一家外企的部门经理，他的下属都是年龄相对较长、个性比较成熟的工程师。在下属的心目中，他是个很好的上司，在张某的部门，工作氛围很好，大家干劲十足。

不久，张某跳槽去了一家民营企业做副总，作为新兴的民营企业，他的下属很多都是"80后"的年轻人，他一时还把握不了如何与比自己小20多岁的年轻人相处。一次，因为一点工作上的小问题，张某批评了一个"80后"的下属。这在过去的经验中，属于业务上的交流，在张某看来非常正常。没想到挨批后第二天，这个小伙子就"消失"了，不来上班，电话关机，弄得张某一点脾气都没了。张某一来困惑不知何故，二来担心下属出事，只能上天入地地发动同事找他。最后，这个下属终于自己想通，回来上班了，但张某却很无奈，"真的不知道该怎么和这些孩子相处了。"平日里一向和气友善的张某就此遭遇了人际相处的难题。

面对"80后"的下属，以能力说话是至关重要的，其次要放低姿态向下属学习和探讨，当然，如果遇到缺乏责任感的下属，较为强硬的铁腕和压力也是必要的。虽然一时看来，下属接受不了，但从下属的职业生涯发展来看，对他进行挫折教育也是助他成长的一个途径。此外，表扬也是很重要的一环，定期表扬是极好的动力源和兴奋剂。

2. 想要管理，就先要了解他们 >＞＞＞＞

> "80后"的确有许多他们独特的地方，比较重视自我；有自己的信仰；在公司里，他们一开始对"自己的空间"重视程度大于"发展空间"；以情绪和快乐为导向；不愿意承担太多责任和压力；不做遥远的规划……

新新人类"80后"，他们的思想，行为等都不同于前人，喜欢我行我素，喜欢特立独行，喜欢标新立异，喜欢追求刺激。在他们身上，如果做一件事，是为了责任或义务的话，其完成的效率和成效会大打折扣。对于"70后"而言，责任感强，善于看到远期的能力提升，于是通常对于自己不感兴趣的事也会尽可能保质保量地完成。而"80后"恰恰相反，没有兴趣的事是不会做的，或者说应付了事。因为他们重视当下的体验，不愿浪费自己的时间与精力。除了工作内容团队成员可以按自己的喜好来挑选外，作为管理者，有时还需要帮助这些以兴趣为主导的员工开发他们潜在的兴趣，并培养他们潜在的兴趣点。

作为管理者，首先要了解自己的这些特殊的属下，他们有什么样的特征。"80后"的确有许多他们独特的地方，比较重视自我；有自己的信仰，在公司里，他们一开始对"自己的空间"重视程度大于"发展空间"。以情绪和快乐为导向，不愿意承担太多责任和压力，不做遥远的规划。对待成功，希望毕其功于一役；自认为很独立，其实很多方面很依赖，碰到问题，第一个反应容易"归罪于外"。但是，他们大多反应

快、创新能力强、不盲从；容易适应新的发展和变化，受到重视的时候能做出出人意料的成绩。他们看起来不盲从，但在情绪上却是最容易互相感染的一代，往往你在公开场合激励了一人，就等同于激励一个群体。

我们总结出"80后"的员工一般具有以下两个相同的心理状态：活跃又自我的男孩，脆弱又自主的女孩。找出了他们的心理状态，我们应该怎样去正确引导和管理他们呢？作为管理者，对于"80后"员工，我们既然无法改变，就要积极适应。

对于"80后"的员工，管理者必须告别传统的"说教"。因为，你可能已经发现，在平常的沟通中，当你正给他津津乐道地讲你的过去，你的青年时代的时候，他可能会直接给你说一句"都什么时代了，还讲这些"等等之类的话。

有一个"80后"员工，是独生子女，平时表现还可以。有一天下午，他突然打电话到店面，说要请假。但当时的情况不允许，主管告诉他不同意，而且告诉他规定不许电话请假。他说："主管，我们同学会，我今天必须请假，你要不同意，你打我旷工好了。"

他们总觉着上司在说教，很啰嗦，只要感觉上司在说教，就表现出烦躁不安的情绪，稍有语言不慎，就给来一句：大不了我不干了。让人觉着前面的苦口婆心都白说了。因此，对于"80后"，唯有真诚拥抱，不要试图通过"说教"来改造"80后"。作为管理者，必须具备良好的沟通能力，具有感染力的演说、深刻的思想（最少是可以自圆其说的深刻）、专业的技能技巧，这样才是领导好"80后"的前提，也就是说，必须让他在某一方面欣赏甚至崇拜你。

"80后"一代如果有唯一的一个相同点，那么这个相同点就是他们每一个人都不同。管理不是整理，管理的对象毕竟是人，所以在推进制度化管理时也需要区分各自的特点，充分体现"制度适人"。

对于这类"80一代"职场新人，管理过程中一方面要注意不断地对其灌输组织的核心价值观，使其不断融入组织圈子，培养与组织的感情；另一方面应注意把责任落实到个人，虽不要求其朝九晚五来回奔波，但要求其在指定时间内完成交付的工作任务。同时，要使其明白在制度化管理的背景之下，任何一个底层工作人员的流失对整个组织来说并没有影响，若不能完成工作，有影响的反而是其本人，以此种方式来增加这类人的职业危机感。

"制度育人"也好，"制度适人"也罢，其核心都是要求管理者在制度化管理的过程中以平等的态度、区别的手法来对待"80一代"。同时，也需要管理者在工作中平衡"80后"和工作前辈的关系。毕竟，任何一个管理者，管理的都不仅仅是"80一代"，聪明的管理者，对这一点一定会牢记于心。

3. 新员工更需要人文关怀 > > > > >

与"60后"、"70后"最大的不同，"80后"的新人没有那么多的兄弟姐妹。在学校时大家也都是名次上的竞争对手，而他们父母又比以往任何一个时代都更忙碌，因此他们往往更渴望被关怀。其实"80后"新人喜欢跳槽，往往就是觉得自己在企业里不受重视！

对于"80后"员工，在鼓励他时，不能只是发个奖状或者给个红包，而需要用等同价值的方式去表现。如某个销售部员工酷爱收藏卡通模型，HR经理花了600元为他搜罗一个他找不到的卡通，作为本周销售业绩冠军的奖励品，这将比奖励他1000元奖金，更加让他觉得激动

和人性化。这就为"老一辈"的人力资源工作者提出新的挑战。

"80后"新人不再如前辈一样把企业当成自己的家,在他们看来企业不过是他们实现自我价值的一个平台甚至是一块跳板而已。他们选择一家公司的逻辑很简单:这里能帮助我成长。一旦他觉得在这里自己没有成长或空间,他就会选择离开。因此作为他们的管理者,一定要注意持续不断地给他们提供目标和通道,让他们知道只要达到什么样的要求,自己在这里就有会有怎样的作为。这样他们会觉得工作有成就感,才会觉得这里更适合自己的发展。

缺乏深度的沟通是管理者经常犯的错误,特别是对"80后"的员工,他们对工作和公司都有很多想法,但是那些负面、消极的想法一般都不会主动去说出来,那么这时候就需要管理者们去主动聆听,动之以情、晓之以理地去引导。

"80后"员工承受的工作和社会压力并不小,但外界却指责他们抗压能力差。因此,企业和管理者有必要做好他们的压力管理,一要关怀他们,二要理解他们,三要包容他们,四要对他们有耐心。

1999年成立的网通公司是电信改革先行者,而其员工也非常年轻。据悉,该公司现在员工的平均年龄将近30岁,也就是出生于上世纪70年代末、80年代初的典型"80后"员工。那么,年轻的网通公司是怎样从企业的角度管理这群让人挠头的"80后"员工呢?

一方面是明确的职业引导。"80后"员工入职前,该公司会提供为期一个月的封闭式培训,使他们对公司有更全面、更深入的理解。接着就是半年的工作体验式学习,采用轮岗的形式,让员工在前、中、后线分别在网通公司的销售、网络建设、技术规划等岗位上工作。最后,网通公司再根据各个员工的不同职业倾向进行岗位确定。

另一方面,面对这批可塑性强、崇尚自由、兴趣广泛、学习能力强、自信和创新的"80后"员工。网通公司一直都努力营造积极向上的组织氛围,该公司的企业文化是:信任沟通、进取热情、低调实干、业绩承诺。在网通公司里,部门之间、员工之间、上下级之间都很注重沟通和信任。

正是这样切合"80后"口味的措施，充分调动起了这批年轻员工的干劲，从而为网通公司取得了可圈可点的可喜业绩。

管理"80后"，期望值是最关键的。在指导"80后"员工的过程中，管理者要用比较亲切的方式，不能让他们感觉到是在命令他，这会引起他们的反感。要和风细雨、朋友般与他们聊天。在关键点上，要倾听"80后"的想法，事先给他一些提醒，让他们承担更多的责任；碰壁之后要和他及时沟通，然后设法引导。

4. 给新人更多的鼓励和尽可能少的打压 ＞＞＞＞＞

> 鼓励对方更能赢得对方的认同，对于逆反心理特强的新生代更是如此。任何事物都有两面性，总有优点可以为我们认可，当我们认可优点时，无形之中在对方心中留下了记号，善于鼓励对方的优点，长期积累下来，你会发现原来的那些缺点也自行消失了。

俗话讲：得人心者得天下。企业能得人心，向心力就强；员工有了归宿感，忠诚度、责任心就强，那么企业的人才竞争力就会更加强。

在企业内部建立阳光激励机制，创建公平竞技平台，确保激励系统化、制度化，对于相对单纯的"80后"来说是非常鼓舞人心的。"80后"不会也不愿意玩心眼，把事情讲得明明白白，然后努力去达成目标就好了。他们大都没有后顾之忧，更愿意放手拼搏。天性争强好胜的他们，喜欢学习，喜欢挑战，他们内心的热情一旦点燃，那么他们对于工

作将会全力以赴；一向具有优越感的他们，自尊心很强，非常渴望自己能够有成就，看得到的希望，对于他们来讲，是非常重要甚至是不可或缺的。

多鼓励"80后"的新员工，及时肯定他们的工作能力。进入新的工作环境，新员工希望能及时展现自身价值，以获得企业的认可。为此，企业也要为新员工提供发挥的工作平台，对其取得的成绩要及时肯定；遭遇挫折时，要进行适当的鼓励，让新员工感受到其存在的重要性，从而提高工作的积极性。

"80后"员工实际上是很矛盾的一个群体。他们在某方面很先进，比如，他们的知识信息量大、自信、创新；但在另外一方面，承受工作的压力相对较弱，而且对工作的期望值又过高。因此，这也加速了"80后"员工的跳槽欲望。

但是，话分两头说，工作中常常也会有这种情况发生：一旦出现新员工能力出众、对上层地位造成威胁时，"老"员工往往就会抱成一团，共同打压新员工。这时，人为制造的玻璃天花板往往就限制了新员工的发展，导致新员工在郁闷之下拂袖而去。

小张是一位"80后"职场人的典型代表，他从市场主管被提升为副经理。在他的锐意进取下，公司的市场工作开展得非常出色，小张的能力也得到了公司上下的认同。就在小张信心满满地以为自己行将转正时，公司高层突然空降了一位34岁的经理给他，而这位"空降兵"是公司总裁办的王成。刚开始，小张还是真心接纳这位上司的，但一段时间后，发现自己的这位上司每天都把工作时间放在玩游戏上。有业绩的时候，报上去总是王成的名字，有失误的时候，王成总是推得一干二净，而且两人的薪酬差异非常大：做事的副职只有玩游戏的正职的一半，这让小张好不失落。一年后，感觉到自己在公司内已经没有发展空间的小张，心灰意冷地跳槽到了竞争对手，留下了一个半年内都没有合适人选填补的空缺。小张在向公司提出离职后，甚至连人力资源部经理要求的离职面谈都不愿参与，收拾完自己的行头，头也不回地离开了自已担任产品部副经理长达3年之久的公司,没有和同事告别,更没有和自己的直接上司说一句话。

在新老员工冲突中,新员工往往处于一种非常不利的困境:他们虽然能力出众而受到高管层的信任,但往往在公司内部缺乏基础,而由于服务时间不长,其忠诚度也极容易受到质疑。强烈的自我保护意识本来就已经使老员工抱成一团,形成一个利益共同体,一旦有新员工能力出众、咄咄逼人,对一些老员工的地位造成威胁时,就会联合起来共同打压新员工。而新员工在这种时候往往穷于应付,认为没有人能够帮得上自己,最后只能是自己走人了事。

如果说薪酬差异、日常的矛盾冲突、穿小鞋、抢功、推卸责任都可以忍受的话,职业发展的天花板就是"80后"员工最不能接受的。对他们来说,由于其年轻、有活力、有激情,其追求与企业内的老员工往往有较大的差异。老员工更趋于求稳,只要你不触犯我的利益就行。而新员工对职业发展的需求更高,希望能够被赋予更多的责任与授权,能够参与决策……这与老员工保护既得利益的诉求是逆向而行的。

显然,这种人为制造的玻璃天花板,对"80后"员工显然是不公平的。而在新员工看来,这样的天花板其实也是很脆弱的,一捅就破,是否去捅破这个天花板,只在公司管理者的一念之间。这一点,是企业管理者必须注意并尽力避免发生的。

5. 营造新老员工平等的工作氛围 > > > > >

氛围对管理效果的重要性早已是不言而喻了，面对"80后"群体，我们更是要重视氛围管理。要尝试在企业内部营造一种与"80后"需求相匹配的管理氛围，只有这样，才能充分激发"80后"的潜能，让"80后"真正为企业所用。

工作氛围分两种，一种是环境氛围，一种是人文氛围。环境氛围是指由办公空间的设计、装饰等营造出来的感受，人文氛围是指周围团队成员言行举止的传播影响，这两者的相加会让员工的能力产生化学反应，其工作结果的表现也是大相径庭。

有人曾在网络上发布Google（谷歌）公司总部的办公室照片，那简直看起来就像一个度假村，有台球桌、自助的食品饮料吧台、理发厅、按摩室、游泳池、员工子女看护间，工作区域还有舒适的躺椅、灵感涂鸦墙、各种各样的健身器材和玩具等等，这非常符合IT巨头Google崇尚自由和高度创新的企业文化，可想而知，员工在嚼着巧克力享受按摩师的服务的时候，灵感很容易就会找上门来。这并不是说所有企业都要学Google，而是建议企业要在办公室布置上做出符合企业所属行业的风格来，在人文氛围上做出能正确引导员工行为的企业文化来。

有了适当的工作氛围后，还要给予每个员工以尊重。尊重是每个人心理需求。"80后"员工是脆弱而又敏感的一代，他们做事张扬，而内心又想赢得别人的尊重,尤其是上司的尊重,因此,作为主管,要尽可能地给他们提供一个宽松、独立、自由、开放的工作环境,以体现对他们的尊重。比如,让他们独立去开发一个市场,只给予指导,不指手画脚、评头论足,对于一点点进步,都能够给予及时的表扬和肯定,即使犯错,也要委婉地"关起门"来批评。与此同时,作为企业和管理者,要愿意为其成长而走的弯路埋单,从而能够让他们快速地成长,并生成他们对企业的忠心。

要想让员工对企业忠心,平等地对待员工,让他们有"家"的感觉,是个很不错的方法。管理者要想真正留住人才,和员工们在一起时,可以不只是上下级关系和工作关系。在工作之外还会有同情共感,痛痒相关的关怀,也可以在工作之余共同娱乐。总之,管理人员要明白只有把员工当作家庭成员对待,与其亲友友善打成一片才能实现成功的管理,而与员工亲切友善打成一片的最简单方法就是实现平等管理。

在管理中,所谓的平等,不只是指老板和管理人员一视同仁,使员工们在同等的情况下受到相同的对待,而且还指老板,管理人员与员工相平等。对员工的尊重和信任是企业管理的核心内容,而这核心内容之首就是要求平等相待。

企业管理是对人的管理,老板也应是"人",不能把自己当成"神"。人与人之间虽然职务不同,但在人格上都是平等的,都应该受到尊重。讲究人本思想,像欧美企业的老板那样,以"人"的形象站在员工面前,以平等的身份与他们共处,员工们必然会喜欢你,从而不愿意离开公司。

6. 多元化思维使你显得更亲和 >>>>>

> 管理必须做到充分的包容。60、70年代人习惯"听话",而"80后"则不甘于只是听令行事的地位,因为他们在成长过程中一直是有自主决定权的。针对"80后"的这些特点,一个企业不能追求一元化的企业文化,而是要提倡能够兼容并包的多元文化。

企业人力资源管理在针对"80后"员工的培训内容的制定和执行上,不能只是强调技术和知识的培训,重要的是对这一代人进行相应的企业文化教育。把自我意识引导到主人翁精神上,培养引发他们的责任心、忠诚度以及职业操守。让"80后"的自我张扬转化成人力自动化。

"80后"员工具有自由主义的道德观,凡事不再以正统道德体系做出非黑即白的评价。老板有自己的价值观,但要容忍与你不同的"80后"的价值观,因为他是你的员工、是你的合作伙伴。

最近,有媒体在近万名北京青年中就"你的人生奋斗目标是什么"做了一次调查。被调查者中有84.3%的人认为"自己正在奋斗"。根据百分比从大至小,他们的"奋斗目标"依次是:1. 为梦想奋斗;2. 车子、房子;3. 更理想的生活;4. 成为有钱人;5. 一个好工作;6. 人更平等,社会更和谐;7. 帮助弱势群体;8. 国家更富强。

从这个调查结果中我们可以看出:这些在老一辈人看来属于绝对幸福的年轻人对现状并没有满足,他们仍然在扩展着自我意识和自我欲望,向往着玫瑰色的未来,寻找着更加快乐与幸福的人生。如果把他们这种包含着物质与精神、政治与社会的多种"奋斗"目标置于国家从农业社会转向工业化和信息化社会的大背景下，就会明白，这种带有强烈的个人色彩的人生追求，将反映为一种社会性的普遍诉求。

在针对"80后"的调查中，有一个出乎意料的特点，就是他们认为那些管理程序细致到位的企业，反而更能让他们留下来，工作也容易上手。对此，专家也认为公司或者应该拥有专有的资源、技术、习惯以及工作流程体系，员工身处特定流程，将在一定程度上降低其外部流动性；或者应该精确设置岗位，通过过程管理保留产品开发的全部文稿，以及客户开发的全部过程。

除此之外，针对"80后"的这些特点，一个企业在内部，还需要有一个超越物质利益至上的信仰，并且，不能追求一元化的企业文化，而是要提倡能够兼容并包的多元文化。

但提倡容忍多元文化，是不是就意味着公司不再需要一个可以传承的企业价值观了？按照《基业长青》一书的作者柯林斯的研究，过去那些能够做到基业长青的企业，都有一个始终坚持的企业核心价值体系。明基公司的做法是，从一开始就选那些与自己的核心价值观和文化相近的"80后"，并在强化这些企业价值和文化方面，积累了丰富的经验。

比之以前，"80后"的成长环境更加人本化、个性化，更加平等和民主。40年前，当西欧和美国从工业化社会向后工业化社会转型时出现过一次影响深远的"青春浪潮"。中国也正经历着巨大的社会转型，《奋斗》所代表的青春潮虽然刚刚开始涌动，但的确是存在着并表现着，同时正渴望着未来的社会认同！

一家民营创业公司曾打算策划一次到公共场所志愿捡拾垃圾的公益活动。在讨论会上，一名"80后"员工提出了激进的反对意见，认为按照原有方案无法取得预期效果。最终，该活动方案在"80后"员工们的倡导、策划下，调整为通过互联网发起和召集，并根据个人回收垃圾的多少，衡量活动参与者的贡献度，在网上给予相应的称号和奖励。由于"80后"员工积极发表意见，这一活动变成了充满互联网精神的

方式,其成效也远远高于该公司最初的预计。

从案例中可见,公司的管理者应该多为"80后"员工敞开发表意见的渠道,因为这往往会给管理者带来焕然一新的思维方式。

针对大批的"80后"员工,有许多公司寻得了成功的管理方式。手机业的巨头,诺基亚公司采用了淡化等级观念的虚拟团队做法。这种做法,使加入到诺基亚公司的"80后"每个人负责一部分,大家一起成功一起失败,以前牢固的架构被冲破了,个人价值与项目成功同时体现。这种方式非常适合"80后"的特点和行事方式,值得我们每个企业管理者仿效、学习。

60、70年代人习惯"听话",而"80后"则不甘于只是听令行事的地位,因为他们在成长过程中一直是有自主决定权的。所以,企业应该让80后员工多参与,特别在做建议方案的时候,主管们应该让他们多参与,80后员工也不是要求你在多大程度上采纳了他的意见,而是在多大程度让他们参与进来,让他自由发挥他的作用。

7. 制度要硬,手段要软 > > > > >

> 爱与严、文与武、软与硬这些看似对立的字眼,在管理中却是相互依存、相辅相成并且相得益彰的,在现代企业管理中缺一不可。

"80后"这代人所崇拜的偶像大多是有才气、有个性、有魅力的,周杰伦和李宇春的火热充分说明了一个现象,就是不管你的出身是草根还是贵族、背景显赫还是简单、经验丰富还是初出茅庐,只要你够酷、够有才、够魅力四射,"80后"就喜欢你。

批评"80后"员工是需要技巧的,忠言不一定要逆耳,因为一句不合适的话就可能导致"80后"对你的能力产生怀疑,甚至进而辞职。

对于"80一代"的管理要充分体现刚柔并济的思想,也就是制度要硬、手段要软。毕竟"80一代"在成长过程中一直享受着对周围环境的主导权,步入职场的他们尚不能立刻褪去这一身"霸王气"。所以,在职场中他们更多的是在渴求参与,而不是一味低眉顺眼地说句"遵命"。

《孙子·行军篇》中说:"故令之以文,齐之以武,是谓必取"。这是说,要用"文"的手段,即用政治道义教育士卒;用"武"的方法,即用军纪来统一步调,这样的军队打起仗来就必定胜利。

"令之以文,齐之以武",体现了文武兼施、德威并重的治军思想和治军原则。这一思想和原则也同样适用于管理企业,孙子所讲的"文"、"武"之道,也就是今天企业的"软性"和"硬性"管理。软管理以"人"为中心,以激发、调动员工主观能动性为目的,依据员工的思想、特性,用组织共同的价值与文化理念、精神氛围进行人性化、人格化的柔性管理;硬管理是以"事"为中心,以达成组织绩效为目的,依靠职责体系、规章制度、行政法纪,进行程式化、有序化的强制管理。

孙子认为,治军不仅要"令之以文",还要"齐之以武"。"齐之以武"就是要用法令、纪律、制度来整肃队伍,规范士卒的行为。对士卒不能过分厚爱、纵容,必须明法审令,用纪律来统一和管理部队。企业管理也可以如是为之。

"齐之以武"的思想对企业用人管理的启示是:首先要明确岗位职责,使员工知道自己该做什么,不该做什么;规范工作流程,确保员工按照标准化的工作程序开展工作,杜绝员工随心所欲、想做什么就做什么,想怎么做就怎么做的不规范行为。

其次是构建规范的绩效考核与评价体系,通过对员工工作质量、工作态度、工作方法和工作能力的综合评估,牵动公司员工自觉地遵守各

项管理制度，引导员工朝公司期望的方向发展。

"进入厂门者请放弃一切自治"这是恩格斯《论权威》中的一句名言。对于敢于触犯组织最底限的行政法令要求的员工，必须要严管、重罚，给予严厉的惩处以警示他人，必要时果断予以淘汰出局，以保证整个组织的效率，有法必行才能真正发挥惩罚本身具有的效能。

除了恩威并施、明令禁止，激励士气，无论是在军队管理中，还是企业管理中，都有着最重要的作用，对于"80后"更是如此。

《史记》载：汉楚相争之初，项羽用兵40余万，4倍于刘邦，曾经政由己出，号令天下，威震一时。然而，由于他贤愚不分，奖罚不明，"于人之功无所记，于人之罪无所忘，战胜而不得其奖，拔城而不得其封"。赏罚不明使得项羽最终失败。

美国哈佛大学行为科学家威廉·詹姆斯在对员工激励的研究中发现：按时计酬的员工一般仅能发挥20%～30%的能力；如果受到充分的激励，员工的能力可发挥80%～90%，其中50%～60%的差距乃激励作用所致。软管理在今天企业经营中具有很强的激励作用，采取软管理的方式主要是满足员工的高层次需要，特别是自我实现需要和成就感。

总之，在管理中对"80后"员工既要"爱"，也要"严"；爱要有爱的分寸，严要严得科学。爱与严、文与武、软与硬这些看似对立的字眼，在管理中却是相互依存、相辅相成并且相得益彰的，在现代企业管理中缺一不可。只有实现两者的结合——文武结合、软硬结合，对人才的管理才能达到"争得来，用得活，管得好，留得住"的最佳效果。

8. 让新新员工在工作中找到快乐 >>>>>

"80后"的员工从小就是自由的,又受西方的观念影响比较大,不希望被别人控制,他们更倾向于接受具有弹性、突显个人风格的工作方式。因此,企业前进方向可以通过明确公司的使命和合理的工作分配来做宏观的管理,具体的操作以及想法不妨给"80后"员工更多的选择权利。

曾经全球品牌价值排名第一的Google值得我们借鉴。它给每一位员工提供了20%可以自主支配的时间,在这20%的时间里,是它创新模式至关重要的一环。Google还有优美的办公园区,新颖的办公室装饰,诱人的美食,漂亮的健身房等等。不过,Google模式在中国也表现不出特别的优秀,所以在运用时一定要根据具体情况做调整。

在工作的态度上,"老板付钱,我们工作,就这么简单。"在"80后"员工看来,企业与员工之间是一种纯粹的雇佣关系。这种思想,于个人发展,于公司发展都不利,这是纯粹的交易过程,把人当商品看,这不符合以人为本的人性化管理。在这种思想作用下,遇到困难的时候,很难坚持下去。企业失去员工的忠诚度,那么企业文化难于建设,企业战略发展变多样化,企业管理难度加大,管理者更加辛苦,同质化企业的竞争激烈化。因此,把工作当成事业来做这一种观念的培养是非常必要的,特别是对于"80后"的员工。

有人说过:"当工作成为乐趣时,生活便是喜乐;当工作成为责

任时，生活便是奴役。"有人视工作为苦役，有人却在工作中获得极大的乐趣和满足；有人整天咒骂着自己的工作，有人却满怀着感恩之心，兢兢业业地从事自己的工作。为什么会有这些差异？是工作本身还是态度所致？其实，这就是一个人对工作所有的态度，不同的态度会造成不同的认知。

工作乐趣，任何一个工作岗位做长了，必然会让员工产生厌倦情绪，开始产生惰性，失去工作激情和创造精神，只会简单的重复重复再重复，直接导致工作效率下降。而进行工作岗位轮换后，新的岗位就是全新的工作流程和内容，都会给员工带来一定的刺激点和乐趣，能有效地提升员工的工作积极性，避免因为在同一岗位长时间工作产生厌倦感，从而使工作效率降低。

某软件公司主体员工是"80后"，为了使管理更加到位，总经理费了一番脑筋建立一套卓有成效的绩效管理体系：以前不按时上下班的员工必须按时上下班，每天都要填一种工作绩效表格，其中明确到每小时在干什么；每月员工的工作业绩都通过大量表格来体现，这些表格除对员工工作每一方面都进行评估外，还对员工们的日常行为也进行评估，办公室、办公桌的整洁都是考评内容，男士必须穿衬衣，打领带，女士不能穿拖鞋。但是，不久后总经理发现，实施这套绩效方案后，效果并不像他设想的那样好，不少员工对这些制度颇有微词，部分不愿意受约束的优秀员工甚至干脆辞职走人。公司业务也没有大的改善，总经理陷入了极度的困惑之中。

事实上，该总经理没有意识到：对待"80后"员工不能采用严格、刻板的管理模式。出生于80年代的新型员工最痛恨被束缚，他们更倾向于接受具有弹性、凸显个人风格的工作方式。对于"80后"员工而言，他们具有较强的自主性，不仅不愿受制于物，而且无法忍受上级的遥控指挥，他们更强调工作中的自我引导；"80后"员工喜欢按照自己的意愿、方式，自己进行时间和空间统筹而完成工作任务，这种自我管理方式可以使他们获得最大程度上的被尊重感，他们的智慧也将得到最大限度的发挥。

IBM公司是最早实行"结果导向"弹性工作制的，工作时间按月来计算。每个月不需要日日朝九晚五，完成上级给的工作项目就行，否则要完成最低规定的工作时间，若无法达到则违反公司规章。

美国著名的3M公司，为了保护"80后"员工的创造性，推行了著名的"15%"原则，即员工可以拿出工作时间的15%，从事任何自己感兴趣的研究工作，而不必得到公司的许可。在这种制度下，员工可以自由发挥，根据兴趣和直觉从事产品开发，收到非常好的效果，3M每年都有超过200项新产品推向市场。

9. 试着不OUT！学一点新生代"语言" >>>>>

> 不管哪个年代，年轻人都不断地在创造着新词汇，让年长一些的人听得一头雾水。学会新生代的"语言"，才能更好地沟通。管理新生代最基本的前提就是沟通，沟通的前提当然是理解他们，那么懂得他们的语言是不得不做的一件事。

随着上网人数的增多，诸如PK这样的网络语言越来越多地被年轻人运用，有项调查表明，只有35岁以下的人对网络语言较为熟悉，他们大多对网络语言表示喜欢使用。

在一场网络用语的公众调查情况看，18岁～35岁的调查者对网络词汇的认知度是所有年龄段中最高的，他们对"PK"、"东东"、"青蛙"、"小强"、"思考ing"都能答对，对其他网络词语的答对率也较高。

36岁～50岁的调查者对网络的接触程度各有不同,但一般很少在网络上溜达。他们对"小强"、"PK"等词的了解还是从看"超级女声"等电视节目中获悉的。

而接受调查的50岁以上的人接触网络的更少了。其中有一个70岁的老先生因子女在国外,才开始学着用电脑上网而稍懂网络语言。另一个老人因为炒股,听别人说过一些网络语言。

不管哪个年代,年轻人都不断地在创造着新词汇,让年长一些的人听得一头雾水。进入21世纪,随着网络突飞猛进的发展,无疑对年轻人的"语言创造力"起了推波助澜的作用,谁偶然间或无意间用了一个自己都莫名其妙的词,第二天可能就成了流行语。其实所谓"流行"是一种典型的"大浪淘沙"。经过自然的筛选,少数经得住考验的词汇会进入词典,而大多数无聊的语句则是风过无痕。

学会新生代的"语言",才能更好地沟通。管理新生代最基本的前提就是沟通,沟通的前提当然是理解他们,那么懂得他们的语言是不得不做的一件事。玩玩游戏,交流一下购物心得,看一些他们常看的杂志,上一些他们常上的网站,对于学习"语言"很有帮助。当习惯他们善意的"bs"后,你也可以"囧"一下他们;当他们在研究魔兽战场攻略时,你也可以把自己的法师号拿出来溜溜……

他们是"80后",作为管理者,你可以不理解他们,却不可以视而不见;你可以不欣赏他们,却不可以回避。因为,当今"80后"一代新型员工敢于挑战权威和传统理念,许多班组管理规则被他们打破。

当今"80后"一代新型员工涌入企业班组,他们具有鲜明的群体特征,新思维和新观念正在挑战传统的管理模式,管理如何应对"80后"员工的挑战?这是班组管理者不得不面对和思考的新问题,也是必须交的答卷……